※ ※ ※

하나님의 선교가 세상의 위대한 영웅들이 아니라 그분의 부르심에 순종하기로 결단한 평범한 사람들에 의해 성취된다는 사실을 일깨워주는 책입니다. '광야에 길이 되고 사막에 물이 되어'라는 제목에서 보듯이, 이 책은 지금도 선교사들이 생수이신 예수님의 오심을 선포하는 영적 광야로 독자들을 이끕니다. 그들은 어떤 장애물에도 굴하지 않고 제자를 삼고, 교회를 세우고, 현지 신자들이 지역 공동체에서 자기 역할을 해내도록 돕습니다. 참으로 하나님께서 새로운 일을 행하시는 현장으로 가서 기도하고 생명을 주라고 당신을 초청합니다. 이 책이, 불가능을 가능케 하는 영향력과 우리 구주이신 분을 따를 때 반드시 얻는 기쁨을 아직 경험하지 못한 한국의 새로운 세대, 젊은 그리스도인들을 선교라는 사명의 길로 이끄는 하나의 이정표가 되기를 바랍니다.

조슈아 보군조코 SIM 국제총재

올해로 스물다섯 살이 된 한국SIM국제선교회에서 파송한 선교사 33명이 선교 현장에서 경험한 하나님을 나눕니다. 선교 현장에 교회가 세워지고 이방인들이 주님께로 돌아오는 모습을 생생하게 볼 수 있습니다. 선교를 마음에 두고 있는 성도(Mission-minded Christian)들이라면 꼭 일독하기를 권합니다. 길을 만드시는 하나님, 기적을 이루어가시는 하나님을 만나게 될 것입니다.

강대흥 GMS 순회선교사, KWMA 사무총장

부르심, 순종, 감격, 낯섬, 공포, 좌절, 회의, 성찰, 깊은 감격, 감사와 소망! 누가 지침을 준 것도 아니건만 이 책에서 삶과 사역을 나누는 저자들의 일관된 고백입니다. 한국SIM국제선교회의 25주년을 기념한 33인의 선교 현장의 이야기가 묵직한 감동으로 심장에 새겨집니다. 글 하나하나가 살아 있고, 그들의 삶과 마음이 생생하게 다가옵니다. 역동적인 한국 선교 40여 년을 채워온 산 증인들을 만나볼 수 있습니다. 이 땅의 새로운 세대는 신앙의 선배들이 이렇게 기록한 유산으로 견인될 것입니다. 이들의 고백은 하나님의 살아 계심에 대한 증거입니다. 이들의 섬김은 하늘의 해같이 빛날 것입니다. 마라나타!

이대행 엠브릿지 선교회 대표, 전 선교한국 사무총장 모래사막 한가운데 집 한 채만 덩그러니 있는 줄로 알면서도 말없이 부모의 손을 잡고 따라와준 자녀들처럼, 우리 하나님 아버지의 손을 잡고 땅 끝으로 간 선교사들의 감동적인 이야기가 펼쳐집니다. 자녀를 잃는 극한 아픔을 가슴에 묻고 하나님 아버지의 뜻을 따르는 사연은, 십자가에 아들을 내어주고 세상의 구원을 이루어가시는 하나님의 신실하심을 떠오르게 합니다. 감사와 원망이 하루에도 몇 번씩 교차하는 선교 현장을 가감 없이 담아낸 이야기들이, 막연한 환상을 품고 선교를 준비하는 이들에게 '선교는 삶'임을 깨우쳐주고, 많은 성도들을 보다 현실적인 중보기도로 안내해줄 것입니다.

김민철 전 SIM 나이지리아 선교사, 한국인터서브 이사장, 의사, 전 예수병원장

올해로 25주년을 맞이한 한국SIM국제선교회의 선교사 33명이 선교지의 진솔한 이야기를 들려줍니다. SIM국제선교회는 설립된 지 129년 된 복음주의 초교파 선교단체로서 아시아, 아프리카, 남미 등 여러 지역에서 귀한 사역을 해왔으며, 특히 피선교지 교회가 선교사를 파송하는 교회가 되도록 이끄는 사역을 훌륭하게 감당했습니다. 지난 25년 동안 한국SIM국제선교회를 통해 열방을 향해 나아간 한국 선교사들의 삶과 사역이 담긴 이 책을 기쁜 마음으로 한국 교회와 성도들에게 추천합니다.

김한성 아신대학교 교수

광야에 길이 되고
사막에 물이 되어

광야에 길이 되고
사막에 물이 되어

한국SIM국제선교회 선교사 33인 지음

광야에 길이 되고
사막에 물이 되어

초판 1쇄 발행   2022년 11월 15일

지은이   한국SIM국제선교회 선교사 33인
표지 그림   오기원
펴낸이   김정미
펴낸곳   앵커출판&미디어
출판등록   106-90-75402
주소   서울시 강북구 수유동 469-171
대표 전화   010-8573-0801
이메일   anchorpnm@gmail.com

ISBN 979-11-86606-26-1 03230

ⓒ 2022 한국SIM국제선교회

이 책의 저작권은 한국SIM국제선교회 및 한국SIM국제선교회와 독점계약한
앵커출판&미디어에 있습니다. 신저작권법에 의해 한국 내에서 보호받는
저작물이므로 무단 전재와 무단 복제를 금합니다.

그 누구도 복음을 들어보지 못한 채
살다가 죽어서는 안 된다는 사명을 주신 하나님,
그 사명을 살아낼 수 있도록 함께해주시는 예수님,
일상에서 하나님과 이웃을 보고 사랑하게 해주시는
성령님께 이 책을 올려 드립니다.

고난을 생명으로, 노래로 승화시켜 고백해준
33인의 한국 SIM 선교사들에게도 감사를 드립니다.

이 고백들을 통해 하나님의 여정에 동행할
힘을 얻을 독자들을 축복합니다.

차례

서문: 다양한 색깔로 부르는 우리들의 노래 _김경숙 • 11

1
은혜가 일상이 되고 기적이 되다

내 사랑 시살라 _김혜원 • 17
산 _박성식 • 29
하나님의 타이밍 _서재옥 • 35
보여주신 비전을 따라 _주요한 • 49
18년을 며칠같이 _이기형 • 59
굽이굽이 새겨진 은혜 _이능성 • 71
하나님의 인도하심은 _전학진 • 85
말씀 위로 흘러내리는 은혜 _정호칭 • 99
하쿠나 마타타 _윤서 • 105

2
하나님, 저는 엄마입니다

뱀도 때려잡게 한 기도의 능력 _김귀영 • 113
주님의 장막 아래 _라미선 • 125
엄마로 산다는 것 _박유순 • 133
내게 주신 소명 _성명현 • 139
차마 잊을 수 없는 순간들 _김영선 • 151
이상하고도 따뜻한 '고향들' _최완재 • 163

3

그가 나를
단련하신 후에는

세상에서 가장 안전한 곳 _김신미 • 175
너는 누구냐 _김옥련 • 183
나를 단련하신 후에 _원선희 • 195
나의 도움은 어디서 오나 _임명혁 • 209
네 눈물을 뿌리라 _장두식 • 217
내 삶을 드립니다 _장유한 • 229
주님이 하신다 _정요엘 • 239
복음을 실어 나르는 다리 _한사랑 • 255
하나님이 써가시는 스토리 _황영순 • 267

4

이 땅 위에 선
단 하나의 이유

네가 나를 사랑하느냐 _김지해 • 281
마약 중독자,
하나님의 사람이 되다 _김창섭 • 289
천국의 아이들 _손은영 • 301
나의 친구 이쓰마일 _안생명 • 311
가서 제자 삼으라 _오경환 • 323
그가 보내신 사람들 _이길선 • 335
이스라엘에서 만난 모세들 _장계바 • 347
하나님이 만나게 하신 사람들 _최규정 • 359
꿈꾸게 하신 이도,
꿈을 이루시는 이도 _임한곤 • 369

서문

다양한 색깔로 부르는 우리들의 노래

이른 아침, 진한 커피향이 하루를 깨운다. 때론 뜨거운 계피생강차의 진한 내음이 의자의 찬 기운에 곤두선 세포의 긴장을 풀어준다. 하루 중 비교적 여유 있는 이른 아침은 어제를 돌아보고 내일을 생각해보기에 좋은 시간이다.

한국SIM국제선교회가 선교의 한 길로 달려온 지 어느덧 25년이다. 한반도에 처음 복음이 전해진 이래로 헤아릴 수 없는 땀과 눈물, 고난과 순교를 통해 뿌리를 내린 한국 교회, 하나님은 이 한국 교회가 국제 선교단체라는 하나의 도구를 통해 세계 선교의 전면에 나서게 하셨다. 또한 한국 교회를 통해 국제 선교단체가 지속해온 하나님 선교의 동력을 이어가게 하셨다. 그리고 적절한 때에 한국 교회의 신실한 종들을 SIMer로 불러 세우시고 하나님 나라의 선교 대열에 참여하게 하셨다.

그렇게 달려온 지난 스물다섯 성상(星霜)은 그 자체로 한국 SIMer들에게 모두의 땀과 눈물을 다양한 색채로 담아 하늘 보좌를 향해 올려드린 기도인 동시에 예배였다. 이 책에 담긴 글 하나하나를 어느 한 색으로만 묘사할 수 없는 것은, 선교 현장에서 가슴에 욱여넣은 신음과 그 자리에서만 알 수 있는 기쁨과 간절함 몸부림이 한데 어우러진 까닭이다. 또한 다듬거나 꾸미지 않은 원석 자체로 거룩한 제단에 드려지는 제물이 되고자 애쓴 까닭이다. 넘어지고 깨어지면서도 쉬지 않고 하나의 부르심을 위해 달려온 우리들의 이야기가 여기에 있다. 지극히 평범한 한 사람 한 사람이 각자의 자리에서, 또한 더불어 만들어낸, 여리면서도 강하고 애절하고도 장엄하며 끈질기게 이어간 우리들의 노래다. 이 순간에도 음표 하나하나에 정성을 기울여 곡을 만들고 연주하는 한국 SIMer들에게 아낌없는 갈채를 보낸다.

이제 우리는 더 넓은 세상에서 더 많은 이들과 어우러져 더 풍성한 곡을 연주할 날을 기대한다. 누구나 함께 머리를 맞대고 하나님나라를 꿈꾸는 플랫폼이 되기를 소망한다. 잊히고 소외된 곳에서 복음 없이 살다가 죽어가는 많은 사람들을 위해 광야에 길이 되고, 사막에 물이 되기를 기도한다.

25년의 경주를 가능케 한 한국 SIMer들의 가족과 후원교회, 후원자들에게 머리 숙여 감사의 마음을 전한다. 이들의 쉼 없는 기도와 인내와 사랑의 섬김은 몇 마디 말로 가치를 표현할 수 없는 가장 겸손한 예배이며, 이 여정에서 찬란히 빛나는 보석이다. 초대 이사장 이정호 목사를 비롯해 김덕실 목사, 성남용 목사 등 역대 이사장들과 이사들 또한 이 경주에 보이지 않는 힘이 되어준 분들이다. 이 책의 출판에 특별헌금으로 함께한 오경환 선교사, 임한곤 선교사의 형, 은혜샘물교회 윤만선 목사에게도 감사드린다. 원고를 모으고 거친 문장을 다듬어 아름다운 책으로 태어날 수 있게 수고해준 본부 스태프들, 남원숙 작가, 앵커출판사에게도 깊은 감사를 전한다.

한국SIM국제선교회 대표 김경술

1부

은혜가
일상이 되고
기적이 되다

내 사랑 시살라

아픔과 슬픔을 기도와 응답으로 바꾸신 하나님

• 김혜원 •

"미냠비니아, 미냠비니아!"

강렬한 태양에 하루 종일 달궈진 양철지붕 아래 작은 방안에서 뜨거운 열기가 식기를 기다리며 밤새 뒤척이다 잠들었는가 했는데, 마을 아낙네가 집 앞에 와서 내 이름을 불러댄다. 힘겹게 눈을 떠보니 어느덧 해가 중천에 떠오른 듯 대낮같이 밝다. 아, 늦잠을 잤나? 졸린 눈을 비비며 시계를 보니 새벽 5시다. 해가 더 뜨거워지기 전,

김혜원 1992년 남편 김경술 선교사와 함께 서부 아프리카 시에라리온에서 선교를 시작했다. 내란으로 인해 선교지를 가나로 바꾸고 SIM과 함께 1998년에서 2012년까지 가나 북부 시살라 종족을 위해 교회개척, 제자 및 지도자 훈련, 성경학교, 여성 사역, 어린이 사역 등을 했다. 2012년부터 SIM 한국 대표인 김경술 선교사와 함께 한국본부에서 멤버 케어, TCK(Third Culture Kid) 사역을 담당하고 있다. 장성한 두 아들 주영, 주신이 있다.

이른 새벽부터 일을 시작하는 시살라 부가보이 마을의 하루는 그렇게 시작된다.

새 보금자리, 새 언어, 새 이름

인구 25만 명의 미전도 종족 시살라. 태어날 때부터 무슬림을 자처하는 그들은 가나 북부 국경 지대 230여 개 마을에 흩어져 살고 있다. 이들에게 복음을 전하기 위해 SIM 가나 선교부는 두 가정을 파송했다. 밤보이 마을에서 사역하는 뉴질랜드인 데이빗 선교사 가정과, 어린 두 딸과 함께 인근 타소 마을에서 언어를 익히며 정착한 젊은 독일인 요그 선교사 부부가 그들이다. 첫 텀을 마치고 내란으로 인해 선교지를 바꿔야 했던 우리는 한때 호주 선교사가 살다가 자녀교육 문제로 떠난 후 몇 해 동안 비어 있던 부가보이 마을로 들어가 시살라 사역에 합류하게 되었다.

　시에라리온을 떠났다가 다시 밟게 된 아프리카 땅. 덥고 습한 날씨로 몸은 금세 지쳐버렸지만 고향에 돌아온 듯 마음이 설레었다. 수도에 머물며 한 달간의 오리엔테이션 과정을 마친 우리는 필요한 물품과 얼마 동안 먹을 식품을 구입한 후 1천 킬로미터 가량 떨어진 사역지 시살라로 향했다. 열대우림 기후인 남쪽과는 달리 사바나 기후의 북쪽 지역은 황폐한 자연 환경을 가지고 있었다. 차로 꼬박 이틀 길을 달려서 도착한 부족 마을 부가보이. 그곳은 물도 전기도 없는 오지였다. 마을 한 켠, 흙벽돌에 시멘트를 바른 양철지붕 시골집이 우리의 보금자리였다. 우리가 도착하자 마을 사람들이 모두 나와 반겨주었다. 이웃 마을에 사는 데이빗 선교사가 와서 우리를 마을 추장과 원로들에게 안내했다. 데이빗 선교사와 추장 대변인 사이에 알아들을 수 없는 대화가 몇 차례 오간 후에야 우리는 긴 인사 의례를 마칠 수 있었다.

우리는 그곳에서 갓난아기와 같았다. 그들과 소통하기 위해서는 시살리어를 하루 속히 익혀야 했다. 그러나 교재도 없이 새로운 언어를 배우기란 생각보다 훨씬 어려웠다. 마을 사람들마다 자신들의 말을 알려주고 싶어했다. 그러나 마을 사람들끼리도 서로 다른 표현법을 사용할 때가 있어 어느 것이 맞는지 혼란에 빠지기도 했다. 우리는 그렇게 마을 사람들과 어울려 살며 시살리어를 익혀갔다.

5일마다 열리는 장날이 되면 주변 마을에서 경작한 옥수수, 땅콩, 얌(고구마나 감자와 비슷한 식감의 구황작물) 등을 머리에 이고 아랫마을로 모여들었다. 하루는 그동안 갈고닦은 언어 실력을 발휘해볼 요량으로 장에 가서 사람들과 인사하고 이런저런 이야기를 나눴다. 기대와 달리 대화는 순조롭게 이어지지 못했다.

"무슨 말을 하는지 통 못 알아듣겠는데?"

"…"

장터 사람들의 놀림에 풀이 죽어 터덜터덜 집으로 돌아오다가 우리 마을 사람을 만났다. 장터에서 만난 사람들에게 했던 것처럼 시살리어로 인사하고 간단한 안부를 나누었더니 이렇게 칭찬을 하는 게 아닌가?

"우리말을 정말 잘하네요!"

그 순간 '하나님은 다 보고 계셨구나' 하는 생각이 들었다. 하나님께서 내 모습을 다 지켜보다가 '잘하고 있으니 실망하지 말라'며 그를 통해 격려하고 용기를 북돋아주신 것이다.

갓난아기가 하루하루 성장하듯이 새로운 언어와 문화를 익히며 시살라에 정착해가던 어느 날, 추장의 아들이 숨가쁘게 우리 집으로 달려오며 외쳤다.

"나왔어요! 드디어 나왔어요!"

그동안 우리를 지켜본 부가보이 마을의 추장이 드디어 우리에게 시살라 이름을 준 것이다. 이름을 준다는 것은 우리를 '손님'이 아니라 그들의 '일부'로 받아들인다는 의미이므로 그들에게나 우리에게나 반갑고 기쁜 일이 아닐 수 없었다. 남편의 이름은 '위스라보로'(신이 말씀하신다), 나는 '미냠비니아'(당신들이 올 것이라고는 생각지 못했는데…), 그리고 첫째 아들 주영이는 '나라워리에'(좋은 사람들), 둘째 아들 주신이는 '웅구오보웅'(그러니 내가 당신들을 보호해줄게)이라는, 각각 깊은 의미가 담긴 시살라 이름이었다.

우리 네 식구의 이름에는 하나의 스토리가 이어지는 듯 '따로 또 같이'의 메시지가 담겨 있었다. 우리 네 사람이 받은 이름을 보니, 하나님께서 그리스도를 알지 못하는 이 마을의 추장을 통해 우리를 보호해주신다는 사실을 다시금 확인할 수 있었다. 참으로 놀랍고 감사한 순간이었다. 무엇보다 그들의 공동체 일원으로 받아들여졌다는 것이 기뻤다.

시살라의 아픔 속으로

하지만 시살라의 생활은 녹록지 않았다. 가만히 앉아 있기만 해도 목덜미와 등줄기로 땀이 주르륵 흘러 옷은 늘 흠뻑 젖었다. 작열하는 태양열을 차단하기 위해 조그맣게 창을 낸 작은 방안은 대낮의 열기로 달궈져 밤이 되어도 식을 줄 몰랐다. 피부가 여린 아이들의 몸은 땀띠로 덮였다. 한국에서 챙겨온 땀띠 분으로 온몸을 칠해도 연신 흐르는 땀에는 속수무책이었다. 우기에 받아둔 물은 바닥을 드러낸 지 오래되어 마을 사람들 모두의 식수 공급원인 펌프에서 물을 길어 와야 했다. 그 물로 하루 한 번 몸을 씻기도 미안할 지경이었다.

전기가 들어오지 않는 시살라의 밤은 칠흑같이 어두웠다. 우리는 밤이면 마당 한가운데 자리한 기다란 나무의자에 앉아 쏟아지는 별들을 바라보며 하나님의 솜씨를 감상했다.

"저건 북두칠성, 저기에 북극성이 있네. 남십자성은 어디 있지?"

하늘을 수놓은 수많은 별들을 세며 아이들에게 하나님의 창조 이야기를 들려주노라면 어느새 보름달이 둥실 떠올라 어두운 밤을 대낮같이 밝히곤 했다. 마을 사람들은 어른 아이 할 것 없이 매일같이 큰 나무 밑 공터에 나와서 북 치고 춤추고 노래하며 축제 같은 밤을 지냈다. 구슬픈 단조에 실린 노래는 노예 사냥꾼에게 잡히고 팔려간 조상들의 슬픈 역사를 담고 있는 듯 가슴 한 켠에 애잔함으로 다가왔다. 마을 한편에서는 사내아이들이 이슬람 교사의 목소리에 맞춰 꾸란을 읽는 소리가 울려 퍼졌다. 아이들은 무슨 뜻인지도 모르는 이슬람 경전을 읽고 또 읽었다.

우리는 매일 마을 사람들의 집들을 방문하여 그들의 인사법에 따라 "밤 사이 잘 잤는지?"로 시작해서 모든 식구들의 안부와 그들이 키우는 양, 염소, 기니파울(일명 뿔닭) 등 가축들의 안부, 그리고 밭 등 그들과 관련된 모든 것의 안부를 하나하나 물으며 관계를 쌓아갔다. 한번 시작하면 꽤 오랜 시간이 걸리는 인사였지만, 그렇게 일상을 묻고 답하는 동안 우리는 그들의 삶에 드리워진 깊은 상처와 아픔을 보게 되었다. 그들을 알아가는 만큼 진통도 커졌다.

아버지가 각기 다른 여섯 명의 자녀를 키우며 힘겹게 살아온 아씨비, 형이 죽은 후 본인의 의사와는 상관없이 마을 원로들의 결정에 따라 형수를 아내로 맞이하며 방황했던 청년 조지와 늘 수심이 가득한 그의 아내 우르키아투, 여러 명의 아내를 둔 남편에게 미움받고 구타를 당하며 퉁퉁 부은 얼굴로 살아가는 메무나, 어린 나이에 부모를 잃고 남의 집에 몸종으로 가야 했던 소녀 마리아마… 이들은 모두 복음이 필요한 사람들, 복음을 잃어버린 사람들이었다. 사탄은 전통과 관습이라는 이름으로 이들의 영을 죽이고 멸망의 길로 인도하고 있었다.

오병이어의 기적

시살라 230여 개 마을 중 8개 마을에 복음이 전해졌고, 예배 모임과 성경공부, 제자훈련, 지도자 훈련을 통해 교회 공동체가 생겨났다. 훈련받은 형제들은 마을 교회의 리더와 전도자로 세워졌다. 그러나 그들의 아내들은 예배 모임에 오긴 해도 한쪽에 앉아서 졸다가 가기 일쑤였다. 아내들에게도 훈련이 필요했다. 이들을 여성 리더로 세우기 위해서는 무엇보다 글부터 가르쳐야 했다.

기프티와 플로렌스 그리고 몇 명의 여성들이 문맹퇴치반에 나왔다. 늦깎이 학생인 그들은 등에 아기를 업고 구슬땀을 흘리며 공책에 알파벳을 한 자 한 자 쓰고 읽었지만 무척이나 즐거워했다. 난생처음 자신의 이름을 쓰고 읽은 날, 기프티의 감격에 찬 얼굴을 잊을 수 없다. 아내가 가족들의 이름을 쓰고 읽는 것을 지켜본 남편 필립도 환한 미소와 함께 거듭 감사하다고 말했다. 이후로 기프티는 가나 북부의 여러 종족이 모이는 여성 수련회에서 시살라 통역을 맡기도 하며 여성 리더로 성장해갔다.

얼마 후 문맹퇴치반에 참석했던 자매들과 성경공부를 시작했다. 아름다운 그리스도인의 가정에 대해서 공부하며 하나님께서 여성에게 주신 특권과 은혜를 나누었다. 어머니로서 자녀를 잘 양육하는 일에 대해서도 나누었다. 특히 기프티와 플로렌스는 여성이 열등하거나 가치 없는 존재가 아니라는 사실에 큰 감동을 받았다면서, 아이들을 위해 주일학교를 시작하는 일에 적극적으로 참여하기로 했다. 오래전 한국에서 주일학교 교사를 했던 경험을 되살려 시살라의 다음세대를 위해 그들과 함께 기도하며 코위에 마을에서 주일학교 모임을 시작했다.

의욕적으로 주일학교 모임을 시작했지만, 막상 아이들이 따로 모일 예배당은 없었다. 아이들은 망고나무 밑에 긴 나무의자를 놓고 둘러앉았다. 한 칸짜리 예배당에서 예배에 방해된다고 어른들에게 꾸지람을 듣던 아이들은 자신들만의 모임을 무척 즐거워했다. 성경 이야기를 들려줄 때면 초롱초롱한 눈망울로 하나라도 놓칠세라 귀 기울이며 빠져드는 아이들의 모습을 지켜보는 것이 너무나 행복했다. 아이들의 마음에 복음이 잘 심기고 자라기를 기도하며 말씀을 전했다. 그날 들은 성경 이야기와 관련된 그림에 색칠하는 순서는 아이들 모두가 기다리는 시간이었다. 아이들은 난생 처음 만져보는 크레파스와 색연필을 무척 신기해했다. 자신이 좋아하는 색깔을 고르고 골라 조심스럽게 칠하고는 그림 한 켠에 신중하게 자신의 이름을 적은 후, 서로의 그림을 보면서 미소를 감추지 못했다.

아이들이 말씀을 잘 기억하고 입으로 전하며 믿음이 자라도록 성경 이야기 대회를 열기로 했다. 자신이 색칠한 그림을 들고 성경 이야기를 발표하는 방식이었다. 아이들은 놀랍게도 성경 이야기를 정확히 기억했다가 능숙하게 청중에게 들려주었다. 자신들이 배운 것을 가족과 다른 마을 아이들에게 전해준 것이다! 하나님의 일하심은 놀랍고 한계가 없음을 깨달은 순간이었다.

모래바람이 불어오는 건기가 되면 망고나무 밑 주일학교는 황토색 먼지를 뒤집어써야 했다. 우기에는 성경 이야기를 듣다 말고 비를 피하기 위해 처마 밑으로 달려가야 했다. 아이들을 위한 예배 공간이 필요했다. 교회 리더들과 함께 아이들을 위해 기도하며 적은 물질이나마 주일학교 건축을 위해 마음을 모으기로 했다. 아이들에게도 주일학교 건축을 위해 함께 기도하자고 했다. 자신들만의 예배 공간이 생긴다는 생각에 눈을 반짝이는 아이들과 기도를 마치고 집으로 돌아올 때는, '가진 것이 하나도 없는데 언제 건축을 하지? 괜히 아이들에게 실망만 안겨주면 어떡하지?' 하는 걱정이 들었다.

한 주가 지나고 주일이 되었다. 어김없이 망고나무 밑에 아이들이 모여들었다. 그런데 뛰어오는 아이들의 작은 손에 깡통이 하나씩 들려 있었다. 깡통에는 말린 옥수수 알갱이가 들어 있었다. 주일학교 건축에 보태려고 아이들이 엄마에게 졸라 주 식량인 말린 옥수수를 작은 깡통에 넣어온 것이다. 그것은 아이들이 최선을 다해 준비한 건축 헌금이었다. 가슴이 뭉클했다. "너희가 돌이켜 어린아이들과 같이 되지 아니하면 결단코 천국에 들어가지 못하리라"(마 18:3). 하나님께서는 아이들의 마음을 받으셨다.

코위에 주일학교 건축을 위한 기도제목이 SIM 호주 사무실에도 전해졌다. 이 소식을 들은 호주의 한 그리스도인에게 연락이 왔다. 그는 건축비가 얼마나 필요한지 물으며 자신이 받을 유산을 헌금하고 싶다는 뜻을 밝혔다. 참으로 놀랍게도 하나님께서 한 번도 본 적 없는, 지구 반대편에 사는 그리스도인의 마음을 움직여주셨다. 어린아이의 보리떡을 받고 오병이어의 기적을 베푸신 주님은 시살라 코위에 마을에 주일학교 건물을 선물로 주셨다.

투무 교회가 시살라의 다음 세대를 위해 어릴 때부터 말씀을 가르치는 유치원이 필요하다며 건축 프로젝트를 요청해왔다. 우리는 건축 재정 모금을 위한 프로젝트 기안보다 더 우선해야 할 것이 기도임을 강조하며 함께 기도하기로 했다. 다들 그 일이 어떻게 이루어질지 모르는 채 새벽마다 하나님의 도우심을 구했다. 그러던 어느 날 남쪽 항구도시의 한인 커뮤니티에 있는 가나한인교회에서 연락이 왔다.

"우리 교회에서 가나 선교사들의 사역을 지원해왔는데, 이번에 선교사님의 사역을 지원하기로 했습니다. 혹시 필요한 거 없으세요?"

신실하신 하나님은 기도응답으로 가나의 한인교회를 예비하셨고, 투무에 시살라의 다음 세대인 어린이를 위한 학교 시살라비전센터를 세워주셨다.

서서히 사역의 열매가 나타나고 시살라를 향한 더 큰 비전을 그리고 있을 때, 하나님은 우리를 또 다른 부르심으로 인도하셨다. 그동안 함께 울고 웃었던 시살라 사람들, 그리고 초롱초롱한 눈망울의 아이들과 헤어져야 한다고 생각하니 많은 아쉬움과 미련이 남았지만, 우리는 부르심에 순종하기로 하고 시살라 사역을 내려놓았다. 하나님의 선교는 내가 원하는 일을 하는 것이 아니라 하나님께서 맡기시는 일을 하는 것임을 알기에….

아프리카 사역을 하는 동안 하나님은 내게 많은 것을 경험하게 하셨다. 가슴 벅차고 감사한 일들이 많았지만 모든 것을 포기하고 돌아가고 싶을 만큼 힘든 순간도 적지 않았다. 첫 선교지에 도착하자마자 말라리아에 걸려 사경을 헤맨 일, 약 부작용으로 얼굴이 붓고 온몸의 발진과 고열로 신음하던 주영이, 파리가 옮기는 피부병으로 늘 반창고를 달고 살며 천식으로 고생한 주신이, 물 전쟁, 한증막 같은 더위, 사하라 사막에서 불어오는 모래바람과 그로 인한 질병, 부족한 식품, 방에 침입한 뱀과 전갈, 생명을 위협하는 말라리아와 설사병, 자동차 전복 사고, 그리고 아직 어린아이들을 인근 나라 아이보리코스트(코트디부아르)와 니제르에 있는 기숙사 학교에 떼어놓고 사무치는 그리움에 눈물 흘린 나날 등. 그때마다 하나님은 우리를 위로하시고, "내가 너희와 함께한다"고 말씀하며 다시 일으켜주셨다. 그리고 더욱 하나님만 의지하며 그분 안에서 성숙하도록 우리를 빚으시고, 하나님의 기쁨에 동참하는 특권을 주셨다.

지난 30년간 우리 부부를 선교사로 불러 아프리카 사역과 SIM 한국 대표 사역을 맡기고 함께해주신 하나님의 은혜가 참으로 감사하다. 이 사역이 가능하도록 기도와 물질로 헌신하며 신실하게 동역해온 믿음의 사람들, 어린 나이에 부모를 떠나 외로움을 견디며 기숙사 학교에서 잘 자라준 주영이와 주신이, 눈물을 삭이며 무릎 기도로 우리를 지원하다가 천국에 가신 부모님들… 모두가 우리에게 은혜요 감사임을 고백한다.

"에벤에셀의 하나님, 사랑합니다!"

산

작은 산이 모여 큰 산을 이룬다

• 박성식 •

산은 움직여 없어질지라도 너에 대한 나의 한결같은 사랑은 변하지 않을 것이며 평화에 대한 내 약속은 취소되지 않을 것이다. 이것은 너를 불쌍히 여기는 나 여호와의 말이다(사 54:10, 현대인의성경).

잠비아는 한국보다 약 7배 반 정도 큰 규모의 땅을 가진 나라다. 하지만 인구는 2천만 명이 채 되지 않는다. 한국은 국토의 70퍼센트 정도가 산지인데 반해, 잠비아는 대부분이 평지이기 때문에 산을

박성식 1996년에 케냐에서 사역을 시작했고, 2000년에 사역지를 바꾸어 SIM 잠비아에서 사역했다. 잠비아 현지 교단과 함께 목회자 및 청년 리더십을 계발하고, 교회를 개척하여 세우는 일을 하고 있다. 2011년부터 2016년까지 SIM 잠비아 대표를 역임했다. 아내 한신애 선교사와 군 입대를 앞둔 아들 한결이 있다.

보기가 쉽지 않다. 대다수의 마을이 평지에 자리하고 길도 마찬가지여서, 잠비아 북쪽 지역에서 남쪽으로 운전할 때면 가도 가도 끝없는 일직선 길이 펼쳐진다.

간혹 한국에 와서 운전을 할 때면 차창 밖으로 보이는 높은 산들과 그 산을 관통해 만든 도로와 터널을 볼 때마다 신기하고 경이롭기까지 하다. 계속해서 확장되는 도로들과 새로 개발되는 국토 곳곳의 광경은, 평탄한 땅이 많지 않은 환경에서도 한국이 높은 기술력으로 발전을 거듭해가는 반증처럼 느껴진다. 반면에 잠비아는 산도 없고 땅도 평탄한데 도로 개발이 더뎌서 한국인으로서 자부심이 들면서도 잠비아의 거주민으로서 부러움과 안타까움이 교차한다.

산은 늘 그 자리에 있다. 어디로 옮겨지지 않고 주변의 생명들을 품은 채 묵묵히 그 자리를 지킨다. 한국은 어디를 가더라도 그 지역을 대표하는 명산이 항상 자리를 지키고 있다. 제주도에 가면 한라산, 전라도와 경상도를 아우르는 지리산, 충청도의 속리산, 강원도의 치악산, 오대산, 설악산 등. 하지만 우리는 때로 그 산들의 존재를 잊고 살아간다. 늘 그곳에 있고, 작은 일에도 일희일비하는 우리의 작은 몸짓과는 다르게 그 위용이 너무나 높아 우리의 생각과 눈높이를 넘어서기 때문이다. 그래서인지 우리는 가끔 고개를 들어 저 높고 먼 곳을 응시할 때나 마음먹고 산을 오를 때가 아니면 그 존재를 잘 느끼지 못한다.

산이었던 아버지가 떠난 자리

나에게도 그런 산이 있었다. 그 산은 다름 아닌 1년 전 코로나로 내 곁을 떠난 아버지시다. 아버지는 내가 태어나서 성장하는 모든 순간에 항상 곁에 있었고, 독립하여 집을 떠났을 때도 늘 그 자리에 계셨다. 내가 사역자가 되어 아프리카로 떠났을 때도 아버지는 내게 힘을 공급해주는 든든한 산으로 그 자리를 지키셨다. 그렇게 한결같은 산이었던 아버지가 제대로 된 치료 방법이 개발되기 전에 코로나에 걸려 돌아가시고 말았다. 나는 잠비아에서 아버지가 중환자실에 들어가셨다는 다급한 연락을 받았다. 즉시 한국에 들어왔지만 방역 정책상 어쩔 수 없이 격리 중에 있을 때, 아버지는 영영 눈을 감으셨다. 나는 아버지의 임종도 지키지 못하고, 마지막 얼굴도 보지 못한 채 미어지는 가슴을 부여잡고 장례를 치러야 했다.

졸지에 아버지를 잃고 난 후, 지난 1년은 나에게 몹시 힘든 시간이었다. 든든히 지켜주는 큰 산 같던 아버지의 부재는 나에게 상당히 큰 영향을 미쳤다. 늘 있었던 산이 어느 날 갑자기 흔적 없이 사라진 것 같은 공허함과 허무함으로 나는 사역의 의지뿐만 아니라 나 자신의 존재 의미마저 잃어버릴 만큼 큰 상실감에 빠져 하루하루를 보내야 했다.

아버지가 세상을 떠나신 후 제대로 마음을 추스르지 못하고 잠비아로 돌아온 지 얼마 안 되어, 주위 사람들이 코로나로 목숨을 잃는 일이 연이어 일어났다. 코로나로 사랑하는 가족을 하루아침에 잃어버린 그들 곁에서 그저 같이 울 수밖에 없었다. 공감하기 위해 노력할 필요도 없었다. 그들의 아픔이 곧 나의 아픔이었기 때문이다. 그들은 내가 그들과 같은 이유로 아버지를 잃었다는 사실을 알고는 오히려 나를 위로하고 함께 눈물을 흘렸다. 그렇게 우리는 서로를 위해 진정으로 울어주는 형제자매가 되었다. 지난 21년간 선교사 신분으로 잠비아에서 살았지만 이토록 많은 사람들이 목숨을 잃은 경우는 처음이었다. 아픔과 슬픔, 상실과 절망이 공존하는 그곳에서 그들은 나의 슬픔을 나눠 가졌고, 그 덕분에 아버지를 잃은 슬픔에 빠져서 허덕이던 내 안에 조금씩 새로운 힘이 생기기 시작했다.

작은 산이 모인 공동체

코로나로 인해 내 인생의 가장 큰 산을 잃었지만, 둘러보니 주위에는 이미 야트막한 산들이 많이 자리하고 있다는 사실을 깨달았다. 큰 산에 가려 그동안 미처 시야에 들어오지 못했던 작은 산들이 보이기 시작했고, 그 작은 산들이 모여 결국 다시 큰 산이 되는 기적을 오롯이 경험할 수 있었다. 가장 소중한 존재인 가족이 곁을 떠났을 때에라도 우리 신앙인들은 외롭지 않다. 우리에게는 그리스도 공동체가 있기 때문이다. 세상 모든 사람들이 곁을 떠날지라도 그리스도인은 혼자가 아니다. 그리스도의 사랑으로 주의 나라를 소망하고 서로 격려하며 힘이 되어주는 그리스도 공동체가 있기 때문이다. 나는 아버지와 이별하는 큰 슬픔을 겪었지만, 그 슬픔은 그저 슬픔으로 끝나지 않았다. 오히려 이를 계기로 상황을 뛰어넘는 아버지 하나님의 사랑과 은혜를 체험할 수 있었다. 그 크신 하나님의 사랑을 전하는 충성된 종으로 더 열심히 선교지의 영혼들을 섬기겠다고 다짐해본다.

슬픔 가운데 머물지 않고 하나님의 은혜와 사랑을 통해 다시 일어설 수 있다는 것은 축복이 아닐 수 없다. 그 복은 어느 날 갑자기 생긴 것도, 문득 깨닫게 된 것도 아니다. 내 삶에는 늘 하나님의 은혜와 사랑이 얼마나 큰지, 그리고 그분의 종으로서 어떻게 이 세상을 살아가야 하는지 곁에서 일깨워주신 아버지의 헌신과 사랑이 있었고, 나는 그것을 바탕으로 다시 일어서는 복을 누릴 수 있었다. 내 삶에 닥친 힘겨운 순간들, 때로는 모든 것을 잃은 것처럼 낙심한 상황에서도, 아버지가 생전에 보여주신 '신앙인의 삶'이 나를 다시 일으켜 세웠다. 삶을 포기하지 않고 새로운 힘을 얻어 그동안 보지 못했던 것들을 보게 한 믿음의 역사가 낙심한 나를 결국에는 승리의 길로 인도했다.

아버지와 같은 신앙의 선배가 없었다면 나는 과연 승리자로 남을 수 있었을까? 상실을 딛고 새 생명으로 나아갈 수 있었을까? 결코 그러지 못했을 것이다. 또한 잠비아에서 아버지를 잃고 낙망과 좌절에 빠져 있던 나에게, 가슴으로 함께 울어주고 사랑으로 안아준 그리스도 공동체가 없었다면 이런 승리의 간증을 나눌 수도 없었을 것이다.

하나님 아버지의 주인 되심을 잊을 때, 그리스도의 공동체는 소멸한다. 부모가 자녀를, 남편이 아내를, 선배가 후배를 하나님의 말씀과 그리스도의 복음이 아니라 자기 개인의 생각만으로 이끈다면, 그 공동체는 하나님의 나라에서 아무런 의미가 없다. 그러므로 우리는 주인 되신 창조주 하나님 아버지와 예수 그리스도의 복음만으로 주님을 따르는 교회 공동체 안에 남아야 한다. 내게 늘 큰 산이었던 아버지 뒤에는 늘 하나님이라는 최고의 산이 계셨을 것이다. 하나님께서 아버지 곁에 늘 계셨기에 아버지는 아들인 나에게 큰 산이 되어주실 수 있었을 것이다. 그 덕분에 나 또한 영적 자녀들에게 그들이 의지할 수 있는 작은 산으로 세워질 수 있었으리라.

사람이 의지하는 '산 같은 존재'는 언젠가는 곁을 떠나기 마련이다. 그러나 모두가 떠나더라도 세상 만물을 주관하시는 하나님 아버지의 약속의 말씀은 영원하고, 그분의 존재 또한 영원하다. 그렇기에 하나님의 약속을 믿고 따르는 우리의 삶에 패배란 있을 수 없다. 실망도, 절망도, 좌절도 없다. 혹여 그런 상황이 닥치더라도 때마다 주시는 하나님의 약속을 기억하고, 기쁨과 감사함으로 그 나라의 소망을 바라보며 승리하는 주의 종이 되리라고 오늘도 다짐하며 선교지의 하루를 시작한다.

하나님의 타이밍
이 산지를 내게 주소서

• 서재옥 •

1990년 2월에 파송받았으니 2022년 4월 현재, 우리가 아프리카 나이지리아에서 사역한 지 어언 33년째다. 그동안 어려운 지역에서 힘든 일도 많았지만 돌아보면 굽이굽이 주님의 손길만 보인다. 사역, 건강, 자녀, 후원교회와 후원자들, 가족 등과 관련된 하나님의 은혜를 모두 나누자면 한참이나 긴 이야기가 될 테니, 여기서는 사역의 한 면인 하나님의 공급하심에 대해 나누고자 한다.

서재옥 백인들의 무덤이라 불리던 나이지리아 미앙고에서 첫째 딸 효진이를 가슴에 묻었다. 1990년 남편 이능성 선교사와 함께 나이지리아로 파송받아 현지 ECWA 교단 선교사 훈련, 교회개척, 유·초등학교 사역 등에 헌신하고 있다. 하나님의 사랑을 증거하는 데 누구보다 열정적이며, 2000년에는 SIM 한국 대표를 맡은 이능성 선교사와 함께 본부 사역을 했으며, 2015년부터 4년간 SIM 국제이사로 섬겼다.

5만 나이라의 기적

2003년 말 네 번째 4년 텀을 맞아 나이지리아로 돌아올 때쯤 후원 교회의 김 권사님이 "선교사님요, 아프리카 가시거든 이 돈으로 교회 하나 지으소" 하며 교회를 통해 1천만 원을 헌금하셨다. 당시 우리는 두 번째 현지인 선교훈련원을 세우는 계획을 가지고 있던 터라 권사님에게 간곡히 말씀드렸다.

"권사님, 이 돈으로 교회 하나를 지으면 한 교회밖에 못 서지만 선교훈련원을 세우면 여러 명의 현지인 선교사를 훈련시킬 수 있고, 그분들이 모두 교회를 개척하면 동시다발적으로 여러 곳에 교회가 서게 됩니다. 권사님, 이 헌금을 선교훈련원 짓는 데 사용해도 될까요?"

"아이고, 내사 마 하나님께 드린 거니 선교사님이 알아서 하이소."

그렇게 해서 우리는 1천만 원으로 무작정 선교훈련원 공사를 시작했다. 땅도 사고, 교실도 짓고, 훈련생들을 먹이고 재울 숙소도 만들자면 턱없이 모자란 금액이었지만, 일단 시작하면 이루어가실 하나님을 의지하며 첫발을 내디뎠다.

우선 대지 구입이 급선무였다. 그러나 첫걸음부터 쉽지 않았다. 남편이 그동안 눈여겨본 리자라는 곳에서 땅을 사려니, 무슬림들이 기독교 선교사에게는 땅을 팔지 않으려 했다. 그리스도인이었던 또 다른 땅주인은 땅을 팔 생각은 없었고, 땅을 주는 대신 방 10개짜리 자기 집을 지어달라고 했다. 우리가 가진 것은 1천만 원이 전부인데, 그 돈을 다 써도 방 10개짜리 집을 지을 도리는 없었다. 결국 우리는 리자 지역을 포기하고 선교훈련원을 세울 다른 땅을 여기저기 보러 다녔다. 우리는 몇 가지 땅 구입 조건을 세웠다. 땅이 선교훈련원 부지로 합당하려면 오지에 흩어져 있는 현지인 선교사들이 오기 쉽도록 교통이 편리하고, 물이 있어야 하며, 훈련에 집중할 수 있게 조용한 환경이어야 했다. 그러나 조건에 맞는 땅을 찾지 못했고, 남편은 처음에 본 리자 지역만 생각난다고 했다. 그동안 남편이 하는 일을 지켜보기만 하던 나는 어느 날 문득 마음에 감동이 들었다.

"여보, 나하고 한번 리자 땅주인 할아버지를 만나러 가봐요. 하나님께서 혹시 나를 사용하실지도 모르잖아요."

우리는 땅주인인 바바포조 할아버지를 만나러 갔다. 가서 무슨 말을 할지는 미리 준비하지 못했지만, 막상 할아버지를 보자 터진 봇물처럼 할 말이 떠올랐다. 우선 현지어로 인사하고 이야기를 이어갔다.

"할아버지도 몇 년 후엔 이 땅을 떠나실 거예요. 저희도 언젠가는 이 땅을 떠날 테지요. 그런데 할아버지가 하나님 앞에 가실 때, 지금 갖고 계신 이 많은 땅의 한 뼘도 가져가실 수 없어요. 저희도 이 땅을 떠날 때 이 땅의 돌 하나, 흙 한줌도 가져가지 못하고요. 할아버지, 우리 함께 하나님 나라에 투자하기로 해요. 할아버지는 하나님 나라에 이 땅을 투자하고, 저희는 저희 인생을 투자하는 거예요. 할아버지는 하나님 나라에 가서 많이 남겨 받으세요. 저희는 할아버지한테 방 10개짜리 집을 지어드릴 돈이 없어요. 다만 감사의 표시로 4만 나이라를 드릴 테니 땅을 조금만 주세요."

바바포조는 동네에서 걸핏하면 불호령을 내리는 꼬장꼬장한 노인으로 알려져 있어, 나는 이렇게 말해놓고 바로 두 손을 가슴에 가져다댄 채 꼭 누르고 있었다. 할아버지가 고함을 치면 가슴이 벌렁벌렁할까 봐 대비한 것이었다. 예상과 달리 할아버지는 갑자기 고개를 푹 떨구셨다. 나는 속으로 생각했다.

'4만 나이라를 드리겠다는 말에 기가 차서 고개를 떨구신 모양이다. 고개를 드는 순간 불호령이 떨어지겠지.'

몇 분쯤 흘렀을까? 할아버지가 고개를 들고 나를 바라보면서 말씀하셨다.

"알겠소. 그럼 5만 나이라만 내시오."

나는 할아버지 입에서 나온 그 말을 들으면서도 도저히 믿을 수 없었다. 짐짓 아무렇지 않은 척 표정 관리를 하느라 무척 힘들었다. 기적 같은 일이 일어난 것이다. 주변에 함께 있던 현지인 선교부 지도자들도 놀라서 입을 다물지 못했다. 이후로 우리는 50회에 걸쳐 선교훈련원 부지를 넓혀갔는데, 그때마다 기적 같은 일이 연속해서 일어났다.

메마른 땅에 꽃을 피우다

선교훈련원 초기 5년 동안은 작은 땅에 교실 한 칸, 남녀 기숙사 방 한 칸, 스태프 한 가정이 사는 집이 훈련원 건물의 전부였다. 부엌도 없어서 밖에서 화목을 때어 밥을 하거나 우리 집에서 밥을 해다가 날라서 현지인 선교사들을 대접했다.

선교훈련원 부지는 작고 척박했지만, 5년 동안 열심히 나무를 심고 꽃을 가꾸다보니 메마른 사막 같던 곳이 몰라보게 달라졌다. 처음에 마을 주민들은 먹지도 못할 꽃이며 식물들을 왜 심느냐고 의아해했고, 남편조차 "그래, 여보. 차라리 옥수수같이 먹을 것을 심지" 하며 사람들의 말에 장단을 맞췄다. 하지만 선교훈련원이 차츰 아름답게 변해가는 모습을 보면서 다들 집 주위에 나무와 꽃을 심고 싶어했다. 남편도 어디 가서 특이한 꽃이나 나무를 보면 나보다 더 관심을 가지고 선교훈련원을 가꾸는 데 열심을 냈다.

하지만 세상은 우리를 가만두지 않았다. 선교훈련원이 보기 좋게 바뀌자 주변의 땅주인들이 욕심을 내기 시작했다. 아름다운 선교훈련원을 배경 삼아 술집을 차리겠다는 사람이 있는가 하면, 양계장을 짓겠다는 사람, 물고기 양식을 하겠다는 사람들이 나서기 시작했다. 그뿐 아니라 선교훈련원과 인접한 집에 무슬림 가정이 살고 있었는데, 그 집에서 곡식 빻는 기계를 돌릴 때면 소음이 어찌나 큰지 훈련에 큰 지장이 생겼다. 어느 날 나는 선교훈련원에서 가장 낮은 계곡에 서서 하나님께 기도를 드렸다.

"하나님, 지금 제가 선 이곳에서 보이는 모든 땅을 주세요. 사람들이 훈련원 주변에 술집, 양계장, 물고기 양식장을 세우면 시끄럽고 악취가 나서 훈련생들이 훈련에 집중할 수 없을 것 같아요."

이후로 5년에 걸쳐 1년에도 수차례씩 선교훈련원 주변의 땅을 사들이기 시작했다. 단, 한 평의 땅이라도 선교훈련원의 것이 되기 위해서는 반드시 삼박자가 맞아야 했다. 첫째로 땅주인이 땅을 팔고 싶어할 것, 둘째로 꼭 선교훈련원에 인접한 땅이어야 할 것, 셋째로 그 땅을 사줄 후원자가 나서야 할 것이었다. 지금까지 50회에 걸쳐서 선교훈련원 부지를 확보했는데, 힘들게 들어온 땅도 있었지만 돌아보면 언제나 주님이 인도하고 간섭해주셨다.

하나님이 하신다

가장 오랫동안 기도하고 받은 땅은 매물 A와 매물 B였다. 매물 A는 선교훈련원 앞마당에 인접한 땅인데, 땅주인은 원래 그곳에 맥주가게를 차릴 생각이었다. 서둘러서 땅을 확보해야 했지만, 가격을 비싸게 부를 뿐 아니라 흥정조차 쉽지 않았다. 그렇게 3년을 기도하며 기다리는데, 멀리 라고스에서 사업을 하는 조 집사님에게 연락이 왔다.

"선교사님, 제가 그 땅을 사드릴게요."

덕분에 선교훈련원 앞마당이 술집이 되는 일을 간신히 막을 수 있었다. 매물 B는 선교훈련원 교실 위편의 언덕에 위치한 땅으로, 땅주인은 거기에 양계장을 지을 생각이었다. 교실 바로 위편 언덕에 양계장이 들어선다니! 그곳에서 불어올 닭똥 냄새는 생각만 해도 끔찍했다. B부지도 오랜 시간이 걸려서 가까스로 흥정에 성공했다. 그런데 어렵게 마련한 돈을 지불하기 직전에 땅주인이 마음을 바꿔버렸다. 땅 장사꾼에게 더 많은 돈을 받고 B부지를 팔아버린 것이다. 우리는 새 땅주인에게 그 땅을 우리에게 되팔라고 간청했고, 그가 구입한 가격의 네 배를 내야 한다는 답변을 들었다. 낙심할 새도 없이 현지인 선교부 지도자들과 함께 직접 새 땅주인을 찾아가 사정해보기로 했다. 그 주인도 그리스도인이니 선교사를 훈련하는 우리가 직접 찾아가 자초지종을 설명하면 그 땅을 혹시 양보하지 않을까 싶었다.

하지만 새 땅주인은 우리 이야기에 눈도 꿈쩍하지 않았고, 어찌나 도도한지 속이 다 뒤집히는 것 같았다. 우리가 찾아가 인사를 건네는데도, 거실 탁자 위에 두 발을 올려놓고 브런치를 먹는 모습이 마음에 들지 않았다. 우리 일행이 저마다 말을 마친 후, 남편이 내게도 말할 기회를 주기에 나는 주님이 주시는 대로 말문을 뗐다.

"우리가 비록 외국인이지만 우리를 외국인으로 보지 마세요. 나이지리아는 우리에게 거룩한 땅입니다. 우리 첫째 딸을 이곳에 묻었고, 우리 삶을 바쳐서 섬기고 있는 땅입니다. 선생님이 사신 그 땅은 우리가 이미 가격까지 다 흥정했던 곳입니다. 현지인 선교사를 기르는 데 필요한 땅, 즉 하나님께 필요한 땅입니다. 둘 중 하나를 선택해주세요. 선생님은 돈이 많은 분이니 그 땅을 아예 선교훈련원에 기증하시든가, 아니면 구입하신 금액 그대로 우리에게 넘겨주세요."

내 말이 끝날 때까지 그는 요지부동이었다. 그 땅은 자식들의 마래를 위해 투자한 땅이라 이문을 남기지 않고는 팔 수 없다면서 거드름을 피웠다. 결국 우리는 돌아설 수밖에 없었다. 알고보니 원래 땅주인이 매물을 새 주인에게 팔면서 "이 땅은 저 외국인들이 비싸게라도 꼭 사려 할 테니, 나에게 돈을 좀 더 주고 사두면 손해볼 일은 없을 것"이라고 귀띔한 상황이었다.

그로부터 1년 후, 새 땅주인이 우리에게 소식을 전해왔다. 지난 1년간 내가 마지막으로 한 말이 생각나 잠을 제대로 잘 수 없었다면서 원래 산 가격 그대로 넘길 테니 땅을 가져가라고 하는 것이 아닌가. 마침 그때 A부지 매입 때 자금을 후원해준 라고스의 조 집사님에게 또 연락이 왔다.

"선교사님, B부지도 제가 사드릴게요."

그렇게 선교훈련원 앞마당과 교실 뒤 언덕이 선교훈련원의 소유가 되었다.

이 산지를 우리에게 주소서

남편은 산 기도를 좋아하는 사람이다. 특히 집안일을 하든 사역을 하든 기도가 최우선이기에 선교훈련원이 인접한 산을 기도의 터전으로 만들고자 하는 소망을 가지고 있었다. 실제로 인접한 산의 주인과 이야기를 나눠봤지만, 터무니없이 큰 금액을 불러 사실상 포기하고 있었다. 그런데 어느 날 산 주인이 찾아와 산을 팔겠다면서 함께 보러 가자고 했다. "가격을 얼마나 부르실 건데요?" 하며 걱정하니, 돈 걱정은 하지 말고 일단 산에 올라가보자고 했다. 우리는 "와, 드디어 기도산을 만들게 되는구나" 하며 기뻐했다. 그런데 웬걸

산 주인이 3억 원을 내라고 하지 않는가? 하도 기가 차서 따지듯이 말했다.

"이 산에 다이아몬드라도 숨겨뒀어요? 3억 원이라니 말이 됩니까? 괜히 산에 올라가자고 해서 고생만 시키고…."

나는 투덜대며 한껏 부풀었던 마음을 도로 내려놓아야 했다. 당시에 현지인 눈에는 우리가 산 하나를 통째로 사서 큰돈을 벌려고 하는 중국인 광산업자쯤으로 보였나 보다. 그러니 아주 비싼 값에 팔아야겠다고 생각한 것이다.

그즈음 수도 아부자에 갔던 SIM 소속의 미국 선교사 앤에게서 전화가 왔다.

"재옥, 내가 수도 아부자에서 그레이스라는 한국인 여자 한 분을 만났어. 그분이 한국인 선교사를 소개해달라는데 네 연락처를 줘도 될까?"

나는 흔쾌히 승낙했다. 그로부터 며칠 후 오 집사님(그레이스)이라는 분에게 전화가 와서 이런저런 대화를 나누었다. 그분은 자신이 살고 있는 아부자에 꼭 한번 방문해달라는 말로 통화를 마쳤다. 그러겠노라고 대답은 했지만, 당시 우리는 선교훈련원 일로 바빠서 도저히 시간을 낼 수 없었다. 그러다가 그해 여름에 대학생 딸이 집에 오게 되어 아부자 공항으로 마중을 가게 되었다. 드디어 아부자에 갈 일이 생긴 것이다. 편도만 다섯 시간이 걸리는 길이었다.

우리는 공항에 가기 전에 오 집사님 댁을 방문했다. 그 집의 현관에 들어서자마자, 오 집사님은 인사도 하기 전에 불쑥 이렇게 말씀하셨다.

"선교사님이 저한테 전화했을 때 제 목소리가 많이 떨렸을 텐데 혹시 아셨나요?"

"아뇨, 몰랐어요. 집사님 목소리가 왜 떨렸나요?"

"선교사님이 하도 아부자에 안 오시기에 제가 하나님께 기도했어요. 몇 날 몇 날 두 날 중에 이 선교사님 가정에서 전화가 오게 해달라고요. 만약 두 날 중에 전화가 오면 그분들의 사역을 재정적으로 도우라는 뜻으로 알겠다고 말이죠."

그런데 지정한 날에 내가 전화를 하자 하나님께서 기도를 들어주셨음을 깨닫고는 자기도 모르게 흥분해서 목소리가 떨렸다는 것이다. 오 집사님은 사역에 사용해달라며 미화로 5천 달러를 주셨다. 생각지 못한 후원금을 가지고 선교훈련원에 돌아오니 3억 원을 내라고 했던 산의 바로 옆에 위치한 다른 산의 주인이 우리를 찾아와 이렇게 말했다.

"선교사님이 기도산을 만들고 싶어하는데, 그동안 아무도 산을 팔지 않아 뜻을 이루지 못하고 있다고 들었어요. 그래서 온 식구가 의논한 끝에 선교사님한테 우리 산을 팔기로 했어요. 대금은 선교사님이 낼 수 있는 만큼만 내시면 됩니다."

너무나 놀라운 하나님의 타이밍이었다. 우리는 그날 받아온 5천 달러로 산을 사고, 그 산에 스크린 하우스까지 지어 제1기도집을 만들었다. 어둠이 내리면 악령이 산을 지배한다는 무서운 소문 탓에 아무도 올라가지 않고 버려진 산이 기도산이 되었다. 우리가 먼저 올라가 기도하니 소문을 듣고 나이지리아 신자들도 밤에 기도하러 오기 시작했다. 또한 그 산에 기도길을 만들어 가꾸었더니 이웃의 무슬림 아낙네들도 무서운 산길을 '예수 길'로 만들어줘서 고맙다며 인사를 전해왔다.

사람을 통해 일하시는 하나님

우리에게는 또 하나의 미션이 있었다. 선교훈련원이 세워진 후, 주변 마을의 주민들이 무려 3년 동안 우리에게 학교를 열어달라고 졸랐던 것이다. 선교훈련원 사역뿐 아니라 인근 마을에 물을 공급하는 평화물 사역으로 몸이 열 개라도 모자랄 지경이어서 학교까지 열 여력이 없다고 고사했지만, 그들은 포기하지 않고 3년을 졸라댔다. 무슬림까지 합세해서 학교를 열어달라고 아우성이었다. 가만히 생각해보니 학교보다 더 효과적으로 아이들에게 복음을 전할 기회가 또 어디 있을까 싶어 힘은 들겠지만 학교 사역에 마음이 가기 시작했다.

그러던 어느 날 SIM 나이지리아 선교부로부터 연락이 왔다. 홍콩에서 세 사람이 나이지리아를 방문했는데 우리 선교훈련원을 방문해도 되겠냐는 것이었다. 당시 우리는 일정이 꽉 차 있었지만, 아시아에서 온 손님을 거절할 수 없었다.

"네, 오셔도 좋습니다. 점심도 대접할게요."

우리는 홍콩에서 온 세 분과 선교훈련원을 거닐었고, 우리의 친구인 주변의 이슬람 마을도 보여주며 함께 시간을 보냈다. 그분들은 너무나 기뻐하면서 언제 꼭 한번 홍콩에 방문해달라고 했다. 처음에는 인사차 그러려니 하고 대수롭지 않게 여겼는데, 돌아간 후에도 다시 연락이 와 꼭 홍콩에 방문해달라고 했다. 세 번째 초청까지 받고 나서는 마음에 부담이 생겨 남편에게 먼저 이야기를 꺼냈다.

"여보, 아무래도 하나님께서 홍콩 교회를 통해 뭔가를 하시려는 것 같아요. 홍콩에 다녀옵시다."

마침내 우리는 홍콩에 가게 되었다. 그곳에 있는 오익토스 교회는 교인이 30명이 채 되지 않는 작은 곳이었는데, 헌금의 70-80퍼센트를 세계 곳곳에 선교 헌금으로 보내고 있다고 했다. 그러면서 우리에게 두 시간을 줄 테니 사역 보고를 해달라고 요청했다. 홍콩 사람들은 시간관념이 철저하니 두 시간을 넘기지 말라는 당부를 듣고 우리 부부는 서둘러서 사역 보고를 했다. 보고를 마치고 나니 주어진 시간에서 40분이나 남았다. 그 시간에 이런저런 질문과 답변이 오갔는데, 성도 한 분이 우리에게 기도제목을 물었다. 그 순간 마을 주민들의 오랜 염원이던 학교 설립에 관한 생각이 떠올랐다.

"지역 주민들이 학교를 세워달라고 3년째 조르고 있는데, 어떻게 할지가 기도제목이에요."

"얼마가 있으면 학교를 지을 수 있나요?"

"5만 달러 정도 있으면 될 것 같아요."

질의 응답까지 마치고 나서는 온 교인과 함께 식사를 했다. 식사를 하는 동안 교회 분들끼리 무언가 의논을 하는 것 같았다. 그러더니 만장일치로 결정했다면서 리자 학교를 위해 5만 달러를 헌금하겠다고 밝혔다. 오익토스 교회에서는 대개 이 정도의 금액을 헌금하려면 2주를 기도한 후 결정하고, 프로젝트의 60퍼센트만 헌금하는 것이 관례라고 들었다. 그런데 우리 기도제목에 온 교인이 감동되어 불과 몇 분 만에 헌금을 하기로, 그것도 100퍼센트를 지원하기로 결정한 것이다. 덕분에 홍콩의 교회를 통해 지역 주민을 위한 선교훈련원 부속의 초등학교가 세워졌다. 현재 이 학교에서는 초등학생 120명이 공부하고 있으며, 그중 20퍼센트는 무슬림이다. 올해 처음으로 졸업생을 배출한다. 초등학교의 커리큘럼은 기독교 학교 교과과정인 ACE(Accelerated Christian Education)를 사용하여 영어, 수학, 과학 할 것 없이 모든 내용에 하나님, 예수님, 십자가, 어린양의 복음을 담고 있다. 초등학교 건축비를 후원해준 홍콩의 교회는 이후에도 마치 재촉하듯이 "자, 다음엔 뭡니까?" 하면서 기꺼이 동역자가 되어주었다.

그 외에도 33년 전 후원교회에서 친분이 있었던 노 집사님이 "저도 학교 사역에 동참할 수 있게 해주세요"라며 중학교를 세울 수 있도록 후원을 해주셨고, 1990년 우리가 파송받은 날부터 우리와 늘 함께해온 후원교회의 김 권사님이 주님의 나라로 부르심을 받으면서 나이지리아 선교를 위한 후원금을 남겨주셔서 그 돈으로 고등학교 기초 공사를 진행할 수 있었다. 현재는 중학교와 고등학교는 물론 도서관 건축까지 이루어지고 있다.

이 모든 것은 하나님께서 하시는 일이요, 하나님께서 그분의 사람들을 움직여서 이루어가시는 일이다. 나는 지난 15년간 갑상선 기능저하증으로 약을 먹고 있으며, 오래전에 무릎 연골이 다 닳아 수술을 받았다. 1년 전에는 간의 왼쪽 전체와 담낭 절제술을 받았다. 최근에는 뒷목이 붓고 아파서 수술을 받았고, 간 절제술을 한 후부터 당뇨 초기에 접어들었으며, 나날이 시력이 떨어져 책을 보기조차 힘들다. 60대 중반을 넘어서는 밤잠을 설칠 때도 많다. 이런 내가 온 동네의 엄마가 되어 찾아오는 사람들을 끊임없이 만나며 선교훈련원의 오만 가지 행정 일을 하고, 하루종일 뙤약볕 아래에서 공사장의 먼지를 마시며 건축 일을 감독하고 있다. 이런 일들을 하루하루 감당한다는 건 결코 내 힘으로 가능하지 않다. 내 역할은 그저 주님이 주시는 힘으로, 주님이 맡겨주신 이 땅에서, 주님이 주신 은사를 따라 맡겨진 일들을 받드는 것이다. 주님은 당신을 찾고 신뢰하며 순종하는 이들을 후히 대해주신다는 사실을 체험했기에 이 모든 특권에 감사할 따름이다.

"이 모든 일을 주님이 하셨습니다. 마라나타!"

보여주신 비전을 따라

P국에서의 과거와 현재 그리고 미래

· 주요한 ·

부르심의 땅 P국 정착기

1995년 8월 P국의 수도 공항에 도착했을 때, 자동소총으로 무장한 군인들이 삼엄하게 공항 경비를 서고 있었다. 불과 2개월 전인 같은 해 6월에 한국에서 결혼식을 올린 후 8월에 P국에 도착했으니, P국은 우리 부부에게 신혼여행 국가인 셈이다.

주요한 교단 선교부에서 홍보를 담당하다가 소명을 느끼면서 선교의 여정이 시작되었다. 싱글로 P국에서 사역하던 한사랑 선교사와 결혼하여 1995년부터 P국 사역에 합류했다. 교회개척 및 현지 교회 양육, 지도자 훈련과 함께 국경 지역의 전방개척 사역에 참여하고 있다. 팀원들에게 성실과 겸손함을 인정받아 SIM P국 대표로도 섬겼다. 딸 효지와 군 복무 중인 아들 효석이 있다.

우리 부부가 사역하는 지역은 P국에서 세 번째로 인구가 많은 도시다. 이 도시는 옷감 공장이 많이 들어섰음에도 불구하고 도로가 엉망진창인 것으로 악명이 높다. 우리 부부의 주요 사역은 이 도시 변두리의 여러 시골 지역교회들을 정기 방문하여 청년들을 대상으로 성경공부와 기도회, 주일학교 교사 훈련을 시키는 것이었다. P국의 시골에는 지역교회들이 있지만 예배를 섬기는 사람이 부족해 예배 자체가 멈춰버린 곳이 많았기 때문이다. 그래서 훈련받은 청년들이 이웃 마을들을 정기 방문하여 예배를 인도할 수 있도록 했다.

한여름에는 P국 북부 산악지역에 있는 언어학교에 가서 약 3-4개월간 집중적으로 언어 훈련을 했다. 한번은 웃지 못할 큰 실수를 한 적이 있다. 언어학교에서 미션 하우스까지는 걸어서 20분 정도 걸리는데, 이 길을 오갈 때면 항상 100개 이상의 계단을 오르내려야 했다. 이 지역은 해발 2천 미터가 넘는 고산지대이기 때문에 한여름에도 시원한 날씨를 자랑한다. 그 덕분에 여름이면 중부와 남부에서 수많은 관광객이 이곳을 찾는데, 이때 빈곤한 가정의 청소년들은 생계를 위해 여름 한철 길거리에서 관광객들에게 작은 물품들을 판매한다.

그중에는 아주 짓궂은 아이들도 있다. 내가 언어학교와 미션 하우스를 오가는 길에 자주 마주친 아이가 꼭 그랬다. 예닐곱 살쯤 된 어린이가 며칠간 줄기차게 나를 따라다니며 "중국인, 중국인" 하고 놀렸다. 하루 이틀은 철없는 아이의 장난으로 여기며 참았지만 계속되는 괴롭힘에 인내심이 한계에 다다랐고, 혼내줘야겠다는 생각에 아이를 향해 휙 돌아서서 달리기 시작했다. 그때는 20대 후반이라 혈기왕성했을 뿐 아니라 달리기도 곧잘 했기에 아이는 공포에 질려서 냅다 도망가기 시작했다. 하지만 그대로 가다간 잡힐 것 같았는지 갑자기 수풀 속으로 뛰어들더니 결국 시궁창에 빠지고 말았다. 그 순간 '아뿔싸, 내가 잘못했구나' 싶었지만 이미 일어난 사건을 되돌릴 순 없었다. 혹시 아이가 크게 다치거나 잘못되었으면 어떡하나 염려되며 심장이 마구 뛰었다.

잠시 후 시궁창에서 걸어나온 아이를 살펴보니 다행히 경미한 타박상에 그쳤지만, 아이는 울면서 집으로 돌아갔다. 그 사건은 순간의 분노를 참지 못하여 큰 사고를 낼 뻔한 아찔한 추억이 되었다. 이후로 나는 분노하는 것을 몹시 경계하게 되었고, 순간적인 실수를 회개하며 나 때문에 놀랐을 어린이와 그의 가정이 치유되고 구원받기를 기도했다. 하나님의 사랑과 구원의 복된 소식을 전하기 위해 이 땅에 왔으면서도 화를 참지 못한 내가 주님 앞에서 부끄럽고 죄송했다.

언어 공부를 하던 시기에는 차 때문에 꽤 자주 골머리를 앓았다. 10년이 지난 중고차를 운전하다보니 차량 수리를 하러 카센터에 가는 일이 잦았다. 한번은 엔진에서 매연이 너무 많이 나와 카센터에 차를 맡겼다. 미션 하우스에서 카센터까지 약 한 시간이 넘는 거리를 여러 차례 방문했으나 진행된 것은 없었고, 방문할 때마다 "며칠 후에 다시 오세요"라는 소리만 들었다. 처음에는 그러려니 하고 돌아갔다가 다시 찾기를 10여 차례 반복했다. 결국 수리를 포기하고 도로 차를 찾아왔다. 그러고 나니 "이 나라에서는 뺑뺑이 돌리는 것이 문화"라고 했던 누군가의 말이 떠오르면서 '문화 체험 한번 톡톡히 하는구나' 싶어 헛웃음이 났다.

고산지대에서 언어 공부를 하던 시기에 아내는 만삭이었다. 하루는 언어학교에서 공부를 하는 도중에 아내가 출산 조짐이 있다는 연락을 받고 부랴부랴 집으로 돌아왔다. 미션 하우스에서 험한 산악도로를 약 7시간 이상 달려야 병원에 도착할 수 있었다. 분만이 임박하여 통증을 느끼는 아내의 손을 한 손으로 잡고, 다른 한 손으로는 운전하며 끝이 보이지 않는 험한 도로를 달리고 달려 다행히 분만 전에 병원에 도착할 수 있었다. 도착한 지 몇 시간 안 되어 아내는 딸아이를 건강하게 출산했다.

앞서 길을 내시는 하나님

아내와 결혼하기 전, 주님은 북부 지역 기독교 안과병원에서 사역하는 스미스 영국 선교사에게 우리 가정이 P국 북부 지역에서 사역할 것을 환상으로 보여주셨다. 그래서 선교를 준비할 때뿐 아니라 P국에 도착한 후에도 주님이 보여주신 비전을 마음에 품고 기도하며 하루하루를 보내고 있었다. 마침 여름철 4개월 동안 P국 북부 지역에서 언어 공부를 할 때에도 항상 'P국 북부 지역에 어떻게 접근할 수 있을까' 하는 생각이 머릿속을 떠나지 않았다. 우리가 공부하던 언어학교에는 약 일주일 간의 방학이 있었는데, 그 시기에 나는 동료 선교사와 함께 북부 지역 정탐 여행을 떠나기로 했다.

P국 북부 국경선은 A국과 접하고 있고, 북동부 국경선은 I국과도 접하고 있어 군사적으로 매우 민감하여 선교사가 종교 비자를 가지고 활동할 수 없는 지역이었다. 그 가운데 A국과 국경을 접하고 있는 북부 지역의 행정수도 길갓에는 기독교 안과병원이 있었다. 여기에서 서양의 의료 전문인 사역자 몇 가정이 사역을 하고 있었다.

나는 동료 선교사와 함께 약 17시간의 버스 여행을 한 끝에 겨우 길갓에 도착할 수 있었다. 한쪽은 높은 바위산이고 다른 한쪽은 수십 미터 절벽 낭떠러지인 데다가 그 밑으로는 만년설이 녹아서 차가운 강물이 굽이쳤다. 바위산을 깎아 도로를 만드는 동안 수많은 A국 기술자들과 P국 인부들이 사망했다는 이야기가 구전처럼 내려오고, 가끔씩 산 위에서 집채만한 바위가 굴러 떨어지는 랜드 슬라이딩이 발생해 버스나 트럭이 낭떠러지로 추락하는 사고가 발생하기도 한다. 그럴 때면 시신 한 구도 찾을 수 없다는 무시무시한 곳이 바로 길갓이다. 어렵사리 길갓에 도착한 우리는 기독교 안과병원을 방문하여 우리 가정이 이 지역에서 사역할 수 있는 방법을 물어보았다. 여러 가지 조언을 들었지만 당장 실행 가능한 선택지는 없었다. 결국 우리는 P국 국경선 출입국 관리소가 있는 지역까지 정탐한 후 별 소득 없이 언어학교로 돌아왔다.

그러나 주님은 이미 한발 앞서 우리 가정을 인도하고 계셨다. 하루는 P국 중부 지역 현지 지역교회 담임목사님이 이른 아침에 오토바이를 타고 우리 집에 오셨다. 목사님 부부가 매일 드리는 가정예배 때, "○○가정이 비전을 품고 기도하는 것이 있으니 가서 물어보고 도와주라"는 주님의 음성을 듣고는 그 길로 우리 집으로 달려오셨다는 것이다. 주님이 인도하신 줄로 믿고 우리 부부는 그 목사님에게 북부 지역 선교에 대한 비전을 나누었다. 목사님은 그 다음날 북부 지역 현지 교회에 우리 가정을 연결해주셨고, 2000년 3월 우리 가정은 북부 지역에서도 최북단에 위치한 도시로 떠나게 되었다. 우리 부부는 그곳에서 2000년부터 2004년까지 약 5년간 A국 수도에서 국경 도시에 이르기까지 가정교회들을 방문하여 P국을 소개하고 선교의 도전을 주는 사역을 이어갔다. 또한 A국에서 사역하는 한국 선교사님의 도움으로 매년 A국 교회 지도자들을 P국으로 안내하여 P국 교회들을 함께 방문하고 기도하며 주 안에서 형제된 자들로 세워가는 사역을 감당했다.

구원의 역사를 보이시다

2005년 10월, 땅이 진동했다. P국 북부 지역에 대지진이 발생한 것이다. 이 지진으로 수만 명의 사망자와 수백만 명의 이재민이 발생했다. 우리 집 주변의 담들도 처참하게 무너져 내렸고, 시내의 대형 마트들도 순식간에 잔해 더미가 되어버렸다. 이로 인해 수많은 지진 난민들이 우리 집에서 약 한 시간 가량 떨어진 지역에 난민촌을 이루어 살게 되었다. 당시 한국에서 여러 구호단체들이 지진 난민들을 도우려고 P국 북부 지역을 방문했고, 우리 또한 그중 한 구호단체와 연결되어 세 개 마을에 난민들의 생계를 위한 여성기술센터를 운영하며 그들을 돌봤다.

그로부터 몇 개월이 지나서 난민들은 하나둘 자기 고향으로 돌아갔지만, 우리는 그 지역의 주민들을 대상으로 여성기술센터를 계속해서 운영했다. 기술센터가 있는 마을은 주민이 대략 100만 명 정도 살고 있고, 몇 가정의 기독교인을 제외하면 99.9퍼센트가 무슬림으로 구성되어 있는 곳이었다. 그래서 아내와 나는 지진이 일어나기 전부터 이 마을을 지나다닐 때마다 '이 마을에도 복음이 전해지고 구원의 역사가 일어나 교회가 세워질 수 있도록' 기도해온 터였다. 주님은 결국 지진을 통해 이 마을에 복음을 전할 수 있는 기회를 마련해주셨다. 현재 이 마을에는 여러 개의 가정교회가 세워져 있고, 계속해서 복음이 증거되는 역사가 일어나고 있다. 할렐루야!

은밀한 동역자

P국 북부 지역에서 사역하면서 우리는 A국 교회와 연결되어 지속적으로 관계를 쌓아갈 수 있었다. 그 가운데 A국에서 젊은 부부들로 이루어진 사역자들이 P국에 들어오면서 더 안정적으로 장기 사역도 감당하게 되었다. 이를 통해 A국 교회들에서 초기에 발생했던 여러 가지 단점과 실수를 돌아보며 성장하는 발판이 마련되었다. 우리 가정은 A국에서 온 사역자들을 돕고 격려하기 위해 수도로 사역지를 옮기라는 요청을 받았고, 2013년에 B도시에서 수도로 이사했

다. 그리고 지금까지 A국 사역자들과 함께 기도하고 교제하며 사역을 이어가고 있다.

그러나 A국 사역자들과 함께하는 것이 순탄치만은 않았다. 몇 년 전 P국 남서부 지역에 위치한 중심 도시에서 A국 사역자들이 테러리스트들에게 순교를 당한 후에 여러 가지 생각지 못한 변화가 일어났기 때문이다. 이 사건을 계기로 A국이 한국인 사역자들을 적대시하게 되었다. 테러리스트들에게 순교 당한 A국 사역자들을 지도하고 안내한 배후에 한국 선교단체가 있다는 것이 그 이유였다. 그렇지 않아도 호시탐탐 탄압할 기회만 엿보고 있던 A국 정부는 이 사건을 계기로 자국 내에서 활동하는 많은 한국인 사역자들을 추방했다. 그뿐만 아니라 A국의 많은 가정교회들을 강하게 압박하기 시작했고, 새 여권 발행도 어렵게 만들었다. P국도 이 사건 이후로 P국 내에서 비즈니스 비자를 가지고 활동하는 많은 한국인 사역자들의 비자를 까다롭게 조사하기 시작했다. 비자 연장도 매우 어렵게 되었다. 여전히 P국 내에는 A국에서 파견한 비밀경찰 요원들이 활동하고 있기에, 우리는 매우 신중하고 조심스럽게 A국 사역자들과의 만남을 이어가고 있다.

이 땅의 소망, 예수 그리스도

한편 수도는 시내를 중심으로 여러 구역으로 나뉘어 있는데, 대부분 각각의 구역마다 기독교 마을이 자리하고 있다. 우리 부부는 현지 교회 성도들을 대상으로 6개월, 1년, 2년 과정의 단계별 전도 훈련 프로그램을 진행하고 있다. 또한 P국 여러 지역에서 문서 사역, 방송 사역, 스포츠 사역, 어린이 사역, 미전도 종족 개척 사역, 구호 사역 등 다양한 방법으로 전도 사역을 감당하는 선교기관들과 협력하고 있다.

이곳에서 사역하면서 가장 안타까운 것은, 다수의 현지인 목회자들에게 전도의 열정이 없다는 점이다. 수도 인근에 위치한 교회들은 대부분 소형이고, 목회자들이 매우 열악한 재정 상태에서 사역하고 있기에 무슬림을 전도하려는 생각도 의지도 없다. 오히려 테러를 당할 수 있다는 두려움에 사로잡혀 있고, 무슬림에게 어떻게 복음을 전할지조차 모르는 경우가 태반이다. 그래서 지역교회 목회자들이 교회에 주어진 전도의 명령을 깨닫고, 그 사명을 마음에 품을 수 있도록 기도하고 있다.

이곳에도 소망은 있다. 수도의 지역교회들 중에 전도하는 교회가 나타난 것이다. 몇 년 전부터 P국 전역을 직접 돌면서 이슬람교, 힌두교 등 미전도 종족들에게 복음이 전파되도록 기도하고, 지역교회들에게 전도의 사명을 일깨워주는 목회자가 있다. 그 역시 해외 선교사나 선교단체와 관계를 맺으며 신앙의 성장을 맛본 사람이다. 한 사람의 영향력은 전 교인들이 선교와 전도에 참여하도록 이끌었다. 그리하여 같은 비전을 품은 여러 지역교회들이 연합하여 전도팀을 구성했고, 실제로 P국 전역을 다니며 전도 사역을 진행하고 있다. 무슬림 금식 기간인 라마단에는 역라마단 기도회를 진행하면서

P국 지역교회에 전도의 불씨를 지피고 있다.

지난 27년간 P국에서 사역하면서 이제껏 경험하지 못했던 강력한 성령의 역사하심이 P국 지역교회들 가운데서 일어나고 있음을 본다. 이는 매우 고무적인 일이다. 물론 이런 일이 가능하기까지 크신 하나님의 능력과, 주님이 보내신 해외 선교사 및 선교단체들의 사역이 큰 역할을 했다. P국은 전 세계적으로 미전도 종족이 가장 많은 국가 중 하나다. 미전도 종족들에게 복음을 들고 나아갈 추수꾼들이 P국의 지역교회, 곧 그들 가운데서 일어나야 한다. 말씀을 통해 전도의 사명을 깨닫고, 전도 훈련을 받은 수많은 청년들이 다양한 전도 단체와 협력하여 지속적으로 전도 사역을 해가기를 소망한다. 다가오는 수년 내에 P국 내의 수많은 미전도 종족들 가운데 예수 그리스도의 복음이 증거되고, 교회가 세워지며, 그곳에서 예수 그리스도의 제자가 양육되어 중동 지역을 포함한 열방으로 파송되기를 기도한다.

18년을 며칠같이

연단의 땅 에리트리아를 기억하며

• 이기형 •

나의 부르심

1990년 군 제대 후 우연히 매스컴을 통해 기근으로 굶주리는 에티오피아 난민을 보고 도전을 받은 나는 선교사의 소명에 대해 고민하기 시작했다. 2년 가까이 기도와 말씀 묵상을 통해 하나님의 부르심을 확신하며 신학대학원에 입학했다. 신학대학원을 졸업하고 나

이기형 1992년 선교한국 대회를 통해 선교에 헌신했고, 2002년 아내 성명현 선교사와 함께 불안한 정세 속의 에리트리아에서 선교의 여정을 시작했다. 이후에 물도 없고 뜨거운 사바나 기후로 현지인들도 꺼리는 에티오피아의 보라나 지역으로 이사했다. 힘든 여건에서도 성경학교, 유치원, 교회개척 등의 사역을 하며 아내, 딸 재빈, 아들 재하, 재이와 함께 그들만의 선교 이야기를 써가고 있다.

서는 약 6년 동안 교회에서 사역자로 섬기면서 선교 훈련을 받았다. 마침내 SIM을 통해 선교지에 들어갈 준비를 마쳤을 무렵, 에티오피아 SIM으로부터 비자를 받을 수 없다는 통보를 받았다. 파송 준비를 모두 마친 나에게 그것은 청천벽력과도 같은 소식이었다. 어디로 갈지 알지 못하는 가운데 에티오피아에서 독립한 자그마한 나라, 에리트리아에서 사역하는 선배 선교사님에게 그곳으로 들어오라는 연락을 받았다. 생전 처음 들어본 나라였지만, 오랫동안 마음에 품어온 에티오피아와 문화와 언어가 비슷했기에 마음의 문을 여는 데 그리 오랜 시간이 걸리지 않았다.

　우리 부부는 당시 세 살, 한 살인 두 아이들과 함께 아프리카 선교의 첫발을 내디뎠다. 에리트리아 공항에 도착했을 때 꽃을 들고 환하게 웃으며 우리를 맞이해주신 선배 선교사님의 미소를 지금도 잊을 수 없다. 밤늦게 도착해 몹시 배가 고팠던 터라 준비해주신 저녁을 허겁지겁 먹어 치우고 후식으로 오렌지를 먹었는데, 지금까지 그렇게 달고 맛있는 오렌지를 먹어본 적이 없다. 역시 아프리카의 열대과일은 차원이 달랐다. 우리는 환대와 감탄으로 가득 찬 하루를 뒤로하고 오랜 비행으로 피곤한 몸을 누이며 아프리카에서의 첫날을 보냈다.

에리트리아의 민낯을 마주하다

다음날 아침, 달고 맛있는 열대 과일을 언제든지 실컷 먹을 수 있을 것이라는 나의 환상은 가차없이 무너지고 말았다. 해발 2,400미터에 위치한 아스마라의 아침 공기는 쌀쌀하다 못해 추웠다. 열대 우림은 어디서도 찾아볼 수 없었고 하늘로 쭉 뻗은 가늘고 키 큰 나무들만 거리에 드문드문 서 있었다. 전날 밤 늦게 도착하느라 미처 주변 환경을 살펴보지 못했다. 아무튼 이곳에는 아프리카 하면 으레 떠오르는 푸르고 무성한 바나나잎이나 울창한 초록으로 뒤덮인 풀숲은 전혀 보이지 않았다. 풀 한 포기 나지 않은 황량한 골목길 사이로 바람에 실려 온 먼지만 자욱했다.

황량한 것은 자연 환경만이 아니었다. 에리트리아의 수도 아스마라에 유일하게 있는 교회는 중국에서 공산주의 교육을 받은 정부 지도자의 탄압으로 인해 문이 닫혀 주일에도 예배를 드리지 못하고 있었다. 성도들이 삼삼오오 집에 모여 기도 모임을 하거나 몰래 예배를 드렸는데, 그마저도 발각되면 무자비하게 들이닥친 경찰들에게 잡혀갔다. 공포와 두려움으로 성도들은 찬양을 마음껏 부르지 못하고 입만 벙긋대야 했다.

충격적이게도 경찰에게 잡혀간 성도들은 뙤약볕 아래 컨테이너에 갇혀 인간이 당할 수 있는 온갖 수난과 핍박을 당해야 했다. 부모가 모두 끌려간 경우, 아이들은 주변 성도들의 도움을 받으며 겨우겨우 생활을 이어갔다. 그러다가 더 이상 도움을 받지 못하게 되면 그대로 거리로 내몰렸다. 나와 함께 사역하던 O목사님 역시 아무 이유 없이 단지 목사라는 이유만으로 경찰에 체포되어 약 5개월 동안 감옥생활을 했다. 그뿐 아니라 에리트리아에서는 고등학교 3

학년이 되면 남녀를 불문하고 모든 학생들이 군대에 끌려가 1년간 군사훈련을 받으면서 공부를 해야 했다. 그들 중 대학 입시에 합격한 학생들만 집으로 돌아가 대학에 다닐 수 있었고, 나머지 학생들은 기약 없이 군대 생활을 계속해야 했다.

참담한 현실이지만 좌절하고 있을 수만은 없었다. 우리는 개인 교사를 통해 그들의 언어를 배우면서 사역을 조금씩 진행해갔다. 작은 집을 빌려 현지 교단의 사역자들과 함께 야간 신학교를 열어 신학생들을 가르치는 한편, 집에서는 아스마라 대학생들을 모아 제자훈련을 시작했다. 신학생들은 핍박 받는 중에도 하나님을 알고자 하는 열정만큼은 누구에게도 뒤지지 않을 정도로 뜨거웠다. 한 학생은 가족들이 모두 수단으로 피신해 있던 차에 호주로 난민 신청을 해놓은 상태였는데, 민족 복음화에 대한 사명감 때문에 혼자 다시 에리트리아로 들어와 신학 공부를 하고 있었다. 안전한 삶이 보장된 호주 시민권을 포기한 채 오직 복음을 위해 조국으로 돌아온 것이다. 이처럼 청년들의 마음이 복음의 열정으로 가득 차 있었기에 사탄은 결코 가만히 있지 않았다.

지독한 시련, 그럼에도 불구하고

어느 날 평소와 다름없이 수업을 진행하고 있는데 난데없이 한 젊은 여성이 교실에 들어와 그들의 언어인 티그리냐어로 온갖 욕을 하며 괴성을 지르기 시작했다. 한눈에 봐도 귀신 들린 여자였다. 내가 영어로 질문하고 꾸짖어도 아무 대답이 없었다. 그러다가 "다 같이 이 여인을 위해서 기도하자"는 한마디에 그녀는 영어로 "너희들은 기도해. 나는 간다"라는 말을 남기고는 유유히 사라졌다.

사탄의 방해는 사역 영역에만 그치지 않았다. 우리 부부가 언어 공부에 몰두해 있는 사이에 이제 막 돌이 지나 아장아장 걷던 둘째 아이가 유리 테이블에 부딪히는 사고가 일어났다. 눈 언저리에서 피가 쏟아지는 아이를 안고 나는 급히 택시를 잡아 탔다. 의료 기반이 미약한 나라이기에 몹시 불안했지만, 택시 기사의 기지로 무사히 안과에 도착할 수 있었다. 다행히 눈에는 이상이 없었고, 눈꺼풀이 찢어져 치료를 받고 집으로 돌아왔다.

어느 날은 둘째 아이의 온몸에 두드러기가 나면서 고열이 시작되었다. 입 안에는 혓바늘이 돋았고 아이는 너무나 괴로워하며 온몸을 긁기 시작했다. 여러 소아과 의사를 찾아가봤지만 병명조차 알 수 없었고 약을 먹어도 낫지 않았다. 아이의 고통은 점점 심해져 온몸이 상처로 뒤덮였다. 우리가 할 수 있는 일은 기도밖에 없었다. 눈물로 기도한 지 약 한 달이 지났을 때, 인도에서 온 의사 한 분을 우연히 만나게 되었다. 혹시나 하는 마음에 둘째 아이의 상태를 보여주었더니 그분 역시 확실한 병명은 알지 못했다. 다만 두드러기를 다스리는 주사를 놔주었는데, 이틀이 지나니 거짓말같이 두드러기가 가라앉고 열도 내려 비로소 마음을 놓을 수 있었다.

그러는 사이에 우리 가정에는 새로운 생명이 잉태되었고, 아내는 입덧이 심해 아무것도 먹지 못하고 꼼짝없이 누워만 있었다. 하루는 떡볶이와 멸치 국수가 먹고 싶다는 말에 당장 나가서 사오고 싶었지만, 에리트리아에서 한국 음식은 구경조차 할 수 없었다. 한국에서는 어디서나 구할 수 있는 빵과 우유도 한 가게에 가서 줄을 서야 겨우 살 수 있었다. 그마저도 빈손으로 돌아오는 날이 많았다. 아이들에게 필요한 용품은 물론이고 생필품을 구하기조차 쉽지 않았다.

아이들의 건강과 경제적 어려움은 아무것도 아니었다. 1년이 지나서 비자가 만료되어 갱신해야 했지만, 여러 일이 꼬이면서 비자를 갱신할 수 없게 된 것이다. 무엇보다 우리가 그 땅에서 무슨 일을 하는지 정보가 이미 정부에 낱낱이 보고된 터라 비자 갱신이 더욱 어려웠다.

선교지에 나온 지 1년이 채 되지 않았는데 이대로 철수할 순 없었다. 나는 동역하는 현지인 사역자와 함께 비자 갱신을 위해 이민국과 노동국을 수없이 드나들었다. 그 가운데서 하나님은 여전히 우리와 함께하셨다. 이민국 담당자가 매번 새로운 서류를 요구했기에, 그날도 요청 받은 서류를 준비해서 그를 만나러 갔지만 찾을 수 없었다. 어디 갔느냐고 옆 직원에게 물었더니 "며칠 전에 사망했어요"라는 답이 돌아왔다. 적잖은 충격이었다. 일주일 전만 해도 건강하고 위엄을 뽐내던 사람이 갑자기 유명을 달리하다니. 덕분에 우리에 대한 정보가 전혀 없던 다른 직원이 너무나 순조롭게 비자를 3개월 연장해주었다.

우리는 그 3개월 동안 눈물로 기도하면서 비자를 갱신할 방법을 찾았지만 도무지 길이 보이지 않았다. 선교회 국제본부에서 비즈니스 전문가가 와서 그곳에서 비즈니스를 시작하는 방법도 강구해봤지만 헛수고였다. 내 인생에서 그렇게 시간이 빨리 흘러가기는 처음이었다. 비자를 연장할 수 있는 마지막 방법은, 배가 산만 하게 부른 아내를 내세우고 이민국에 가서 이곳에서 출산하고 나갈 수 있도록 시간을 더 달라고 간청하는 것이었다. 제대로 걷지도 못하는 아내와 함께 이민국에 방문한 날, 직원이 아내의 배를 한동안 뚫어지게 쳐다보더니 말없이 다시 3개월 연장 도장을 찍어주었다. 우리에게 다시 3개월이 주어졌다. 이제 아이가 태어나 에리트리아 국적을 받으면 부모인 우리는 당연히 거주 허가증을 받을 수 있을 것이라는 기대를 가지고 다시 한 번 이민국을 찾았다. 우리는 국장급의 직원을 찾아가 조심스럽게 물었다.

"태어날 아이가 이 나라의 국적을 취득할 수 있나요?"

그는 이 순진무구한 질문을 듣고 한참이나 웃더니 이렇게 말했다.

"당신들은 이 아이를 에리트리아 군인으로 만들고 싶습니까?"

아뿔싸. 거주 허가증을 받을 생각만 했지 그 생각은 미처 하지 못했다. 한번 군 입대를 하면 언제 제대할지 모르는 에리트리아가 아닌가. 우리는 멋쩍은 웃음을 남긴 채 이민국을 빠져나왔다. 얼마 후 셋째 아이가 건강하게 태어났고, 우리는 에티오피아 SIM으로부터 반가운 소식을 전해 들었다. 교회 사역(Spiritual Ministry)이 NGO로 등록되어 우리에게 비자를 발급해줄 수 있으니 에티오피아로 들어와도 된다는 소식이었다. 너무나 기쁜 일이었지만. 그동안 에리트리아에서 함께 울고 웃었던 현지인 성도들을 두고 떠나야 한다는 생각에 마음이 무거워졌다.

도우심의 손길

2004년 6월 30일, 우리는 다음날 밤 비행기로 예멘을 거쳐 에티오피아로 들어가기로 했다. 그날 오후에는 공항에 가서 짐들을 화물로 부치고, 서류 작업을 모두 마친 후 집으로 돌아왔다. 그런데 다음날 아침 일찍 공항 공안국에서 당장 공항으로 오라는 연락이 왔다. 공안국은 예전 우리나라의 안기부와 같은 곳이었기에 그런 전화를 받으면 걱정과 두려움이 앞섰다.

공항에 도착하니 공안국 직원이 내가 부친 짐을 하나하나 주시하면서 그 자리에서 다 풀어보라고 했다. 그 순간 심장이 말할 수 없이 빠르게 뛰었다. 박스 안에는 신학 서적과 성경책이 가득 들어 있었기 때문이다. 그 서적들이 발견될 경우 우리는 추방되면 그만이지만, 우리와 함께 사역했던 현지인들은 말할 수 없는 고통을 당하게 될지도 모른다. 나는 하나님께서 관리 직원의 눈을 가려주시기를 간절히 기도하면서 짐을 하나하나 풀기 시작했다. 그런데 기적 같은 일이 일어났다. 관리 직원이 박스 안의 서적을 다 보았는데도 아무 말 없이 우리를 그냥 보내준 것이다. 정말 순간적으로 관리 직원의 눈이 가려진 것인지 알 순 없지만, 나는 하나님께서 나의 기도를 들어주셨다고 지금도 확신한다.

예기치 못한 사건으로 한바탕 소란을 치르고 나자 온몸에 진이 빠지고 맥이 풀려 집에 간신히 돌아왔다. 아내는 어린아이 세 명을 데리고 기도하고 있었다. 당장 그날 밤에 비행기를 타야 하기에 우리는 긴 이야기를 나눌 시간도 없이 남은 짐을 꾸려서 다시 부랴부랴 비행장에 도착했다. 체크인을 한 후 출국 도장을 받으려 하는데 직원이 또다시 우리 앞을 막아섰다. 이번에는 출국 비자가 문제였다. 출국 전에 여러 일들을 처리하느라 정신없는 나머지, 우리 부부만 출국 비자를 받고 아이들의 출국 비자는 생각지도 못했던 것이다. 어쩔 수 없이 우리는 꼬박 밤을 지새우고, 다음날이 되어서야 에티오피아행 비행기에 오를 수 있었다.

비행기가 에리트리아 상공을 날아오를 때에는 그야말로 만감이 교차했다. 무사히 에리트리아를 빠져나와 그토록 오랫동안 준비했던 에티오피아로 들어간다는 안도감도 잠시, 그동안 함께 온갖 어려움을 견디며 믿음의 길을 걸어온 현지인 형제자매들을 남겨두고 떠난다는 죄책감이 물밀 듯이 밀려왔다.

나의 슬픔을 주님이 기쁨으로

죄책감이 기쁨으로 변한 것은 그로부터 약 15년이 지나서였다. 하나님은 에리트리아에서 함께했던 현지인 지도자들을 다시 만나게 하심으로 내 마음의 무거운 짐을 다 내려놓게 하셨다.

서로 앙숙 국가인 에리트리아와 에티오피아는 2019년에 평화조약을 맺어 육로가 아닌 항공으로 서로 왕래할 수 있게 되었다. 그 덕분에 나와 함께 에리트리아에서 사역했던 O목사님, M목사님, 그리고 M장로님과 그의 가족들이 에티오피아를 방문하여 눈물과 웃음으로 뒤범벅된 재회를 하게 되었다. 그동안 M목사님은 수단으로 피신하여 에리트리아 난민을 위한 신학교에서 학생들을 가르쳐 다른 나라로 파송하는 일을 하고 계셨다(지금으로부터 약 1년 전 M목사님은 신장이 제 기능을 하지 못해 끝내 에리트리아로 돌아가지 못하고 수단에서 주님의 부르심을 받았다). O목사님은 우리가 떠난 후 다시 비밀경찰에게 붙잡혀 10여 년 넘게 옥중생활을 하다가 풀려났지만, 건강이 많이 악화되어 오랜 기간 치료를 받으셔야 했다.

M장로님의 딸 H자매는 우리가 에리트리아에 있을 때에는 예닐곱 살 정도의 어린아이였는데, 이제 장성하여 남편과 함께 에티오피아로 잠시 건너왔다. 두 사람은 비행기표를 구입할 돈이 없어 에리트리아에서 차를 빌려 세 개의 검문소를 통과하고, 새벽 2시에 무려 네 시간을 걸어서 국경선을 넘었다고 했다. 국경선을 넘는 것이 발각되면 감옥에 가야 하는데, 왜 이런 위험을 무릅쓰고 에티오피아에 왔는지 묻자 그들의 대답은 완전히 뜻밖이었다.

"아디스아바바에서 3주간 금식기도회가 열리는데, 거기에 참석하고 싶어서요."

교회 문은 여전히 굳게 닫혀 있고 마음껏 찬양할 수도, 예배를 드릴 수도 없는 에리트리아에서 얼마나 영적 갈급함이 심하고 말씀과 기도를 사모했으면 이런 위험까지 감수하면서 국경을 넘어왔겠는가? 안타까우면서도 한편으로는 그 믿음을 하나님께서 매우 기뻐하실 것이라는 생각에 마음이 벅차올랐다. 그들은 에티오피아에서 약 한 달간 머문 후 똑같은 루트를 통해 에리트리아의 아스마라로 돌아갔다.

에리트리아를 떠나 에티오피아에 도착한 그날 밤, 이곳 아디스아바바 거리는 가로등과 상점의 불빛으로 환하게 빛나고 있었다. 전기가 부족해 가로등이 언제나 꺼져 있는 아스마라의 컴컴한 거리와는 너무나 다른 풍경이었다. 그 불빛처럼 에티오피아에서의 지난 18년은 라헬과 함께할 수 있다는 기쁨으로 7년을 며칠같이 여겼던 야곱처럼 사역의 기쁨과 감사함으로 순식간에 지나갔다. 이 마음은 사역 초기 약 2년 동안 에리트리아에서 혹독한 훈련을 거쳤기에 가질 수 있는 것이리라. 어떤 어려움과 고난이든지 아무 의미 없이, 그저 우연히 주어진 것은 없다. 하나님의 큰 그림과 계획 속에는 이미 그 여정이 포함되어 있음을 믿고, 그분의 품에 온몸을 맡긴 채 너울을 잘 타고 넘으면 된다. 주님이 주신 나의 사명이 다하는 날에 하나님의 품에 안겨 그분의 나라로 들어가는 것이 나의 마지막 간증이 되기를 간절히 소망한다.

굽이굽이 새겨진 은혜

모든 순간에 우리의 방패가 되심을 기억하며

• 이능성 •

이제껏 걸어온 선교 사역의 발자취를 돌아보며, 매일 아침 나는 이 찬송을 부른다.

> 수많은 위험과 수고와 함정을 지나 안전하게 여기까지 왔네.
> 주님의 은혜가 여기까지 인도하셨으니
> 그 은혜가 또한 본향까지 나를 안전히 인도하시리.

이능성 1990년 나이지리아로 파송받아 선교를 시작했다. 2000년 귀국하여 SIM 한국의 초대 대표로서 한국본부의 기틀을 세운 후 2004년에 나이지리아로 복귀했다. 현지 교단인 ECWA 1천여 명의 현지인 선교사들을 위한 리자 선교훈련원과 유·초등학교, 교회개척 사역을 하고 있다. 아내 서재옥 선교사와 딸 은진과 아들 요한이 있다.

가슴에 묻은 이름

1991년 우리 부부는 신임 선교사로 나이지리아 북동부에 위치한 빌리리 성서대학에서 사역을 시작했다. 당시 일곱 살이던 큰딸 효진이는 초등학교 공부를 위해 기숙학교에 들어가 우리 부부와 떨어져 지내야 했다. 그곳은 자동차로 5시간 이상 떨어진 켄트아카데미로 SIM 선교부가 운영하는 학교였다.

우리는 한두 달에 한 번씩 주말을 이용하여 효진이를 만나러 갔다. 우리의 사역지 빌리리에서 켄트아카데미로 가는 길은 멀기도 할 뿐더러 도로에 움푹 파인 곳이 하도 많아 차를 이리저리 몰다보면 두 살배기 둘째 은진이와 아내는 언제나 차멀미를 심하게 했다. 가족을 그리워하는 효진이를 위해 감행하는 힘든 여행이었지만 더 힘든 일은 따로 있었다. 오랜만에 만나 행복한 시간을 보내고 난 후면 어김없이 돌아오는 효진이의 투정이었다.

"왜 나는 엄마, 아빠, 동생이랑 함께 살 수 없는 거야? 왜 나 혼자 기숙사에 살아야 돼? 나는 영어도 잘 못 알아들어서 수업 시간에 내가 발표하면 애들이 다 웃는단 말이야!"

효진이는 기숙학교에서 지내는 것에 대해 원망과 불평을 쏟아냈고 시간이 갈수록 더 힘들어했다. 어쩌다 주말을 함께 보내고 월요일 아침에 효진이를 학교로 들여보낸 일은 지금 생각해도 눈물겨운 추억이다. 월요일 아침 수업 시작을 알리는 종이 울리면 모든 학생들이 줄을 서 있다가 선생님이 호명하는 대로 한 명씩 교실로 들어가는데, 우리가 학교를 방문할 때면 효진이는 항상 맨 뒷줄에 서서 엄마, 아빠를 조금이라도 더 보고 싶어했다. 때로는 줄에 서 있다가 울면서 달려와 엄마의 치맛자락을 붙잡으며 매달렸다.

"엄마, 나도 집에 데려가면 안 돼? 나도 집에 가고 싶어!"

그럴 때면 아내는 사역지로 돌아가는 다섯 시간 내내 어린 딸이 애처로워서 눈물을 훔쳤고, 그런 아내를 보는 나 역시 눈물을 삼키곤 했다.

안식년이 되어 온 가족이 함께 살게 되었지만, 어린 나이에 기숙학교에서 지내야 했던 효진이의 마음은 상처로 얼룩졌다. 효진이의 치유는 우리 부부의 기도제목 1호가 되었다. 우리 부부는 각각 휘튼 대학원에서 선교학과 기독교 교육학을 공부하면서 첫 안식년을 보냈는데, 선교지로 돌아가기 전에 효진이 마음의 상처가 나을 수 있게 해달라고 간절히 기도했다. 부모의 사랑을 의심하는 효진이에게 "사랑한다, 사랑한다"를 수없이 말하면서 때로는 인내심의 한계를 느끼기도 했다. '이렇게까지 말하고 사랑해도 믿지 못하면 도대체 어떻게 하라는 거야?' 그래도 내색하지 않고 계속해서 기도했다.

그러던 어느 날 우리가 참석하던 한인교회의 청소년 사역자를 통해 은혜를 많이 받은 효진이가 달라졌다. 공부가 힘들다고 투정부리던 아이가 "엄마, 공부가 재미있어요" 하더니 전 과목에서 A를 받아오기 시작했다. 그뿐 아니라 "이젠 엄마, 아빠의 선교 사역이 정말 귀한 일이라는 것을 알았어요. 나중에 크면 아빠가 사람들에게 〈예수〉 영화를 보여주면서 전도할 때, 나는 의료 선교사가 되어 아빠와 함께 선교할 거예요"라고 말했다. 마침내 하나님께서 우리의 기도를 들으시고 효진이의 아픈 마음을 치료해주셨을 뿐 아니라 아이의 영과 육을 훌쩍 성장시켜주셨다. 부모를 따라 선교에 헌신하고 싶다고 포부를 밝히던 효진이의 모습이 눈앞에 선하다.

우리 부부는 두 번째 팀에서 현지인 선교사들을 돌보며 영성 훈련을 하는 사역으로 전환하여 많은 보람을 느끼게 되었다. 더욱이 효진이와 떨어져 살지 않아도 되어 감사했다. 당시 우리는 영어를 사용하는 교수 사역에서 현지인 선교사를 훈련하는 사역으로 전환했기에 하우사어를 본격적으로 배우며 시간 나는 대로 〈예수〉 영화로 전도를 하고 있었다. 그렇게 감사가 넘치던 어느 날, 두 번째 팀을 시작한 지 열 달이 채 되지 않은 때에 효진이는 갑작스레 교통사고를 당했고, 한마디 작별 인사도 없이 우리 곁을 떠나버렸다.

만 13년 2개월 7일의 생애를 마친 딸을 선교사 공동묘지에 묻고는 억장이 무너져 내렸다. 그제서야 SIM 선교사 공동묘지에 들어서 있는 무덤 하나하나가 눈에 들어오기 시작했다. 그 묘역에 묻혀 말이 없는 선교사들, 혹은 선교사 자녀들의 이름을 하나하나 읽으면서 그 공간 전체가 거룩한 곳으로 보이기 시작했다. 우리는 딸을 먼저 떠나보낸 후 오랫동안 어둠과 살을 베어내는 고통과 눈물의 골짜기를 지나야 했다. 이제 와서 뒤돌아보면 그 어두운 터널 속에서도 우리 곁에는 항상 하나님 아버지의 사랑이 함께했다.

말할 수 없는, 은혜

현지인 선교사를 불러서 훈련시키는 주간 말고 나는 10시간씩 때로는 15시간씩 자동차를 운전해서 현지인 선교사들의 사역지를 방문했다. 가서 그들의 이야기를 듣고 격려하며 그들을 위해서 기도했다. 밤에는 〈예수〉 영화를 상영하여 결신자가 생기면 현지인 선교사들에게 양육을 맡기고는 보람을 느꼈다.

그러던 어느 날 목에 심한 통증이 느껴지면서 두통이 시작되었다. 열악한 현지의 의료 장비로는 정확한 진단이 나오지 않자 후원 교회에서는 한국에 와서 진단을 받으라고 연락해왔다. 한국의 대학병원에서 받은 진단은 갑상선암이었다. 암세포가 너무 많이 퍼져 있어 수술 도중 지혈이 안 되는 위험한 고비를 넘기면서 간신히 수술을 마쳤고, 몇 주 후 다시 현지로 복귀했다.

문제는 그 후로 6개월간 목소리가 나오지 않는 것이었다. 목소리가 다시는 돌아오지 않을지도 모르는 상황에서 오직 주님만 바라보며 기도할 수밖에 없었다. 아무도 없는 숲으로 들어가 기도하고 말씀을 묵상하며 시간을 보냈다. 7월에 수술을 받고 나서 이듬해 1월 29일 밤, 나는 온 집안에 가득 찬 한약 냄새를 맡았다. 혹시 아내가 한약을 달이나 해서 부엌에 가보았지만 아무도 없고 아내는 곤히 자고 있었다. 그때 문득 나는 목소리가 달라진 것을 깨달았다. 하나님은 그렇게 기적적으로 내 목소리를 온전히 회복시켜주셨다.

산 위의 기도

어느 날 미국에서 대학 2학년인 딸 은진이에게 문자가 왔다.

"우울증이 너무 심해서 아무것도 할 수 없어요. 모든 게 끝난 것 같아요."

은진이의 문자를 받고는 여기저기 기웃거려 우울증이 어떤 것인지 제대로 알게 되었다. 초등학교 2학년이던 해에 언니를 잃고 심한 충격을 받은 은진이는 아픔을 드러내지 않고 눌러두었다가 고등학교 때 우울증이 온 적이 있었다. 당시 은진이의 글을 읽고 우울증의 근원을 알게 된 우리는 서둘러 의료 선교사의 도움을 받았다. 그리고 호전되어 고등학교를 최우수 학생으로 졸업할 정도로 괜찮아진 줄 알았다. 그러나 어릴 때의 트라우마를 제대로 치유하지 못하면 평생을 따라다니는 우울증으로 고생할 수도 있다는 사실을 뒤늦게 알게 되었다.

은진이는 오랫동안 힘든 시간을 보냈다. 부모로서 은진이의 트라우마를 제대로 치유해주지 못했다는 생각에 몹시 괴로웠다. 무엇보다도 아이가 혹시 잘못된 생각이라도 하면 어쩌나 불안해서 잠을 설치기 일쑤였다. 힘들어하는 딸을 위해 내가 할 수 있는 일은, 선교 사역을 그만두고 은진이 곁에 있어주거나, 선교지에서 사역을 계속하면서 하나님께 은진이를 치유해달라고 매달리는 것이었다. 나는 후자를 선택했다. 사역을 포기하고 은진이에게 간들 마음의 병을 내가 치유할 수 없음을 알았기 때문이다.

그때부터 나는 칠흑같이 어두운 아프리카의 산에 올라가 기도했다. 말라리아모기도 전갈도 뱀도 무섭지 않았다. 내 생명을 가져가시든지 딸을 치유해주시든지 해달라고 주님께 매달렸다. 밤마다 산 기도를 한 지 두 주가 지날 즈음 현지의 정세가 심각해졌다. 우리가 사는 조스 시내에 종교 폭동이 일어나 수많은 사람들이 살해되고, 집과 자동차가 불타고 아수라장이 되면서 전 시내가 24시간 통행금지가 되었다. 더 이상 산으로 기도하러 갈 수 없게 되자 나는 우리 집 뒤뜰에 나가 밤을 새기 시작했다.

필사적으로 매달리며 기도하던 어느 날, 주님은 내가 들을 수 있는 음성으로 "은진이는 내가 책임진다"라고 응답해주셨다. 나는 은진이가 의사 가운을 입고 병원에서 일하는 모습을 비전으로 보았다. 당시에는 실현 가능성이 전혀 보이지 않고 힘들기만 한 상황이었지만, 주님은 책임지겠다는 약속을 지키셨다. 은진이는 이후에도 여전히 어려운 시간을 보내야 했지만, 10여 년이 지난 지금은 비전에서 본 그대로 전문의가 되어 말기암 환자를 돌보며 믿음의 행보를 걷고 있다.

폭동과 위협, 사건과 사고의 폭풍 속에서

우리는 현지인 선교사들의 교회개척을 도우며 사역을 이어갔다. 하루는 나이지리아 북쪽에 위치한 카노 외곽 지역에 그동안 후원한 교회의 건축이 완성되었다는 소식을 듣고 현지인 선교사를 격려하기 위해 차로 6시간을 달려갔다. 그날 밤 교회 건물에서 10미터쯤 떨어진 현지인 선교사의 집 마당에 텐트를 치고 잠을 청했다. 새벽 5시쯤 되었을까? 30여 명의 무슬림 청년들이 "알라는 위대하다"고 고함을 치며 교회를 습격했다. 그들은 곡괭이, 삽, 큰 칼을 가지고 갓 지은 예배당에 달려들어 건물을 무참히 부수기 시작했다. 나는 가까운 곳에 숨어서 교회 건물을 파괴하는 무슬림 청년들을 지켜보았지만, '나를 공격할지도 모른다'는 두려움에 아무런 대응을 할 수 없었다. 무력감과 허탈감으로 정신이 아득해졌다.

그날 밤을 간신히 넘기고 다음날에는 다른 지역으로 갔다. 거기서도 현지인 선교사 교회를 방문하고 위로하며 함께 시간을 보낸 후, 저녁이 되어 그 마을 사람들이 쓰는 하우사어로 된 〈예수〉 영화를 보여주었다. 그런데 영화 상영 도중 갑자기 한 사람이 찾아와서는 무슬림이 공격해오니 피하라고 전언하고는 황급히 떠나갔다. 우리는 급히 비디오 상영을 중단하고 각자의 자리로 흩어졌다. 나는 2시간 이상 차를 달려 자정이 훌쩍 넘어서야 카노 도시 안에 있는 SIM 게스트하우스에 도착할 수 있었다. 게스트하우스 마당에 텐트를 치고 쪽잠을 청하면서 죽음의 위험에서 건져주신 하나님의 은혜에 감사했다.

어느 날은 사역을 위해 수도 아부자로 향하고 있었다. 출발한 지 두어 시간 된 지점에서 갑자기 반대편에서 마주오던 자동차에 탄 사람들이 우리를 향해 고함을 치고 손을 흔들며 쌩하니 지나갔다. 그런 차를 한두 대 지나 보냈는데, 내가 커브길을 돌려고 운전대를 돌리려는 순간 옆 좌석에 앉은 아내가 고함을 쳤다.

"무장 강도예요. 빨리 차를 도로변 숲으로 몰아넣어요."

나는 급히 운전대를 꺾어 대로변에서 보이지 않게 숲으로 차를 숨겼다. 숲속에서 숨죽이고 있는데 곧이어 총성이 들리고 사람들의 비명과 울음소리가 들렸다. 당시 나이지리아에서는 자동차 여행 도중에 무장 강도를 만나기가 다반사였다. 무장 강도들은 돈과 소지품뿐만 아니라 생명을 앗아가는 일도 빈번했다. 그렇게 수풀에 숨어 40분 정도 지나니 도로에 하나둘씩 차들이 지나가기 시작했고, 그제야 우리도 숲에서 나왔다. 현장에 가보았더니 무장 강도가 사람들을 죽인 곳은 내가 커브길을 돌아서 가려 했던 바로 그곳이었다. 몇 명은 무장 강도가 쏜 총에 맞아 목숨을 잃었고, 피해자들이 탔던 차량과 그들의 소지품이 여기저기 널브러져 있었다. 지금도 그때를 생각하면 아찔해지면서 온몸에 소름이 끼친다. 1분 아니 몇 초만 더 일찍 그 커브길을 돌았다면 우리도 희생되었을지 모른다.

이후에도 여러 번 자동차 사고가 날 뻔한 고비가 있었다. 3천 명이나 되는 현지인 선교사들이 나이지리아 전역에 흩어져 사역하니 그들을 방문하려면 많은 위험을 감수해야 했다. 하지만 그때마다 주님이 지켜주셔서 오늘에 이르렀다. 이곳 그리스도인들의 가장 큰 기도제목이라면 '안전'일 것이다. 무장 강도로부터의 안전, 자동차 사고로부터의 안전, 종교 폭동으로부터의 안전이다. 나이지리아에서 33년째 사역하면서 내가 확언할 수 있는 바는 우리의 안전은 오직 주님께 있다는 것이다.

하루는 SIM 국제선교회의 대표인 말콤과 부대표 조슈아가 나이지리아를 방문하면서 우리의 훈련원을 찾아왔다. 점심 식사를 하면서 이런저런 얘기들을 하고 마칠 즈음, SIM 나이지리아 사무실로부터 다급한 연락이 왔다. 조스 시내에 종교 폭동이 일어났으니 국제 대표 일행은 지금 당장 선교본부로 돌아오라는 것이었다. 손님들을 먼저 보낸 뒤 아내와 나는 현지인 두 명과 함께 집으로 가기 위해 급히 차를 몰았다.

집으로 가는 길에 세 갈래 길이 나왔는데, 나는 아내의 의견에 반하여 차량이 많은 대열을 따라 차를 몰았다. 그런데 조스 대학을 지나자 갑자기 총소리가 들려오고 연기가 자욱한 폭동의 현장에 갇히고 말았다. 차창 밖으로 반쯤 탔거나 목이 잘린 시체들이 보였다. 두려움에 사로잡혀 아무 생각도 나지 않았다. '여기서 우리 생명이 끝나는구나' 하는 생각만 들었다. 나는 차를 돌리려 했고, 아내와 동행한 현지인들은 절대 돌려서는 안 된다고 했다. 아내는 폭도들이 현지 그리스도인을 먼저 죽이고 우리도 죽일 것이라 생각하고는, 뒷좌석에 앉은 현지인 젊은 여성에게 조수석에 앉은 자신의 다리 밑으로 숨으라고 재촉했다. 바로 그때 무장 군인 한 명이 우리 차로 다가와 외쳤다.

"당신들이 외국인인 것을 보고 보호하려고 왔습니다. 지금부터 내 말을 잘 들으세요. 차를 뒤로 돌리거나 옆으로 가지 말고 앞에 있는 이 트럭만 따라가야 합니다. 당신들이 외국인이 아니었다면 내가 이런 위험한 곳에 오지 않았을 것이오."

이 말을 남기고 무장 군인은 급히 자리를 떠났고, 우리는 군인이 일러준 대로 큰 트럭을 따라 연기가 자욱하고 총성이 들리는 거리를 마침내 빠져나왔다. 어디를 가든지 영원한 방패 되시는 하나님께서 그날 우리를 폭동 현장에서 지켜주셨다.

신뢰와 배신 그리고 소망

우리의 주된 사역은 현지인 선교사들의 영성 훈련이지만, 선교훈련원을 아름답게 가꾸고 시설을 관리하는 것도 중요한 사역 중 하나다. 우리는 14년 동안 비투르스라는 현지인과 이 일을 함께하며 그를 관리인으로 키웠다. 짧지 않은 기간 동안 지켜보니 비투르스는 성실하고 정직한 데다 도움을 받았을 때 다른 나이지리아 사람들과 달리 항상 감사의 마음을 표현했다. 그의 업무 중 하나는 선교훈련원 이용자에게 예약금을 받아 선교훈련원에 고용된 일꾼들의 노임을 주거나 관리 비용을 충당하는 것이었다. 현지인 선교사 영성 훈련, 물 공사 사역, 학교 건축, 교사 관리, 훈련원 조경, 마을 주민들과의 평화적인 관계 유지 등 늘 막중한 업무에 시달리는 우리 부부에게 비투르스는 참 믿음직스런 동역자였다.

비투르스가 신학교 진학을 원했을 때, 사람을 키운다는 뜻으로 그에게 학비와 시간을 제공하고, 그의 자녀들도 공부할 수 있도록 배려하는 등 여러모로 가족처럼 돌봐주었다. 그러나 믿었던 비투르스는 그 오랜 세월 동안 도둑질을 했고, 부인을 두고도 다른 여자들을 첩으로 두고 있었다. 이 일로 인해 비투르스에게 직접 일을 맡기고 보고를 받아온 아내 서 선교사가 큰 충격을 받았다. 믿었던 사람에게 배신 당한 충격은 대단했다. 오랫동안 마음을 다해온 선교 사역이 허무하게 무너지는 것만 같았다. 비투르스는 자신의 만행이 드러나자 처음에는 몇 가지 일을 시인하는 듯하더니 변호사를 사서 대항하기 시작했다. 무려 3년이나 지난 지금까지 비투르스 문제는 완전히 해결되지 못한 상황이다. 나는 매일 기도할 때마다 비투르스가 꼭 자신의 모든 죄를 고백하고 회개하여 새사람이 되기를 간구하고 있다.

돌밭을 지나 우리가 갈 곳

비투르스 일로 심한 충격을 받은 우리는 SIM 선교지도부와 의논 끝에 잠시 나이지리아를 떠나 한국에서 몇 달간 휴식을 취하기로 했다. 우리가 없는 사이에 현지 선교본부에서 비투르스의 문제를 원만히 해결하여 우리가 다시 돌아올 때면 모든 문제가 해결되어 있을 것이라는 기대도 있었다. 그러나 우리가 한국에 나와 있는 동안 코로나 19로 인해 나이지리아 공항이 문을 걸어 잠그면서 한국에 머무는 시간이 예상보다 길어졌다.

그러던 중 아내의 몸에 이상 징후가 생겨 검사를 해보니 담낭과 담관, 췌장 그리고 간에 문제가 있는 것이 발견되었다. 담당 의사는 그 부위가 암일 가능성이 있다면서 서둘러 수술할 것을 권했다. 많은 분들이 이 일을 두고 한마음으로 기도해주시는 가운데 그 분야의 전문의인 파송교회 장로님이 마음을 다해 수술을 해주셨다. 코로나로 인해 귀임이 늦어지는 바람에 아내의 간에 이상이 있음을 발견하고, 암으로 발전하기 직전에 왼쪽 간과 담낭을 절제하는 수술을 받고 잘 회복되어 하나님께 감사하고 있다.

현재도 도전은 계속되고 있다. 우리 선교훈련원의 부지와 경계를 맞대고 있는 무슬림 플라니의 땅 문제가 불거진 것이다. 현지에서 종교 폭동이 땅 문제나 경제적 문제로 시작되는 경우가 부지기수이므로 주님의 도우심이 간절하다. 이들이 우리를 대적해도 사랑으로 대하고 돕다보면 언젠가는 우리의 진심을 알아줄 날이 오리라고 믿는다. 과거에도 어려운 함정들을 지나 여기까지 안전하게 오게 하신 주님이 앞으로도 우리를 보호하며 본향까지 인도해주실 것이다.

하나님의 인도하심은

한결같이 동행하신 47년의 여정을 돌아보며

· 전학진 ·

한국에서 큰 산맥으로

10여 년간의 SIM 한국 대표 사역을 마칠 무렵, 우리 부부는 다음 사역지를 놓고 기도하고 있었다. 그러던 중 생후 6개월을 갓 넘긴 손자를 데리고 선교지로 떠난 딸과 사위의 안부가 궁금하고, 어디서 누구와 어떤 사역을 하는지도 알고 싶어서 우리는 N국에 방문하기

전학진 1989년 나이지리아에서 교수 사역을 시작했고, 2003년에서 2012년까지 제2대 SIM 한국 대표로 섬기면서 한국 교회와 동역의 기틀을 다졌다. 네팔의 선교사 훈련원 사역을 거쳐(2012-2018년), 러시아 우수리스크에서 다민족 교회인 사랑의빛교회를 담임하여 현지 지도자에게 이양했다(2018-2022년). 아내 김귀영 선교사와, 가정을 이룬 딸 소연과 아들 용준, 그리고 건강하게 자라는 손자들이 있다.

로 했다. 그런데 우리가 탄 비행기는 수도 공항에 다 와서도 천둥과 비구름 때문에 착륙하지 못하고 한참 동안 상공을 배회했다. 비행기는 마치 산봉우리 밑 잔잔한 호수 위에 떠 있는 듯했다. 창밖으로 그동안 말로만 들었던 광활한 산맥들이 한 폭의 산수화처럼 펼쳐졌고, 우리는 그 장엄함에 매료되었다. 그동안 눈부신 햇살 사이로 먹구름과 안개가 빠르게 달려가고 있었다.

"땅이 혼돈하고 공허하며 흑암이 깊음 위에 있고 하나님의 영은 수면 위에 운행하시니라"(창 1:2).

마치 섬광처럼 하나님의 영이 일하며 우리를 부르시는 것 같았다. N국을 방문할 때마다 우리 부부는 "와서 우리를 도우라"는 말씀과 함께 진한 감동을 느낀다. 당시 딸과 사위는 미국 선교부 소속 마운틴 차일드(MC, Mountain Child)에서 일하고 있었고, 우리는 MC 대표와 함께 사역하자는 제안을 받아온 터라, 이번 여행은 사역의 가능성을 타진하고 하나님의 부르심을 확인하는 시간이 되었다. 얼마 후 SIM 이사회와 동역하는 두 곳의 교회에서 N국 선교의 필요성을 인식하고 우리를 N국으로 파송해주었다.

큰 산맥 산족 마을

2012년 11월 17일, N국에 처음 도착했을 때에는 아직 SIM N국 선교부가 형성되기 전이었다. MC 대표는 우리에게 선교사 멤버 케어와 성경학교 설립 및 운영을 요청했다. 많은 사람들의 기도와 논의를 통해 수도의 성경학교(The Highland School of Frontier Missions)가 시작되었다. MC의 전략적 목표는 미전도 지역인 산족 마을에 교회를 세우는 일이었다. 교육의 혜택을 받지 못한 아이들을 수도의 호스텔에 데려와 돌보며 복음을 전하고 교육의 기회를 주는 것이다. 이러한 사역을 통해 장기적으로는 학부모 및 지역 주민들과 교제하며 전도의 접촉점을 갖는 것이 우리의 큰 그림이었다.

나는 성경학교에서 신학생들을 훈련하여 산족 마을에 보내는 사역을 맡았다. 난방이 잘 되지 않는 겨울에는 날이 너무 추워서 차라리 햇볕이 드는 야외에 나가서 강의하는 편이 나을 만큼 상황이 열악했다. 그래도 '이제 진짜 선교사다운 역할을 하는구나' 하는 생각에 오히려 감사했다. N국 사역이 진행되고 점점 N국의 역사와 종교, 문화와 현지 생활 전반을 알아가면서 내 마음은 주님의 마음이 향하는 곳, 바로 N국의 영혼들을 향했다. 수도에 있는 성경학교에는 처음에 30명이 입학했고, 그중 23명이 졸업했다. 특히 큰 산맥에 위치한 산족 마을은 차로 이동할 수 없어 1-2주 가량 걸어서 가야 했기에, 선교사들이 산간 마을에 들어가 학교를 세우고 복음 전하며 교회를 세우는 일에는 많은 인내와 헌신이 필요했다.

지진 속 '신의 한 수'

2015년 N국에 무려 7.9의 강진이 발생했다. 지진으로 수많은 사람들이 목숨을 잃었고, 건물들은 순식간에 폐허가 되었다. 어떤 마을은 흔적도 없이 사라졌다. 공공기관과 학교는 수개월 동안 업무가 마비되었다. 선교사로 구성된 N국의 한인교회 '어부회'는 지진이 N국을 휩쓸고 지나간 직후 구호팀, 의료팀, 상담팀으로 나뉘어 비상체제에 돌입했다. 지진은 겉으로 보이는 피해만 입힌 게 아니라 수많은 사람들을 트라우마로 몰아 넣었다. 살아남은 사람들은 끝없는 혼돈에 빠져들었다. 선교사 가족도 예외는 아니었다. 어부회 멤버 중 상담을 전공한 김귀영 선교사는 '먼저 선교사가 살아야 선교지를 살려낼 수 있다'고 생각하며 트라우마로 고통을 호소하는 선교사 가족들을 상담하기 시작했다. 종교를 떠나 곤경에 처한 N국 사람들을 돕는 것이 곧 선교의 길이라 믿기에 우리는 각자의 자리에서 분주하게 움직이기 시작했다.

지진 소식을 접한 한국과 다른 선교지에서 일하는 상담사들이 저마다 지원 사역에 나섰다. 우리는 그들과 함께 선교사들을 돕기 위한 세미나와 훈련에 참여하는 동시에 현지 교회를 돕기 위해 '트라우마 상담 세미나' 훈련을 받았다. 무엇보다 지진으로 인한 정신적 상실감과 트라우마에서 벗어나도록 돕는 것이 중요했기에, 내가 운영하는 GLTC(글로벌 리더십 훈련센터)에서는 수도에 있는 대학교 상담학과와 양해각서(MOU)를 맺고 대학원생들에게 트라우마 상담법을 훈련시켰다. N국 대학 상담학 교수들과 함께 학생들을 훈련하여 지역의 초·중·고등학교로 파송하기도 했다. 덕분에 선교사 신분으로는 들어갈 수 없는 힌두 마을과 불교 마을까지 자유롭게 드나드는 특권을 누릴 수 있었다. 우리는 지역 주민 및 교사들에게 도움의 손길을 내밀어 관계를 맺었고, 이것을 복음 전파의 기회로 삼았다.

엄청난 강도의 지진과 잇따른 여진은 그 자체로는 큰 불행이요 재앙이지만, 거기에는 '신의 한 수'가 있었다. 그것은 다름 아닌 전능자의 섭리, 그분의 통치와 다스림, 은혜와 축복의 기회였다. N국은 전통과 인습의 굴레에 갇혀 있는 우상의 나라다. 그런데 이번 지진은 우상을 섬기는 그들의 세계관을 통째로 흔들었고, 그 이면에는 '신'으로 섬겼던 것들이 한낱 '우상'에 지나지 않았음을 깨우치는 하나님의 놀라운 계획이 있었다.

주님이 주신 비전

나는 신학교 사역과 지진 후 상담 및 구제 사역을 통해 새로운 비전을 품게 되었다. 그것은 GLTC에서 다국적의 선교사를 훈련하여 N국의 지역교회를 섬기며 영혼 구원에 헌신할 리더들을 세우는 일이었다. 그리고 그 비전을 위한 계획을 구체적으로 수립하기 시작했다. 특히 동산교회는 GLTC 사역을 적극적으로 지원해주었다. 나는 GLTC를 통해 N국인뿐만 아니라 A국 그리스도인들과 교회들을 깨워 선교에 동참하게 하고, 그들을 국제 사회로 이끌어내어 하나님 나라를 위해 동역하는 꿈을 꾸었다.

이를 위해 직접 A국에 들어가 A국의 교회와 신학교들을 방문하여 선교 집회를 여는가 하면, 신학교와 연결하여 강의를 하는 등 선교 훈련의 필요성을 전파하며 준비된 리더들을 보내주시기를 기도

했다. 그 결과 제1기 훈련생 8명이 합숙훈련에 들어갔다. GLTC는 한국의 SIMTI(SIM Training Institute)와 같은 방식으로 운영되었다. SIM 국제선교회와 연계하여 영어권 선교사들과 함께 사역하면서 선교현장에서 공동체 훈련과 영성 훈련을 이어갔다. 또한 영어권 및 타문화권 선교의 실제를 다방면으로 경험하는 기회가 되도록 커리큘럼을 구성했다. 그 결과 A국 4명, 한국인 3명, N국인 1명이 훈련에 참여하여 지금은 대부분이 각자 N국에서 사역을 감당하고 있다. GLTC는 하나님 나라 선교 운동과 네트워크, 선교 포럼, 선교 비전과 협력의 장소로 발돋움해가는 꿈을 꾸고 있다.

큰 산맥에서 동토의 땅 러시아로

우리는 N국을 우리의 마지막 선교지로 생각하고 경험과 은사를 사역에 쏟아부었다. 또한 장기 사역을 위해 N국 대학에 등록하여 N국의 언어와 문화를 배우기 시작했다. N국 선교에 대한 기대와 비전이 무르익을 즈음 동산교회 청년부 단기 선교팀이 N국에 들어왔다. 단기 선교팀의 팀장인 부목사가 동산교회 당회에서 결정된 뜻밖의 소식을 전했다.

"현재 동산교회에서 파송한 러시아 선교사님이 암으로 사경을 헤매고 있습니다. 당회에서는 경험과 연륜이 있는 전 선교사님을 러시아 선교의 적임자로 결정했으니 그곳으로 가셔야 할 것 같습니다."

갑작스런 결정에 나는 극구 사양했다. 그때 내 마음에 든 생각은 하나였다.

'N국에 5년간 쏟아부은 헌신과 꿈은 어떻게 하고?'

그러나 마음 깊은 곳에서는 러시아 땅을 향한 부르심에 응해야 한다는 거룩한 부담이 이미 자라나고 있었다. 선교지를 놓고 갈등하는 두 달여 동안 동산교회에서 거듭 재촉하는 전화가 왔다.

"선교사님, 일단 러시아에 들어가서 보고 결정해주세요."

나는 하나님의 뜻이 어디 있는지 말씀을 묵상하면서 기도하기 시작했다. 그러면서 나의 신학 공부 과정과 교회 사역, 그리고 선교사로 사역하는 40여 년간 한결같이 함께해준 교회에 대한 마음도 커져갔다. 교회에서 나를 필요로 하는데 그 부름을 모른 척할 수 없었다. 일단 러시아를 방문해보고 결정하기로 했다.

새로운 만남과 아쉬운 작별

러시아에 도착한 첫날 예배의 말씀이 러시아어와 중국어, 한국어로 통역되는 것을 보고, 그곳이 다민족 교회임을 알게 되었다. 큰 예배당을 가득 메운 성도들은 합창하듯이 "아멘, 아멘" 하며 내 설교에 큰 소리로 힘을 실어주었다. 선교지에서 보기 드물게 큰 감동의 울림이 있었다. 성도들의 눈빛은 설교자를 진심으로 환영하고 있었다. 뜨거운 예배를 드린 그날 저녁, 잠시 휴식을 취하고 있는데 문득 나의 대학 시절이 떠올랐다. 그때 나는 공산권 선교를 위해 기도하며 준비하고 있었다.

"네가 그때 공산권 선교를 위해 기도했지? 이곳에는 북한 노동자들도 많고 중앙아시아에서 넘어온 러시아계 고려인들과 백인들이 한데 어울려 살아가고 있단다. 중국인도 많고 조선족도 많지. 내가 공산권 사람들을 한곳에 모아두었다. 이곳이 바로 네가 기도했던 그곳이야."

하나님의 음성을 들으며 감동과 놀라움으로 나는 그날 밤을 지새웠다. 다음날 아침, 함께 러시아를 방문했던 장로님에게 말했다.

"두말없이 순종하겠습니다".

우리 부부는 마지막 사역지라고 여겼던 N국의 사역을 정리하고, 미처 못다한 일들은 주님이 온전히 이루어주실 것을 믿으며 사역지를 러시아로 옮기기로 했다.

갑자기 러시아로 떠나야 한다는 소식에 N국의 동료 선교사들과 현지인들은 못내 아쉬워했다. 그들은 우리가 떠나는 날까지 식사 초대와 송별회 등 무려 43차례의 환송 모임을 열어주었다. 우리는 한 달여에 걸쳐 N국의 사역을 정리했다. 선교사로서 느끼는 존재감과 행복, 아쉬움과 감사가 교차하는 묘한 시간이었다. 그러나 모든 것이 합력하여 선을 이루게 하시는 하나님의 부르심과 주권을 믿기에 아쉬움을 뒤로하고 새로운 땅을 향해 나아갔다. 선교는 내가 원하는 일이 아니라 하나님께서 원하시는 일을 하는 것이기 때문이다.

다민족 교회를 목양하면서

N국 사역을 정리하고 잠시 한국에 들어온 날, 러시아의 전임 선교사가 소천했다는 소식을 받았다. 우리는 짐을 풀기도 전에 장례식장으로 달려가 조의를 표하고, 2017년 6월 14일에 러시아로 들어갔다. 고 박광정 선교사는 연해주 우수리스크에 사랑의빛교회를 세워 선교적 목회를 하다가 주님의 부르심을 받았다. 우리는 그의 뒤를 이어 러시아에 심긴 믿음의 씨앗에 물을 주고 가꾸는 일을 하게 되었다.

사랑의빛교회는 다민족 디아스포라로 구성된 특별한 교회다. 여러 민족이 함께 예배를 드리는데, 그중에는 연해주에서 중앙아시아로 강제 이주했다가 돌아온 고려인 3-5세대가 있다. 그들은 모국어를 잃어버리고 러시아어를 제2모국어로 사용한다. 중국 땅에 이주해 살아온 조선족들은 한국어와 한국 문화를 어느 정도 지켜왔지만 내면의 세계관은 완전히 중국인이다. 그밖에 러시아의 백인에서 북한 사람에 이르기까지 다민족이 한자리에 모였다.

우리는 러시아에 도착하자마자 숨가쁘게 새벽예배, 수요예배, 금요기도회, 주일예배를 인도하며 러시아 사역에 적응하기 시작했다. 한국의 목회와 크게 차이 나는 것은 없었지만, 통역자를 위해 설교 원고는 반드시 미리 준비해야 했다. 사회주의 체제에서 살아온 성도들은 자신의 가정을 개방하지는 않지만 일터로 심방 가서 축복하면 기뻐했다. 한국의 성도들이 목회자에게 바라는 것과 별반 다르지 않은 그들의 모습을 보면서 선교사로서 한국 교회 목회자들의 심정을 조금은 이해할 수 있었다.

다민족이 모인 교회이다보니 사역 때마다 통역이 필요했고, 그로 인한 오해와 갈등도 적잖이 생겼다. 전임자와 후임자의 사역 방식이 같을 수 없기에 거기서 오는 긴장과 갈등도 있었다. 우리는 지금껏 자유국가 국제단체에서 사역해왔기에 공산권 문화에 길든 사람들의 기대와 문화적 차이, 사회주의 국가의 권위주의와 명령 체계에 익숙한 문화가 상당히 어색하고 낯설었다. 하나하나가 다 조심스러웠다. 더욱이 선교사의 사역과 일거수일투족을 감시하는 국가 요원들의 존재도 상당한 부담이 되었다.

채우시는 하나님을 바라보며

언젠가는 사역지를 떠나야 한다는 사실을 나는 잘 알고 있었다. 파송교회도 '이곳을 마지막 선교지로 알고 사역하라'는 당부를 전해왔다. 그래서 사역하는 동안 내가 떠난 후에도 현지 사역자들이 사명을 감당하도록 하는 데 역점을 두었다. 목회자 한 사람에게 의존하지 않고 자립하는 교회가 되도록 모든 사역의 방향을 설정했다. 성도들에게도 사역자 없이도 스스로 신앙을 지키며 책무를 감당하도록 강조했다. 목회의 방향과 목표는 언제나 '오직 복음으로 신앙 공동체의 정체성 세우기'였다. 물론 교회 안에는 성숙한 성도와 미성숙한 성도가 공존하지만, 무엇보다 초대 교회와 같이 선교적 사명을 다하는 데 역점을 두었다.

사랑의빛교회는 세 개 부서에서 각각 러시아어, 중국어, 한국어로 예배 드리고 활동하는 아름다운 교회다. 매월 1회 주변 사람들을 초청하여 함께 식사하면서 연합예배를 드리고 전도의 기회로 삼는다. 특히 러시아 예배부는 우리 교회에서 처음 복음을 듣고 예수님을 믿어 목사 안수를 받은 사역자가 예배를 인도하고 있다. 처음 몇 년간은 한족과 조선족이 함께 예배를 드렸지만 미묘한 간극을 극복하기가 쉽지 않았다. 지금은 중국에서 온 한족 전도사 가정이 한족 예배부를 담당하고 있다. 현재 사랑의빛교회에는 러시아 통역사 2명, 중국어 통역사 2명이 함께 사역하고 있다.

우리 교회는 초대 교회인 안디옥 교회처럼 성도들뿐만 아니라 사역자들의 문화와 언어 배경, 교육 정도, 신학 훈련 수준이 모두 다르다. 나는 그들의 개별적인 특성을 인정하면서도 선교 공동체로서 통일성과 시스템을 갖추기 위해 노력했다. 매주 토요일에는 사역자 모임에서 말씀을 가르치며 비전을 나누고 예배 전반을 점검하는 시간을 가졌다. 사역자 회의에서도 이중, 삼중의 통역이 필요하지만 그 시간이 참으로 감사하다. 또한 우리 교회에서는 현재 신학생 3명이 훈련을 받으면서 주일학교와 학생부 찬양 사역자로 예배를 섬기고 있다. 뿐만 아니라 지역사회와 함께하고 전도하기 위해 매주 고아원과 양로원, 노인복지회관을 찾아가고 있다. 이렇게 조금씩 체계를 갖춰가고 있지만, 한편으로는 선교적 교회의 사명을 다하는 데 여전히 부족함을 느낀다.

서로 다른 민족이 모여 선교적 사명을 감당하려면 문화와 언어의 한계를 뛰어넘어야 하는데, 그 과정에는 늘 인내와 격려가 필요하다. 겉으로는 다민족 교회의 목회가 아름다워 보일 수 있지만, 그 안에는 항상 '다름'에서 오는 갈등이 존재한다. 선교적 공동체를 이루고 복음으로 사명을 이루기 위해 제자훈련과 성경공부를 해도 한계는 여전히 존재했다. 이것이 타문화권 선교사의 한계요, 지상 교회의 불완전함임을 인정하지 않을 수 없었다. 그러나 불완전한 모습조차 아름답게 보일 정도로 여러 민족이 한데 모여 주의 이름을 찬양하고 말씀의 은혜를 누리는 모습은 감격스럽기만 하다.

사역하는 동안 나는 하나님께서 일하심을 경험했다. 한 한족 성도는 장사를 접고 전도자의 길로 들어섰다. 장사꾼은 많지만 헌신자는 많지 않은 이 시대에 말이다. 우리 교회는 평신도 성경학교를 운영하다가 코로나 때문에 중단했는데, 곧 다시 시작되리라 믿으며 기다리고 있다. 또한 큐티 세미나를 통해 말씀을 묵상하고 삶에 적용하는 훈련을 계속하고 있다. 선교사의 한계는 여전하지만 부족한 부분을 주님이 흘러 넘치도록 채우며 성도 한 명 한 명과 함께하심을 믿는다. 하나님은 시대마다 필요한 사람들을 세워 당신의 뜻을 이루시기 때문이다.

주님이 다 하셨다

47년이라는 세월 동안 신학생, 목회자, 선교사의 이름으로 살아왔다. 그중에서 타문화권 선교사로 쓰임 받은 세월이 34년이다. 긴 세월 같아도 돌아보면 한없이 짧고 아쉬운 시간이다. 그 세월 동안 주님은 '내가 원하는 곳'이 아니라 '내가 필요한 곳'으로 나를 보내주셨다. 자의보다는 타의에 의해 인도되고 쓰임을 받았다. 한편으로는 사람들에게 인정받는 사역에 열심을 내고, 때로는 사람들을 의식하는 말과 행동을 하며 살아온 것 같아 부끄럽기도 하다. 그러나 하나님께서는 능력과 지혜가 부족한 자를 높이고 은혜와 축복의 선물을 풍성히 안겨주셨다. 무엇보다 나를 세우신 현장에 항상 함께하시고, 내가 사역지를 떠난 후에도 여전히 그곳에서 일하신다. 나는 하나님의 주권과 섭리를 믿는다. 어디에서 어떤 사역을 하더라도 성령님께서 그 땅에 뿌려진 씨앗이 마르지 않도록 주님의 사람들을 세워 물을 주고 자라게 하실 것이다.

세상에는 선교를 가로막는 장애물이 많다. 코로나 팬데믹, 교회 성장의 둔화, 선교운동의 약화, 국제 환경, 패권 다툼, 전쟁, 경제 성장의 둔화, 사상의 대립, 보수와 진보의 대립 등. 그럼에도 교회는 영혼 구원에 참여해야 한다. 아니 앞장서야 한다. 선교사는 환경을 하나님의 주권에 맡기고, 그저 자신이 할 수 있는 최선을 다해야 한다. 내가 한 일 같아도 되돌아보면 주님이 다 하셨다.

말씀 위로 흘러내리는 은혜

가르치고 제자 삼는 사역의 기쁨

• 정호칭 •

발을 씻기는 섬김

우리 가정은 주의 부르심을 따라 2008년부터 2021년까지 에티오피아에서 사역했다. 처음 에티오피아에 도착해서는 9개월 동안 암하릭어를 배우면서 현지인과 소통하는 방법을 익혔고, 2010년부터 에티오피아의 여러 마을을 다니며 복음의 메시지가 담긴 〈예수〉 영화

정호칭 대학 시절 한 집회에서 선교사로 헌신했다. 2006년부터 아내 신숙 선교사와 함께 에티오피아에서 시골 지역을 방문해 〈예수〉 영화를 상영하며 전도하고, 암하릭어로 성경 공부 및 제자훈련 교재를 번역, 제작했다. 에티오피아 선교사들을 위해 암하릭어 습득용 교재와 사전을 편찬하기도 했다. 지금은 한국 내 거주 고려인들을 대상으로 이주민 교회 사역을 준비하고 있다. 두 아들 주만, 주찬의 좋은 아빠다.

를 보여주고 전도하기 시작했다.

하루는 한 마을에서 평소처럼 〈예수〉 영화를 상영했는데, 영화가 끝나자 그 마을의 성도들이 우르르 다가와 이렇게 말했다.

"제가 선교사님의 발을 씻겨드리고 싶습니다."

"저도 발을 씻겨드리고 싶어요."

"저도요."

영화에 등장하는 예수님과 제자들의 모습에 은혜를 받은 성도들은 누가 먼저랄 것도 없이 섬김의 마음을 나누고자 했다. 그중 한 전도사님이 내 발을 씻겨주며 나지막이 자신의 이야기를 들려주었다.

"저도 선교사님처럼 복음을 전하다가 예수님을 믿지 않는 사람이 던진 돌에 맞은 적이 있어요. 그래도 복음 전한 것을 후회하지 않습니다."

그날 그곳에는 여러 사람들이 모여 있었는데, 그 이야기를 듣는 순간 어수선하던 주변의 분위기가 금세 숙연해졌다. 그 전도사님은 내가 마을에서 복음을 전하며 사람들에게 외면 받는 모습을 보고 몇 년 전 자신의 기억을 떠올렸던 것이다. 돌에 맞으면서도 복음을 증거하던 열정이 기억과 함께 되살아나 동역자로서 선교사의 발을 씻겨주는 모습이 참 감동적이었다. 정성스레 내 발을 씻겨주는 그의 모습을 보며 이런 생각이 들었다.

'전도하는 자는 하나님의 사랑과 천국을 전하는 자다. 세상에서 가장 기쁜 소식을 전하는 자다.'

언어의 장벽을 넘어

에티오피아 사역 초창기에는 설교를 준비하는 데 가장 많은 에너지와 시간을 투자했다. 현지인에게 복음을 전하기 위해 그들의 언어로 설교문을 작성하는 데 생각보다 시간이 많이 걸렸다. 어떻게 하면 시간을 좀 더 효율적으로 사용할 수 있을까 고민하며 기도한 결과, 기도응답으로 일명 '컴퓨터 사전'을 만들게 되었다.

컴퓨터 사전을 만들기 위해 사무직원 한 명과 전도사 한 명으로 작은 팀을 꾸렸다. 우리는 자주 쓰는 단어들을 정리하고, 각자 역할을 분담하여 사전 제작에 착수했다. 몇 번의 시행착오를 거친 끝에 점차 체계적으로 설교를 번역할 수 있었다. 이후에는 컴퓨터 사전을 토대로 『쉬운성경』 신약편을 암하릭어로 번역하여 현지 성도들이 좀 더 쉽게 성경을 읽을 수 있도록 도왔다. 20여 권의 기독교 제자훈련 교재들을 번역하여 성도들의 영성 훈련에 사용하기도 했다. 또한 암하릭어 문법책(영어판, 한국어판)을 번역하는 등 하나님께서 주신 지혜로 문서 사역을 활발하게 이어갔다.

직접 번역한 제자훈련 교재들로 현지 교회 성도들과 말씀을 공부하던 날을 잊지 못한다. 제자훈련이 한창 무르익어갈 즈음 한 장로님이 말씀하셨다.

"선교사님, 이 제자훈련 세미나가 내 인생 최고의 날입니다."

말씀을 가르치면서 많은 성도들이 은혜 받고 변화하는 모습을 지켜보는 일은 나에게 큰 기쁨이 되었다. 제자훈련을 통해 성도들이 스스로 기도하고 말씀을 깊이 묵상하면서 교회 또한 자연스럽게 성장했다.

가장 귀중한 마음

2013년부터는 이순 목사님과 함께 목회자 세미나 사역을 시작했다. 현지인 목회자 40여 명을 초청하여 1년에 두 번 집중적으로 말씀의 은혜를 받는 시간이다. 목회자 세미나에서는 구약부터 신약까지 성경을 체계적으로 가르쳤고, 여기서 말씀의 은혜를 누린 목회자들은 다시 흩어져 신실하게 지교회들을 섬기며 제자 삼는 사역을 이어가고 있다.

에티오피아 교회의 특징 중 하나는 각 교회의 목회자와 장로들이 한 주씩 돌아가면서 설교 말씀을 전한다는 것이다. 그래서인지 한국 교회에 비해 성도들이나 교회 운영 전반에 있어 목회자의 리더십이 부족한 편이다. 늘 이 점이 안타까웠는데, 9년 전부터 시작된 목회자 세미나에서 말씀의 은혜를 깊이 받은 우리 지역의 목회자들은 이후로 거의 모든 설교를 기도와 묵상으로 직접 준비해서 매주 강대상에 서고 있다. 덕분에 목회자의 리더십이 향상되었고, 교회와 성도들 또한 안정감을 느끼며 신앙생활을 할 수 있게 되었다.

세미나의 은혜는 여기에서 그치지 않았다. 계속된 세미나를 통해 7년간 아이가 없었던 두 명의 목회자 가정에 새 생명이 찾아왔다. 오랜 기간 온갖 질병에 시달려온 많은 목회자들이 치유되기도 했다.

기도와 말씀 묵상이 삶의 일부가 되자 사람의 힘으로는 해결될 것 같지 않던 어려운 문제들이 하나씩 실마리를 찾아갔다.

사실 목회자 세미나의 가장 큰 열매는, 현지 목회자들이 진정으로 말씀을 사모하게 되었다는 것이다. 한번은 목회자 세미나가 열리기로 한 장소에서 종족간의 분쟁이 일어나 많은 사람이 목숨을 잃는 사건이 있었다. 급하게 세미나 장소를 변경하여 불과 세미나 하루 전날 변경된 장소를 통지했는데, 감사하게도 참석 예정자 중 한 명만 빼고 모든 사람들이 변경된 장소로 오전부터 와서 세미나가 열리기만을 기다렸다. 말씀의 은혜를 받으니 말씀을 더 배우고 싶은 마음이 커져 누가 시키지도 않았는데 일찍부터 와서 기다린 것이다. 말씀을 사모하는 마음을 하나님께서 보시고 세미나에 말씀의 은혜를 더욱 풍성히 부어주시는 것을 느낄 수 있었다. 그 은혜를 에티오피아 현지 성도들과 나누며 교회가 더욱 교회답게 말씀 위에 서가는 것을 보는 것은 선교사가 누리는 가장 큰 기쁨이요 축복이다.

새로운 걸음 앞에서

지금까지 한순간도 빠짐없이 우리 가정과 사역 가운데 함께해주신 하나님께 진심으로 감사와 찬양을 올려드린다. 우리 가정을 위해 기도와 물질로 함께해준 많은 동역자들이 없었다면 우리는 에티오피아 사역을 13년간 이어올 수 없었을 것이다. 현재 우리 가정은 에티오피아 사역을 정리하고 한국내에 있는 이주민 고려인 사역을 준비하고 있다. 우리 가정은 고려인들을 섬길 교회와 거처를 구할 수 있기를, 동역할 한국인 사역자들과 성도들을 만날 수 있기를, 그리고 고려인 사역에 필요한 물질이 채워지기를 간구하고 있다. 무엇보다 고려인 사역을 위해 러시아를 배우고 있는데 지혜를 더해주시기를 간절히 소망한다.

하쿠나 마타타

동부 아프리카 광야를 누비며 깨닫게 하신 것

• 윤서 •

"새가 날아든~다. 온갖 잡새가 날아든~다."

소프라노 조수미 씨의 새타령은 언제 들어도 참 시원시원하다. 아프리카의 비포장길 광야를 달리다가 새타령 노래가 나오면, 때로는 볼륨을 크게 높이고 창문을 내린 채 광야를 내달려본다.

하루는 광야를 지나는데 한 현지인 아주머니가 4시간 걸리는 마을까지 차에 태워 달라고 하셨다.

윤서 2009년 케냐의 마을과 주변의 거점들을 방문해 전도와 양육을 시작하며 유목민을 대상으로 우물 사역, 장학 사역을 했다. 오랜 시간 함께하며 관계가 깊어진 학생들을 장학 사역을 통해 돕고 있다. 그 과정에서 예수님을 영접하고 사회의 일꾼으로 자라는 청년들은 무엇과도 비교할 수 없는 열매이며 기쁨이다. 아내 진윤 선교사와 대학생 딸 혜인, 아들 규인이 있다.

"싸와, 싸와, 하쿠나 마타타!"("좋아, 좋아, 문제없어"라는 뜻의 스와힐리어)

열심히 익힌 현지어를 외치며 아주머니를 태운다. 그런데 웬걸? 문제가 터졌다. 차에 탄 지 15분쯤 지나자 아주머니가 갑자기 토하기 시작한 것이다. 생전 차를 타본 적도 없는데 비포장길 광야를 달리며 차가 쿨렁대니 속이 안 좋을 수밖에. 주변에는 아무것도 없고, 일단 목적지까지는 가는 것이 급선무다 싶어 열심히 차를 몰았다. 4시간 동안 무려 20번이나 토한 아주머니는 결국 위액까지 올렸다. 이러다가 죽을 수도 있겠다는 걱정마저 들었다. '아주머니 힘내세요. 거의 다 왔어요'라고 속으로 외치며 광야를 달렸다.

그런데 갑자기 가시덤불 사이에서 기린이 불쑥 고개를 내밀더니 우리를 바라보았다. 참 예쁘다. 눈이 맑다. 어느덧 뒤에서는 뉘엿뉘엿 해가 지고 있었다. 차 안에서는 브란덴부르크 협주곡이 흘러나왔다. 어찌된 영문인지 울컥하며 눈물이 나왔다.

'이건 뭐지?'

가슴 벅찬, 형언할 수 없는 감정이 들면서 외마디 고백이 흘러나왔다.

"Praise the Lord! Life is soooo beautiful!"(주님을 찬양하라! 인생은 정~말 아름답구나!)

하나님께서 아름다운 당신의 형상으로 지으신 인간, 그리고 우리의 동료 피조물로 지어주신 이 세계. 그분이 빚으신 창조 세계 속에서 우리는 이렇게 어우러져 있다. 어찌 감격의 눈물과 감탄의 고백이 나오지 않을 수 있으랴!

우린 이제 광야로 간다.
주께서 가신 길 따라가기 위해.
우린 이제 광야로 간다.
그분의 제자로 거듭나기 위해.
_〈예수원 가는길〉 3집

이 찬양을 흥얼거리며 광야를 가로지르다보면 정말이지 주님을 따라가는 기분이 든다. 발바닥에 가시가 박혀도 짜증이 나지 않는다. 조금이라도 더 그분의 참다운 제자로 거듭나고자 하는 소망이 솟구친다. 아내를 향한 사랑이 뜨거워진다. 자녀들을 위해서라면 목숨도 아깝지 않은 헌신의 마음이 견고해진다. 강물을 뜨다가 악어에게 잡아먹히곤 하는 이곳 어린이들을 긍휼히 여기는 마음이 더욱 커진다. 가슴이 뜨겁다. 사랑한다. 섬기며 사는 것이 행복하다. 삶의 기쁨이 충만하다!

마음에서 시작된 천국을 사는 것이 이런 기분일까? 마음이 가난하면 천국을 소유한다고 하신 예수님의 말씀이 살아 내 안에서 꿈틀거린다.

"가장 현명한 사람은 배우는 사람이요, 가장 강한 사람은 자신을 이기는 사람이요, 가장 행복한 사람은 모든 일에 감사하는 사람이다."

어디선가 들었던 이 말이 깊이 공감되어 가슴에 오래 남았다. 모든 일에서 우리가 감사하지 못하는 이유는 우리를 향한 하나님의 은혜와 기적이 부족해서가 아니다. 우리의 마음이 가난하지 못해서다. 마음이 가난하면 옆 사람이 베푸는 작은 호의에도 크게 감사할 수 있다. 인간은 은총으로 사는 존재이기 때문이다. 모든 일에 감사하는 사람에게선 기쁨을 빼앗아 갈 수 없다. 그가 누리는 기쁨의 근원은 그를 기쁘게 하는 어떤 사건이나 환경이나 물질이 아니기 때문이다. 그 기쁨의 근원은 주님이 이미 이루신 일에서 비롯된다.

"여호와의 인자하심과 인생에게 행하신 기적으로 말미암아 그를 찬송할지로다"(시 107:8).

2부

하나님,
저는
엄마입니다

뱀도 때려잡게 한 기도의 능력
영국에서의 언어 공부와 나이지리아의 적응 과정

• 김귀영 •

사전 연습

선교 이야기를 하자면 우리 부부의 만남부터 소개해야 할 것 같다. 남편은 고등학교 때 예수님을 영접하고 신학교에 다니다가 군대에 갔다. 그는 군종 사병으로 전방에서 북한을 바라보며 군복무를 하던 중 하나님의 부르심을 받고 선교에 헌신했다. 나는 미션스쿨을

김귀영 선교의 소명을 받은 전학진 선교사와 결혼하며 선교사로 헌신했다. 1989년 나이지리아에서 선교를 시작했고, 남편이 SIM 한국 대표로 있는 동안 본부에서 멤버 케어 사역을 했다. 2013년에 네팔로 선교지를 이동했고, 네팔 지진 때 한국 선교사 가정들의 디브리핑, 상담 등 돌봄 사역을 했다. 2018년 러시아로 사역지를 옮겨 다민족 교회인 사랑의빛교회를 섬겼다. 장성한 딸 소연과 아들 용준, 그리고 그들 가정의 자녀들이 있다.

졸업했지만 학창 시절 하나님을 인격적으로 만나지는 못했다. 그러다 20대 초반에 예수님을 구세주로 영접하고, 예수님이 너무 좋아 그분만을 위해 살기를 소망하게 되었다. 그 무렵 나와 같은 비전을 가진 배우자를 만나길 갈망하며 배우자 기도를 시작했다. 얼마쯤 지났을까? 당시 군에 근무하던 친오빠의 소개로 지금의 남편을 만났고, 4년여의 교제 끝에 우리는 부부가 되었다.

결혼 후 우리는 '선교'라는 한 가지 목적을 가지고 한국에서 3년간 신학 공부와 언어 훈련을 받으며 준비 기간을 가졌다. 선교 훈련이 끝나고 가진 종강 파티를 지금도 잊을 수 없다. 그 당시 선교부에서 우리 부부를 위해 종강 파티에 나이지리아 대사 부부를 초청했다. 사진으로만 보던 검은 피부의 아프리카인을 난생 처음 만났다. 두 분의 얼굴은 우리와 달라도 너무 달랐다. 특히 볼에 가로로 세 줄 정도 3센티미터 가량 깊이 파인 부분이 있었는데, 알고보니 자신이 어떤 종족인지 나타내는 표식이었다. 그때는 그 얼굴이 얼마나 무섭던지 똑바로 쳐다보기도 힘들었다. 게다가 파티에 온다고 여드름 난 얼굴에 화장품 대신 바셀린을 듬뿍(?) 바르고 온 대사 부부의 첫인상은 그야말로 강렬했다. '몸에서 하얀 곳은 치아와 손바닥밖에 없구나'라고 속으로 생각했다. 그렇게 문화 충격을 받은 것이 30년도 더 된 일이라니 새삼스럽기만 하다.

사진이나 자료에서 나이지리아 사람들을 많이 보았고, 그들을 위해 기도해오던 터라 나름 익숙하다고 생각했는데도, 대사 부부를 만난 그날은 집에 가서 도저히 잠을 이룰 수 없었다. 머릿속에 온갖 생각이 떠다녔다. '이렇게 두려운데 그들과 어떻게 가족처럼 살 수 있을까?', '쳐다보기도 힘든데 어떻게 섬기지?' 하는 자조적 물음으로 시작해 급기야 '하나님, 저 잘못 보내시는 것 아니죠? 한 나라의 대사를 보고도 이렇게 충격을 받았는데, 다른 나이지리아 사람들은 어떻게 만나고 섬길 수 있죠? 저, 도저히 못 가겠어요!' 하는 기도까지 나왔다.

시도 때도 없이 두근거리는 마음을 부여잡고 이 문제를 두고 정말 많이 기도했다. 지금 생각해보면, 현지에 가기 전에 미리 문화 충격을 받아 선교지에서 이런 문제로 마음고생하지 않도록 주님이 예비하신 일이 아닌가 싶다. 뜻하지 않은 사전 연습 덕분에 감사하게도 현지에 가서는 아무런 어려움 없이 나이지리아 사람들과 어울릴 수 있었다. 그저 이웃집 친구 만나는 것 같고 기쁘게 사역할 수 있었던 것은 기도로 준비한 덕분이고, 그 역시 하나님의 도우심과 섭리였음을 부인할 수 없다.

영국에서의 훈련

우리 부부는 30대 중반에 한국에서 모든 선교 훈련을 마치고, 나이지리아에 입국하기 전에 언어 훈련을 위해 1989년 3월 영국으로 떠났다. 네 살배기 개구쟁이 아들과 수줍음 많은 여섯 살배기 딸과 함께였다. 출국 날 공항에서 우리의 마음은 "죽으면 죽으리라"는 선교사 정신으로 똘똘 뭉쳐 있었다.

긴 비행을 마치고, 영국에 도착한 후에는 영국 SIM 선교부에서 주선해준 교회 사택에 보금자리를 마련하고 본격적인 영국 생활을 시작했다. 교회 사택은 우리 가정만 사용하는 게 아니었다. 교회 사찰인 자네트와 홍콩에서 온 케이티, 브라질에서 온 자매와 우리 네 식구가 공동생활을 했다. 이곳 생활도 그리 순탄치만은 않았다. 자네트 자매가 얼마나 깔끔한지 매일 화장실과 집안 청소는 물론이고, 토요일마다 2층 건물 전체와 뒷마당까지 대청소를 해야 했다.

지금 생각하면 매일 화장실 청소를 하는 것이 당연하지만, 그때의 문화는 지금과 많이 달랐다. 그도 그럴 것이 한국을 떠나기 전 우리는 교회 옆에 딸린 작은 방 두 칸을 사용했다. 그 당시에는 화장실이 집 안에 있는 경우가 거의 없었다. 집 밖에 있는 공용 화장실은 볼일을 본 후 그저 물만 한 번 휙 부어버리면 되는 곳이었다. 그런데 영국에 와보니 방마다 화장실이 있고, 마치 안방처럼 매번 청소를 해야 했다. 당시 내 사고방식으로는 매일 화장실 청소를 하는 게 완전히 시간낭비였다. '청소할 시간에 영어 공부를 한 자라도 더 해야지, 왜 이렇게 청소에 시간을 많이 쓰는 거야?' 마음속에 의문과 불만이 있었지만 '이 역시 선교 훈련의 한 부분이니 다 뜻이 있겠지' 하며 묵묵히 쓸고 닦았다.

영국 생활은 만만치 않았다. 새로운 문화와 음식에 적응해야 했고(김치가 너무 그리웠다), 동시에 언어도 배워야 하니 스트레스가 이만저만이 아니었다. 꽉 찬 일상을 보내던 중 하루는 딸아이의 학교에서 전화가 걸려왔다.

"소연이가 도서관 의자에서 떨어졌어요. 지금 빨리 학교로 오셔야겠어요!"

수화기 너머로 다급한 선생님의 목소리를 듣자마자 마음이 한순간 바닥으로 쿵 떨어지는 것 같았다. 남편과 함께 허겁지겁 학교로 달려가니 응급처치도 받지 않은 상태로 딸아이가 우리를 기다리고 있었다. 그때 생긴 상처가 지금도 아이의 얼굴에 남아 있는데, 그 상처를 볼 때마다 영국 생활과 그날의 아찔함이 떠올라 한 번씩 가슴을 쓸어내린다. 그 일이 있은 후부터 더욱 아이들을 챙기는 일에 마음을 기울이게 되었다. 우리 부부는 언어 공부를 위해 등교하는 길에 아침마다 30분씩 걸어서 아이들을 유치원에 데려다주었다. 그리고 다시 걷고 걸어 학교에 도착하면 땀으로 뒤범벅되었다. 하지만 공부하며 따로 운동할 시간을 낼 수 없던 우리 부부에게 아이들과 함께하는 등굣길은 유일한 운동 시간이자, 네 식구가 오순도순 이야기를 나누는 마음의 산책 같은 시간이었다.

영국에서의 교회생활은 우리에게 소중한 추억인 동시에 외국인들과 부대끼며 지내는 생활 훈련의 탄탄한 기초가 되었다. 영국 성도들의 겸손함과 섬김, 배려하는 마음 덕분에 아직도 그들과 교제를 이어오고 있고, 이 오랜 관계는 우리의 든든한 자산이 되었다. 한국 유학생들을 우리 집으로 초대해 함께 예배를 드리기도 했는데, 그 작은 공동체가 후에 브라이튼 한인교회가 되었으니 이보다 감격스러운 일이 또 있을까? 영국에서 1년 3개월간의 언어 훈련을 마무리한 후, 우리 가정은 드디어 약속의 땅 나이지리아로 들어갔다.

'엄마'와 '선교사' 사이에서

현지에 도착해서 우리 가정이 마주한 가장 큰 이슈는 아이들의 교육 문제였다. 두 자녀를 기숙사 학교에 보내야 했던 것이다. 물론 선교를 준비하면서부터 자녀교육 문제에 대해서는 단단히 각오하고 현지 사정을 따르겠다고 마음먹었는데, 막상 아이들과 떨어져 지내려니 마음이 참 어려웠다. 여전히 어린애 같고, 눈에 넣어도 아프지 않을 두 남매와 떨어져 산다는 것은 크나큰 고통이었다. 네 식구가 함께 산다고 해서 늘 사랑만 주는 것도 아니고, 때로는 아이들을 마구 혼내거나 마음의 상처를 주기도 하는데 말이다.

하지만 나는 두 아이의 엄마인 동시에 하나님께서 이 땅에 보내신 일꾼이기에 스스로 마음을 굳게 먹었다. 우리는 여덟 살, 여섯 살 된 아이들을 기숙사에 들여보내고, 차로 두 시간 가량 떨어진 사역지로 돌아갔다. 우리 가정이 처음으로 이별하는 순간이었다. 기숙사 생활 초기에 아이들과 부모의 만남이 잦으면 아이들이 기숙사 생활에 적응하지 못한다는 학교 방침에 따라 입학 초기에는 한 달에 한 번, 그 다음달부터는 2주에 한 번씩 아이들을 만나러 갔다.

여섯 살배기 아들은 "엄마, 나 학교 안 가면 안 돼? 집에서 그냥 엄마랑 살면 안 돼?" 하며 조르거나, 조그만 체구에 열까지 펄펄 나며 설사를 하는 등 헤어지기 싫은 마음을 온몸으로 표현했다. 그때는 왠지 한 번 봐주면 영영 학교에 안 가려 할 것 같고, 잘못된 습관이 생길까 봐 주말을 지내고 나면 한 번도 빠지지 않고 아이들을 학교에 다시 들여보냈다.

아들이 어리광 아닌 어리광을 부릴 때 여덟 살배기 딸은 아무 소리도 안 해서 그저 기숙사 생활에 잘 적응하고 있는 줄 알았다. 작은아이가 매번 학교에 돌아가지 않으려고 하도 떼를 쓰기에 하루는 누나인 딸아이에게 물어보았다.

"당분간 너만 학교에 가는 게 어때? 용준이는 엄마랑 집에 좀 더 있어야 될 것 같아."

그랬더니 말이 떨어지기가 무섭게 딸아이가 대성통곡하며 이렇게 말하는 게 아닌가.

"나도 집에 있고 싶어. 나도 학교 가기 싫어. 나도 여기 있을래."

여섯 살이나 여덟 살이나 어리기는 마찬가지인데, 아무 말도 하지 않는다고 괜찮은 게 아니었다. 결국 두 아이는 함께 기숙사로 돌아가야 했다. 둘 다 너무 어린 나이에 헤어짐을 경험해선지 정서적 불안을 겪으며 그리 순탄치 않은 성장기를 보내야 했다. 엄마이자 선교사인 내 마음도 바람 잘 날이 없었다. 아이들을 데리러 학교에 갈 때면 세상을 다 가진 듯이 행복했지만, 다시 기숙사로 들여보낼 때면 세상에서 가장 슬픈 사람이 되었다.

뱀 잡는 기도

그날도 아이들을 기숙사에 들여보내고 아이들이 쓰던 침대 위의 모기장을 접어 두려던 참이었다. 모기장을 건드리는 순간 갑자기 이불

위에서 뭔가가 휙 하며 저쪽 구석으로 도망가는 것이 보였다. 깜짝 놀라서 다급히 남편을 불렀다.

"여보, 저 안에 뭐가 들어갔어요. 뭔지 좀 보세요."

그저 도마뱀인가 했다. 그런데 구석으로 가서 조심스레 틈을 살펴보던 남편의 입에서 튀어나온 말은 경악 그 자체였다.

"배… 뱀이다!!!!!!"

남편은 화들짝 놀라서 소리를 질렀다.

"뭐, 뱀이라고? 우리가 자는 침대에서 뱀이 나왔다고? 뱀이 어떻게 여기에 들어와 있지? 어떻게 우리 침대 위에 올라와 있냐고?"

나는 거의 미쳐가고 있었다.

"우리 침대 위에 뱀이 있었다고? 난 여기선 못 살아. 집에 갈 거야. 당장 한국으로 돌아갈 거야."

고래고래 소리지르다가, 엉엉 울다가 그야말로 몸부림을 쳤다. 남편도 놀랐으면서도 내가 미치광이 수준으로 소리를 지르니 멀뚱히 서 있다가 자리를 슬쩍 피했다. 그 사건 이후로 나는 집안 어디에도 발을 내디딜 수 없었다. 뱀이 집 안 여기저기에 들어찬 환상에 시달리며 마음을 놓을 수 없었다. 온몸에 진이 빠지도록 울기를 한 시간쯤 했을까? 순간 정신이 퍼뜩 들면서 울음을 뚝 그쳤다. 두려움에 휩싸여 우는 것 말고는 아무것도 할 수 없던 내 안에 문득 어떤 생각이 스쳤다.

'아, 나에겐 무기가 있지. 앞뒤가 꽉 막힌 상황에 처할 때마다 주님께 갈 수 있잖아. 주님께 가면 해답이 있고 쉴 수 있잖아!'

나는 그 자리에서 하나님께 매달리기 시작했다.

"하나님, 저 어떻게 하죠? 저 집에 좀 보내주세요. 여기선 아이들과도 떨어져 살아야 하고, 적응하기도 어렵고, 급기야는 제가 세상에서 제일 무서워하고 싫어하는 뱀까지 나왔어요. 여기서 어떻게 계속 살죠? 선교고 뭐고 저 그냥 집에 보내주세요!"

막무가내로 집에 보내달라며 하나님께 울부짖다가 문득 한 메시지가 마음에 스쳤다.

'어? 가만… 내 집이 어디지? 주님 모신 이곳이 우리 집이지. 내가 여기서 견디지 못하게 사탄이 뱀을 이용해 나를 무너뜨리려 하는구나. 그래야 우리 가정이 선교를 그만두고 한국으로 돌아갈 테니까. 그래야 나이지리아 사람들이 예수님을 못 믿게 될 테니까.'

거짓말처럼 정신이 번쩍 들었다.

'내가 이럴 때가 아니야. 기도해야지.'

나는 얼른 일어나 근처에 살고 있는 선배 선교사님에게 달려가 자초지종을 설명한 후 기도를 부탁드렸다. 순식간에 전 세계에 흩어져 있는 선교부 식구들에게 기도 요청이 전달되었고, 나는 든든한 기도 지원군을 얻었다. 한 번도 만난 적 없는 사람들이 우리 가정, 특히 나를 위해 전심으로 기도했다. 몇몇 분은 이메일로 "기도하고 있으니 염려하지 말라"며 따뜻한 위로를 건넸다. 역시 기도의 능력은 대단했다. 나는 중보자들의 기도 덕분에 곧 이성을 찾았고, 정상 생활로 돌아왔다.

그로부터 며칠 후, 아이들의 학교가 있는 지역 선교부 숙소에서 아이들과 함께 주말을 보냈다. 네 식구가 함께 저녁 식사를 한 후 산책을 하는데, 놀랍게도 무언가가 내 앞을 스윽 하고 지나는 게 아닌가? 뱀이었다. 본능적으로 모성애가 발동한 나는 아이들에게 빠르고 단호하게 지시했다.

"소연아, 용준아, 얼른 가서 막대기 하고 돌멩이 좀 주워 와!"

나는 혹시라도 뱀이 어딘가로 자취를 감추지 않을까 노려보면서 아이들이 잽싸게 찾아온 막대기와 돌멩이를 손에 쥐었다. 그리고 막대기로 온 힘을 다해 뱀의 머리를 꾸욱 눌렀다. 다른 한 손으로는 돌멩이로 뱀의 머리를 사정없이 내리쳤다. 얼마 지나지 않아 뱀은 기운을 잃고 축 늘어졌다. 뱀을 쳐다보지 못할 정도로 무서워하던 내가 얼떨결에 뱀의 머리를 눌러 그 자리에서 죽여버린 것이다.

'이… 이겼다! 승리했다! 생각만 해도 소름 끼치는 뱀을 내가 아무렇지 않게 죽여버리다니.'

그때 느꼈던 안도감은 지금도 잊을 수 없을 만큼 강렬했다. 그 사건이 있은 후 뱀은 나에게 더 이상 두려움의 대상이 아니다. 무서워하는 존재가 아니라 지배해야 하는 존재가 되었다.

가장 능력 있는 삶

첫 선교지 나이지리아에서 15년간 사역하는 동안 신실하신 하나님은 나에게 신학교 내의 부인학교, 유치원, 도서관 사역 등을 감당하게 하셨다. 어린 나이에 이별의 아픔과 홀로서기를 배워야 했던 우리 아이들도 나이지리아의 삶을 기반으로 지금은 자기 길을 잘 걸어가고 있다.

나이지리아 선교를 마무리한 후, 하나님은 우리 가정에게 본부 대표 사역을 맡겨주셨을 뿐 아니라 N국에서 신학교와 위기관리 및 상담 사역을 하게 하셨다. 우리는 한곳에서 꾸준히 사역하고 싶었지만, 하나님은 때가 이르면 우리를 이곳저곳으로 파송하셨다. 우리는 부르심에 따라 그저 순종만 했다. 그리고 이어진 러시아 우수리스크의 다문화 교회 사역 또한 우리를 주 안에서 더욱 성장케 하는 기회가 되었다.

SIM 선교회 사역을 통해 보잘것없던 우리는 국제 감각을 지닌 선교사로 거듭나고, 세계 어느 나라에 가더라도 무탈하게 적응하며 현지인들과 하나 되어 사는 능력을 키울 수 있었다. 이 모든 일은 긴 세월 동안 하나님의 일하심과 우리 가정을 믿고 물질로 동역해주신 교회와 성도들이 있기에 가능했다. 동역자들의 관심과 지지가 없었다면, 아마도 우리는 궁색한 선교사로 살다가 일찍이 그 길을 포기했을지도 모른다. 그러나 하나님은 신실한 성도들을 통해서 우리와 늘 동행해주셨고, 작고 나약한 우리를 크고 능력 있게 사용해주셨다. 건강 문제로 은퇴를 앞두고 있지만 회복시켜주시는 대로 어떤 곳이든 "가라"고 하시면 가고, "서라"고 하시면 서는 선교사로 살아가고자 한다. 그것이 가장 능력 있는 삶임을 이제는 분명히 안다.

주님의 장막 아래

은혜의 광야에서 먹고 기도하고 사랑하다

• 라미선 •

미지의 땅에서 첫 걸음

2017년 7월, 몇 년간의 선교 훈련과 지방과 해외를 오가는 생활 끝에 우리 가정은 드디어 선교지로 떠날 수 있었다. 주님의 부르심 가운데 떠난 그곳은 서북 아프리카에 위치한 나라 니제르였다. 큼지막한 여행 가방 10개에 당분간 버틸 식량과 옷가지 등 짐을 꽉꽉 채우

라미선 유아 시절 뜨거운 물에 빠져 화상을 입을 위기에서 기적적으로 보호받은 사건을 계기로 예수님을 믿었고, 유치원 교육 세미나에서 케냐 선교사의 강의를 듣고 선교의 부르심을 받았다. 그 후 김용회 선교사와 가정을 이루고 2017년에 니제르에서 비즈니스 선교를 시작했다. 2021년 A국으로 사역지를 옮긴 후 현지 유아교육 교사들을 대상으로 사역하고 있으며, 남편은 자동차 정비 관련 교수 사역을 하고 있다. 윤아, 윤건, 윤담 삼남매를 양육 중이다.

고 일곱 살, 다섯 살 그리고 생후 5개월인 세 아이의 손을 붙잡은 채 한 번도 가보지 않은 미지의 땅 니제르로 향하는 우리의 발걸음은 설렘보다는 걱정과 두려움, 긴장감으로 가득 차 있었다.

긴 비행 여정을 마치고 마침내 도착한 니제르 공항에서 우리를 반기는 것은 숨막히는 더위였다. 힐끗 아이들의 표정을 보니, 새로운 미지의 땅에 도착해서 신나고 설레기보다는 '올 것이 왔구나', '이제 여기에서 살아야 하는구나' 하며 체념한 듯한 마음을 느낄 수 있었다. 마중나온 두 선교사님의 차를 타고 공항을 빠져나오면서 바라본 니제르 풍경은 내가 살아보지 못한 우리나라의 50년 전, 아니 그보다 더 먼 과거로 거슬러 올라간 듯 황량하고 초라했다.

선교지를 향해 떠나면서 '이곳이 하나님께서 우리 가정 공동체에 맡겨주신 첫 번째 사역지'임을 마음에 새기며 간절히 기도했다.

"하나님, 우리 가정이 주 안에서 안정감을 누리고, 이 땅에서 하나님을 예배하는 가정으로 아름답게 설 수 있도록 엄마로서, 아내로서 역할을 온전히 감당할 수 있게 해주세요."

하지만 니제르에 도착한 첫날밤, 나의 마음에 안정감과 충만함은 온데간데없었다. 첫날밤을 보내며 우리 부부는 '우리가 지금 어디에 온 거지?', '앞으로 여기에서 어떻게 아이들과 살아가지?' 하는 걱정과 염려로 잠을 설쳤다. 주님의 인도하심 가운데 이곳에 왔다고 확신했지만, 요즘 말로 '현타'(현실 자각 타임)가 세게 밀려왔다. 초라하고 막막한 현실 앞에서 두려움과 절망감이 엄습하여 자는 아이들을 부둥켜안고 운 기억이 아직도 생생하다.

하지만 주저앉아 울고 있을 수만은 없었다. 항상 그랬듯이 늘 살 길을 내주시는 하나님 아버지를 의지하며 니제르에서 새로운 삶을 시작하기로 했다. 감사하게도 돕는 손길들을 만날 수 있었다. 니제르에 있는 SIM 팀과 몇몇 한인들의 도움으로 낯선 땅에서의 생활을 하나하나 배워갔다. 날씨도 덥고 갈 곳도 마땅치 않았지만, 하나님께서 주신 모래, 집 그리고 '우리'라는 자원을 가지고 어찌됐든 이 땅에서 즐겁고 행복하게 살아야겠다는 생각이 들자 마음이 평안해졌다.

미지의 땅에 쌓이는 감사

우리 가정은 니제르의 삶에 적응하기 시작했다. 난생 처음 양배추 김치를 담가보고, 현지 식재료들을 이용해 어떻게 가족들에게 맛있는 식탁을 차려줄까 고민하며 새로운 음식 만들기에 도전했다. 찜질방 같은 부엌에서 튀겨낸 닭만 해도 열댓 마리는 족히 넘을 것이다. 가끔 집으로 손님들을 초대해 식사를 할 때마다 야속하게도 전기가 나가서 기껏 차려놓은 음식들을 집 앞 테라스로 옮겨 강제로 야외 식사를 했던 일도 이제는 잊지 못할 추억이 되었다.

니제르에서 한 가정의 아내이자 엄마로 살면서 가장 마음 졸인 순간은 한국에서 가져온 고추장, 된장 등의 식재료가 바닥을 드러내기 시작했을 때였다. 식재료가 줄어드는 건 당연한 일인데 괜히 조바심이 나고, 심지어 한국 마트에 가서 아무것도 못 사고 빈손으로 돌아오는 꿈도 여러 번 꾸었다. 연말이면 한국 SIM과 갈멜산 기도원에서 보내주는 식자재가 어찌나 귀한지, 마치 전쟁터에서 보급품을 받은 것처럼 아끼고 아껴서 먹었다. 그 당시에는 늘 부족하다고 생각했는데, 돌아보니 하나님은 우리의 식탁을 1년 365일 풍성하게 채워주셨다.

식구들의 일용할 양식을 마련하는 일 말고도 나에게 주어진 숙제가 있었다. 그것은 세 아이의 양육이었다. 남편이 사역으로 집을 비우고 아이들이 심심해할 때면 '무엇으로 아이들과 즐겁게 놀아줄까' 하는 고민을 많이 했다. 니제르에는 아이들과 함께 갈 문화센터도, 키즈카페도 없었다. 대신에 파고 파도 계속 나오는 천연 장난감인 모래가 있었다. 모래로 아이들과 하루 종일 공룡랜드도 만들고, 피냐타(중남미에서 어린이 축제에 등장하는 종이인형)도 만들었다. 그러다가 정말 이도저도 마땅치 않고 마음이 답답할 때면 음악을 틀어놓고 아이들과 함께 신나게 막춤을 추었다. 그때는 하도 놀거리가 없어서 속된 말로 '발악'하는 것 같았는데, 아이들이 기억하는 니제르는 어느새 '가족과 함께한 즐겁고 소중한 추억이 가득한 곳'이 되었다. 어떤 환경에서 무엇을 하든 하나님 안에 있을 때, 모든 것이 합력하여 선을 이룬다는 사실을 그곳에서 몸소 배웠다.

사실 그 당시 내 마음은 겉으로는 괜찮아도 수면 아래에서는 쉴 새 없이 발을 휘젓는 백조와 같았다. 엄마로서 세 아이가 낯선 땅에서 정서적, 영적, 육체적으로 힘들어하는 모습을 보고 싶지 않았다. 아이들이 궂은비를 한 방울도 맞지 않게 나 자신이 '우산이 되려고 발버둥쳤다. 그러다가 점점 지쳐가는 내 모습을 발견했다. 그날 밤 나는 엉엉 울며 기도했다.

"하나님, 저 무서워요. 저도 어떻게 해야 할지 모르겠는데 세 아이는 저만 바라보고 있어요. 저 어떡해요?"

그때 하나님께서 마음에 이런 음성을 들려주셨다.

"내 딸아, 왜 네가 아이들을 다 책임지려고 하니? 아이들의 책임자는 네가 아니라 나란다. 너무 잘하지 않아도 괜찮아. 좀 부족해도 괜찮아."

하나님의 응답은 나에게 크나큰 위로가 되었다. 물론 지금도 여전히 양육과 책임에 관한 문제로 나 자신과 싸우고 있다. 다시금 하나님 앞에 양육권을 내려놓는 과정이 반복되고 있다. 하지만 돌아보면 "내가 약한 그때에 강함이라"(고후 12:10)는 말씀처럼 내가 완벽하지 않아도, 내가 실수하더라도 하나님은 우리를 온전케 하시며 세 아이들뿐 아니라 엄마인 나 또한 성장시키셨음을 인정하지 않을 수 없다.

미지의 땅에서 만난 주님의 장막

니제르에서 문제를 만날 때마다 하나님 앞에 나아가 기도하고, 위로와 말씀을 들으며 다시 새 힘을 내는 일상이 이어졌다. 그 땅에서 사는 동안 나는 엄마이자 아내로서 긴장을 늦출 수 없었다. 아이들끼리 놀다가 막내의 팔이 부러지기도 하고, 새벽에 남편이 요로결석으로 극심한 복통을 호소하며 급히 병원에 입원하는가 하면, 허구한 날 모래폭풍이 불어와 황급히 창문을 닫아야 했다. 한번은 가정용 가스가 폭발해 집의 유리창이 다 깨지고 침대에서 낮잠 자던 둘째 아이가 유리 날벼락을 맞는, 그야말로 심장이 쿵 내려앉는 사건도 일어났다. 그뿐 아니라 가족들과 차를 타고 가던 중 뒤차가 별안간 속력을 높이며 달려오는 바람에 교통사고를 당하기도 하고, 운전이 미숙한 이웃이 우리 집 담벼락에 차를 들이받아 담벼락이 무너지는 사건 사고가 잇따랐다.

언제 갑자기 전기가 나갈지, 언제 누가 다칠지, 다치면 어떻게 대처해야 할지… 언제 어떤 충격이 올지 몰라 늘 불안하고 긴장한 상태로 지내야 했다. 우리 네 식구는 외부의 위험에 그대로 노출되어 들짐승이 언제 우리를 집어삼켜도 이상하지 않은, 그야말로 광야에 있는 듯한 기분이었다. 실제로 그곳은 광야가 맞았다. 하지만 항상 춥고 배고프고 불안하고 위험하기만 한 곳이 아니라 하나님을 전적으로 의지할 수밖에 없는, 자아가 산산이 깨지고 나의 열정과 계획도 주님 앞에 내려놓을 수밖에 없는, 매순간 우리와 함께하시는 하나님을 느끼고 경험하는 은혜의 광야였다.

주님은 그곳에서 우리를 풍성히 먹이셨고, 따뜻하게 입히셨고, 위험에 처했으나 크게 다치지 않게 하셨고, 홀로 있는 것 같았으나 함께할 수 있는 동역자들을 보내주셨다. 하나님은 그분의 안전한 장막 아래 우리를 두시며, 한순간도 눈을 떼지 않고 우리를 보호하셨으며 다듬어가셨다.

외출을 마치고 집으로 돌아오는 차 안에서 첫째 딸 윤아가 불쑥 이런 말을 했다.

"엄마, 니제르 너무 좋은 거 같아요!"

"왜?"

"나는 처음에 니제르에는 모래사막 한가운데 우리 집만 덩그러니 있는 줄 알았거든요. 근데 여기에 슈퍼도 있고, 학교도 있고, 수영장도 있잖아요. 그래서 너무 좋아요."

윤아의 이야기를 들으면서 모래사막 한가운데 우리 집만 덩그러니 있는 줄로 알면서도 엄마, 아빠가 가는 곳이기에 말없이 우리의 손을 잡고 따라와준 윤아와 두 아들에게 참 고마웠다. 그리고 지금 그 아이들은 엄마, 아빠의 손을 잡고 니제르와는 또 다른 땅 캄보디아에 와 있다.

하나님 나라를 위해, 나에게 생명 주신 예수님의 귀한 복음을 나누기 위해 선교지에서 선교사라는 이름으로 살아가고 있지만, 때로는 더 잘 살지 못하는 나 자신을 채찍질하며 자괴감에 빠질 때도 있다. 그럴 때마다 주님은 짐짓 괜찮은 척, 어른인 척하는 내 모습을 보여주며 이렇게 말씀하신다.

"엄마 아빠 손을 잡고, 엄마 아빠만 바라보고 따라가는 세 자녀들처럼 나에게는 네가 사랑스러운 자녀, 사랑하는 딸이다. 네 우산은 비를 가리기에 충분하지도 완전하지도 않지만 내 장막은 아주 크고 완전하단다. 애써 네 모습을 꾸미려 하지 말고 있는 모습 그대로 내 안에 거하면, 내가 너를 통해 나의 나라를 이루어갈 것이다.

너는 그것을 함께 지켜보면 된단다."

지금도 문득문득 '부족해도 한참이나 부족한 내가 어쩌다 선교사가 되었지?' 하는 생각이 든다. 나 자신이 한없이 작고 초라하게 느껴지는 순간이다. 그때마다 주님이 나를 선교사로 부르셨을 때 주신 말씀을 떠올린다.

"그가 우리를 위하여 목숨을 버리셨으니 우리가 이로써 사랑을 알고 우리도 형제들을 위하여 목숨을 버리는 것이 마땅하니라"(요일 3:16).

나의 어떠함이 아니라, 자신의 목숨을 버리고 우리를 구원하신 그분의 사랑으로 움직이고 나아가는 우리 가정이 되기를 간절히 기도한다.

엄마로 산다는 것

엄마의 기도는 땅에 떨어지지 않는다

• 박유순 •

지금은 M국에 있지만 A국은 나에게 생각하면 가슴 한 켠이 시려오는 첫사랑 같은 나라다. 처음 공항에 도착해 택시를 타고 이동할 때, 차창 밖으로 보이는 회색 도시와 잿빛 하늘이 강렬한 인상으로 남았다. 잠시 머물던 게스트하우스의 휑한 거실에서 매일 저녁에 드렸던 가정예배는 낯선 땅에 대한 두려움을 잊고, 주님과 함께하는 행복이 샘솟는 은혜의 시간이었다. 비록 우리의 예배는 경건한 형식을 갖추지 못한 채 시끄럽고 부산스러워도, 예배 가운데 아이들은

박유순 큰 병치레를 하면서 하나님의 사랑을 체험했다. 그리고 40일 금식기도를 통해 선교사로 헌신한 남편 임명혁 선교사와 함께 2011년 A국에서 선교를 시작했다. 2018년에 M국으로 선교지를 옮긴 후, 미술을 전공한 남편과 함께 미술을 도구로 오지 마을 개척 및 난민학교 사역을 하고 있다. 청소년기의 두 자녀 주성, 주연이 있다.

해맑게 웃으며 춤을 췄고, 우리도 있는 모습 그대로 주님을 찬양하며 그 시간을 통해 새 힘을 얻었다.

예배를 통해 마음이 회복되자 그제서야 그 땅 A국이 보이기 시작했다. 알지 못하는 빨간색 글자가 쓰인 온갖 간판들, 빼곡히 들어선 거리의 좌판, 저녁마다 음악 소리에 맞춰 에어로빅과 왈츠 그리고 지르박까지 춰대는 흥 많은 사람들, 식사 때마다 거리를 자욱하게 메운 연기와 기침 소리, 김이 모락모락 피어오르는 먹음직스러운 만두, 모든 사람들이 손에 들고다니는 고풍스런 모양의 차 병까지…. 가깝고도 먼 나라인 A국, '이곳에 내가 와 있구나' 하는 생각에 일말의 설렘을 느꼈다.

자녀, 엄마의 최대 약점

평안과 설렘도 잠시이고 사탄은 우리를 집요하게 공격하기 시작했다. 선교사이자 부모라는 직분을 동시에 가진 우리의 가장 큰 약점이 자녀라는 사실을 사탄은 너무나 잘 알고 있었다.

어려서부터 활발하고 활동량이 많아 곧잘 뛰어다니며 까르르 잘 웃던 주성이는 기관지가 약한 탓에 겨울마다 기관지약과 천식을 달고 살아야 했다. 해맑은 웃음소리가 고통에 겨운 울음소리로 변하고, 온종일 뛰어다녀도 지치지 않던 에너자이저가 A국의 오염된 공기에는 기운을 차리지 못하는 모습을 보면서 마음이 찢어질 듯 아팠다. 매일 잠들기 전, 제대로 숨쉬지 못하고 눈을 비비며 흐르는 눈물을 꼭 쥔 주먹으로 훔쳐내는 아이의 모습을 지켜보며, 부모로서 그저 베개를 세워 편히 기댈 수 있도록 해주는 것 말고는 해줄 게 없었다. 울다 지쳐서 잠들었으면 아침까지 푹 자면 좋으련만 아이는 어김없이 새벽 1시면 눈을 떴다. 호흡이 어려워서 30분 넘게 울다가 호흡기 치료를 하고, 다시 지쳐 잠들기를 반복하며 긴 겨울 밤을 지내야 했다.

매일 새롭게 밝아오는 아침도 평안을 가져다주진 못했다. 밤마다 잠을 설친 탓에 쉽사리 일어나지 못하는 아이를 흔들어 깨워서 한 시간 거리에 있는 학교에 보내야 했기 때문이다. 힘겨운 밤을 보냈다는 사실을 누구보다 잘 알기에 미안하고 안타까웠지만, 사역 때문에 아이를 학교에 보내지 않을 수 없었다. 아이가 간신히 일어날 때면 줄줄 흐르는 콧물과 눈물 때문에 화장지를 들고 아이 곁을 지켜야 하는 아픈 시간들이 있었다. 그럴 때마다 선교사이기 전에 엄마인 나는 가슴으로 함께 울었다.

한번은 새벽에 깨어 울고 있는 녀석을 품에 안고 하나님 아버지께 절규하듯이 기도했다. 무릎도 꿇지 않고, 찬양도, 감사 고백도, 회개도 모두 생략한 어미의 피맺힌 절규였다. 당시 나는 청년 시절부터 가슴에 품은 문장이 하나 있었다.

"엄마의 기도는 땅에 떨어지지 않는다."

내 기도가 절대 헛되지 않으리라는 믿음으로 기도했고, 드디어 아버지께서 응답해주셨다. 그날 이후로 주성이는 한번 잠들면 더 이상 새벽에 깨지 않았다.

야매 장금이

선교 훈련을 받던 시절 T국에서 3명의 선교사가 순교를 당했다. 그중 한 분의 아내가 했던 말이 기억에 남는다.

"우리는 단지 이들과 함께 살고 싶을 뿐이에요."

하지만 이 땅은 우리를 밀어내려고만 한다. '함께 살고 싶을 뿐'이라는 간절한 소망 따위는 들리지 않는 듯 외면하고 거부한다. 사람과 정부 시스템뿐 아니라 자연 환경까지 우리를 반기지 않는 듯하다. 그러나 힘겨운 시간을 지나오며 문득 그 땅에서 지낸 한 순간 한 순간이 은혜요 축복이었음을 깨닫는다.

주성이가 힘겨운 시간을 보낼 때마다 나는 능숙하게 벤토린 호흡기 치료를 해주고 찬양을 불러주며 주성이의 가슴을 쓸어내렸다. 하나님은 내가 앞서 겪은 아픔을 통해 누군가를 위로하고 도움을 주는 역할을 감당하게 하셨다. A국에 갓 입국한 신입 선교사 가정에는 어김없이 주성이 같은 아이가 있었고, 덕분에 우리 집 전화기는 새벽이고 밤이고 잠잠할 새가 없었다. 전화벨 소리에 눈을 비비며 수화기를 들면, 지금 아이의 상황이 이러이러하다며 다급하게 조언을 구하는 부모 선교사의 목소리가 들려왔다. 그럴 때면 능숙하게 대처 방안과 더불어 약까지 처방하는 모습에 남편은 우스갯소리로 나를 "야매 박장금"이라 부르며 치켜세웠다.

당시에는 힘겹고 가슴 아팠지만, 지금은 웃으며 그때의 일을 이야기할 수 있으니 이 또한 은혜요 감사다. 지금도 지구촌 어딘가에서 나 같은 '야매 장금이'로 살고 있을 엄마 선교사들에게 응원과 축복을 보낸다. 세계 각국의 야매 장금이들이여, 지금 이 시간이 헛되지 않으며, 엄마의 기도는 땅에 떨어지지 않는다는 사실을 꼭 기억하길 바란다.

내게 주신 소명

연단이자 선물인 선교지의 삶을 돌아보며

• 성명현 •

"너희 몸을 하나님이 기뻐하시는 거룩한 산 제물로 드리라. 이는 너희가 드릴 영적 예배니라"(롬 12:1).

세 아이들 중 둘은 선교지에서 낳아 양육하고 남편을 도우며 살다보니 20년의 세월이 흘렀다. 주님은 나에게 가서 가르치고 제자 삼는 사역이 아닌 '또 다른 사역'을 맡겨주셨다. 선교는 공중에 붕 떠 있는 영웅과 같은 삶이 아니었다. 이론에서 배운 선교도 아니었다. 현실, 삶 그 자체였다. 주어진 삶을 온몸으로 살아내는 것이었다.

성명현 중학생 시절에 선다싱 선교사의 전기를 읽고 처음 선교의 소명을 받았다. 그 후 선교의 소명이 약해져갈 때 남편 이기형 선교사를 만나 다시 헌신했다. 2002년 에리트리아에서 사역을 시작했고, 2004년 내전으로 사역지를 에티오피아로 옮겨 현재까지 보라나를 품고 사역하고 있다. 딸 재빈과 아들 재하, 재이 세 자녀가 있다.

내가 자란 곳이 아닌 전혀 다른 문화권에서, 낯선 땅을 밟고 서서 그 땅의 영혼들 속에서 함께 살아가는 인생 여정이었다.

연단의 땅, 에리트리아

세 살배기 재빈과 한 살배기 재하 그리고 남편과 함께 북아프리카에 위치한 에리트리아에 가서 보낸 약 2년 동안은 하나님께서 우리를 연단시키고 훈련하여 강하게 만드시는 시간이었다. 그곳에서 우리는 선교지에서 어떻게 살아야 할지를 배웠다. 그중에서도 선교사의 삶에서 가장 기본이자 중심이 되어야 하는 기도와 하나님만 의지하는 법을 배울 수 있었다. 당시 에리트리아 공화국은 교회를 향한 핍박이 절정에 달해 있었다. 교회 문은 닫히고 성도들은 모두 지하교회로 들어갔다. 나는 에리트리아 사람들이 아무 때나 와서 기도하고 찬송할 수 있도록 우리 집을 개방했다. 사람들이 매주 수요일마다 우리 집에서 가정예배를 드렸는데, 문틈 사이로 새어 나오는 눈물의 기도 소리를 들을 때면 가슴이 아파 마음으로 함께 울었다. 그마저도 한 번씩 비밀경찰이 뜨면 소그룹 모임을 갖지 못하고 흩어지기에 바빴다.

처음 에리트리아에 도착해서 차로 골목길을 다닐 때마다 눈앞에 뿌옇게 일어나는 붉은 흙먼지 때문에 숨쉬고 싶지 않을 정도로 괴로웠다. 하얗던 담벼락도 흙먼지로 누렇게 변색되었다. 그래도 어린 아이들이 현지에 잘 적응하여 이웃집을 맘대로 들락거리며 노는 모습을 지켜볼 수 있다는 점이 감사했다. 그런데 어느 날은 우리 아이 둘만 서 있는 모습이 너무 외로워 보였다. '아이가 하나 더 있으면 좋겠다'고 생각했는데, 며칠 안 되어 바로 셋째가 들어섰다. 하나님께서 마음의 소리에 바로 응답하신 것이다.

입덧이 시작되자 한국 음식이 너무 먹고 싶었다. 하지만 에리트리아에서 한국 음식을 구하기란 하늘의 별 따기보다 어려웠다. 아쉬운 대로 음식 그림책을 보면서 마음을 달랬다. 입덧이 심해 거의 먹지 못하고 수차례 토하기만 하다가 탈진해서 침대에 누워 지내는 것이 일상이었다. 에리트리아는 극빈국이기에 쉽게 먹을거리를 구할 수 없었을 뿐만 아니라 병원에 가도 수액 주사가 없었다. 탈진이 심해져 견디다 못해 친정 엄마에게 연락해 이온 음료를 부탁했다. 연락을 취하기가 무섭게 엄마는 포카리스웨트, 몽쉘, 미역 등 먹을거리를 챙겨서 소포로 보내주셨다. 음료와 과자는 어린 재빈과 재하가 보면 그 자리에서 다 먹어버릴 것 같아 조금만 주고, 남은 것은 옷장에 숨겨놓고 기운이 없을 때마다 몰래 하나씩 꺼내 먹었다. 지금 생각하면 웃음이 나지만, 그때는 그 음료와 과자가 생명수 같았다.

셋째를 임신할 즈음에 사역에도 어려움이 생겼다. 노동 비자가 갱신이 안 되고, 모함으로 인해 인간관계에 문제가 터지기 시작했다. 하나님께서 준비하신 훈련이 시작되었다는 생각이 들었다. 한국에 들어갈 수도, 에리트리아에 머물 수도 없었다. 이대로 있다간 불법 체류자가 되고 마는 진퇴양난의 상황이었다. 남편은 매일 나가서 비자를 연장할 방법을 찾았고, 나는 집에서 시편을 읽으며 주님께 눈물의 기도를 드렸다. 눈물의 기도가 곧 태교였다. 임신, 노동 비자, 모함, 아이의 아픔까지 인생의 어려움은 왜 이리 한꺼번에 밀려오는지…. 안팎으로 시련의 눈보라가 휘몰아치는 가운데서도 우리의 삶은 매일매일 새로 시작되었다. 아침에 해를 주셔서 새날을 시작하게 하시고, 저녁에 달과 별을 주셔서 몸을 누이며 잠자게 하시는 하나님의 주권으로 우리는 환난 가운데서도 소망을 품으며 하루하루를 살아갔다.

출산이 가까워져 배가 남산만해졌을 무렵, 둘째 아이 재하가 원인을 알 수 없는 병에 걸려 아프기 시작했다. 현지인 잔칫집에 초대를 받아 즐겁게 다녀왔는데, 다음날부터 고열이 나면서 온몸에 열꽃이 피어 꼬박 한 달을 앓았다. 병원에 가도 병명을 모르고, 병명을 모르니 약을 쓸 수도 없었다. 그 후로도 재하는 선교지에서 자주 아파서 환경이 바뀔 때마다 조마조마해하며 돌봐야 했다.

그러는 동안 2개월, 3개월씩 연장된 비자의 만료 기간이 임박했다. 노동부와 이민국에 갈 때마다 우리는 가슴을 졸였다. 한번은 만삭이 된 몸으로 이민국을 찾아갔다. 나와 남편은 만삭인 배를 보여주면서 이 상태로는 비행기를 탈 수 없으니 한 번만 봐 달라고 사정했다. 이민국 여직원은 냉정한 얼굴로 우리를 쳐다보며 소리쳤다.

"이번이 마지막이야. 겟 어웨이!(Get away)"

멸시와 모멸감에 서러움이 몰려오며 눈물이 흘렀다. 그래도 3개월이나 비자가 연장된 것이 감사해 신나게 집으로 돌아올 수 있었다. 그때는 3개월 후 우리를 에티오피아로 인도하실 주님의 계획을 전혀 알지 못했다. 미련하고 미약한 인간이 어찌 크고 깊은 아버지 하나님의 뜻을 알 수 있겠는가? 3개월 비자 연장부터 막내가 예정일을 앞당겨 태어난 것까지 모두 하나님의 계획에 따라 한치의 오차도 없이 진행되고 있었다.

그 무렵 에리트리아에는 의사가 부족해 계약을 통해 인도에서 의사들이 들어오기 시작했다. 그때 들어온 인도 의사들 중에 여자 산부인과 의사가 있었다. 출산을 걱정하며 기도했을 때, 하나님께서는 "나는…너희의 하나님이 되고 너희는 내 백성이 될 것이니라"(레 26:12)는 말씀으로 응답해주셨고, 그렇게 나는 인도 여의사의 첫 번째 환자가 되어 분만을 하게 되었다. 예정일이 되기 전에 출산의 징조가 보였다. 밤새도록 진통하며 아침이 되었지만 아이는 머리만 내밀다가 다시 쏙 들어가기를 반복했다. 그렇게 몇 시간이 흐르고 드디어 "응애" 하는 아기의 울음소리를 들을 수 있었다. 알고보니 아이가 목에 탯줄을 감고 있어서 빨리 나오지 못했다. 자칫 위험해질 수 있는 상황이었으나 아버지 하나님의 초강력 손길이 나와 아이의 생명을 붙잡고 계셨다.

출산 후 나는 바로 사무실용 의자에 앉아 병실로 옮겨졌다. 출산 후 간호사가 건네준 탈지분유 한 컵으로 목을 축이는데 달콤하면서도 목이 메였다. 따뜻한 미역국이 아닌 멀건 탈지분유, 환자용 침대가 아닌 사무실용 의자, 이 나라의 가난한 민낯을 직시할 수밖에 없었다. 그러면서도 생명을 위해 최선을 다하는 의료진의 모습에 만감이 교차했다. 어려운 환경과 시련 속에서도 나를 지키고 굳건하게 하시는 아버지 하나님을 찬양하며 셋째 아이를 품에 안았다.

그 무렵 많은 선교사들이 에리트리아를 떠났고 우리도 그동안 정든 성도들과 헤어지게 되었다. SIM 국제총재 하위 그랜트의 도움으로 우리 가정이 에티오피아로 구조된 것이다. 에리트리아를 떠나오던 날 밤을 지금도 잊을 수 없다. 캄캄한 밤에 둘째를 태운 캐리어를 남편이 어깨에 메고, 첫째는 유모차에 태우고, 2개월 된 갓난아기는 내 등에 업었다. 그렇게 잠자는 세 아이를 데리고 숙소에서 나올 때 우리의 모습은 피난민 같았다. 에리트리아 성도들을 남기고 떠나는 마음이 무거웠으나 한편으로는 출애굽을 하는 것 같았다. 사람이 길을 계획할지라도 그 걸음을 인도하는 분은 하나님이심을 알기에 우리는 인도하심을 따라 묵묵히 걸어나올 수밖에 없었다.

산골 외딴집의 추억

다섯 식구의 에티오피아 생활이 시작되었다. 다섯 살, 세 살 그리고 고작 3개월 된 갓난아기를 신실한 믿음의 자매에게 맡기고 매일 남편과 함께 언어학교로 등교했다. 현지 언어인 암하릭어를 공부하느라 아이들이 어떻게 크는지 관심을 기울일 틈이 없었다. 언어를 반드시 습득하겠다는 강한 의지로 아침부터 오후까지 이어지는 학교 수업을 마치고, 집에 와서도 밤늦도록 공부했다. 젖먹이 막내 재이가 어느새 훌쩍 자라서 마루를 기어다녔다. 가끔씩 세 아이들이 수업 중에 찾아와 교실문을 두드리기도 했다. 어린 마음에 엄마 아빠가 보고 싶어 찾아온 것이다. 언어학교 디렉터이자 SIM 에티오피아 디렉터의 아내인 르만다는 자기도 나처럼 아이들이 어릴 때 공부하느라 어려움이 많았다며 위로하고 격려해주었다.

언어 훈련을 마치고 도착한 에티오피아의 첫 사역지는 아완노였다. 수도 아디스아바바에서 차로 약 6시간 가량 떨어진 산속에 자리한 선교회 스테이션이 우리의 선교지였다. 인적이 드문 산속에는 전기도 차도 없고, 주변에 시설이라고는 아무것도 없이 현지인들의 집 몇 채와 밭이 전부였다. 해가 지면 사방이 캄캄하고, 낮에는 풀어놓은 소들 주변에서 윙윙거리는 파리떼 소리만 들리는 아주 조용한 산골 마을이었다. 이곳에서 우리 다섯 식구는 좋은 추억을 많이 만들었다. 그즈음 첫째 아이가 1학년 나이가 되어 나는 무작정 홈스쿨링을 시작했다.

유일한 전력 공급원인 10년도 더 된 낡은 솔라등은 수명이 다 되어 남편의 노트북만 겨우 충전할 수 있었다. 밤이 오면 나는 촛불을 켜고 첫째 아이의 홈스쿨링과 가족들의 먹을거리를 준비했다. 다락에 숨어 살던 박쥐가 가끔씩 내려와 몇 번이나 놀랐는지 모른다. 낮에는 첫째 아이의 홈스쿨링을 마치고 아이들과 시간을 보냈고, 하루 세끼 다섯 식구의 일용할 양식 준비로 하루하루가 바쁘게 흘러갔다. 가끔씩 현지인 이웃이 초록색 바나나 다발을 들고와 팔아달라고 하면, 그것이 한참 동안 아이들의 간식거리가 되었다. 때론 다 찢어진 비닐에 달걀 두세 개를 싸서 팔러 오기도 했는데, 그것을 조금씩 사 모아 달걀찜을 하는 날이면 다섯 식구의 잔칫날이 되었다.

적막한 산속에서 이야기를 나눌 친구가 한 명도 없어 외로울 때도 있었지만, 소소한 일상 속에서 하나님께서 주시는 기쁨과 평안을 느꼈다.

남편은 사역을 나가면 며칠씩 현지인의 집에서 머물다가 돌아오는 일이 잦았다. 남편 없이 처음으로 아이들과 밤을 보내던 날, 아이들을 내 옆에 나란히 눕혀 두고 잔뜩 긴장한 채 긴긴 밤을 보내야 했다. 밖에서 조금만 부스럭거리는 소리가 들려도 무섭고 경계되어 거의 뜬눈으로 밤을 지새웠다. 산짐승이 지나가거나 바람에 흔들리는 나뭇잎 소리라는 걸 알면서도, 남편 없이 홀로 아이들과 밤을 보내야 할 때는 그 소리가 어찌나 무섭던지….

그 당시는 휴대폰은 고사하고 일반 전화기도 없을 때라 누군가와 연락을 취할 방도가 없었다. 유일한 통신 수단은 수도에 있는 선교회와 연락할 때 쓰는 무전기뿐이었다. 그마저도 아침과 저녁에 간단히 안부를 전하는 용도 외에는 사용하지 못했기에 며칠 동안 집을 비우는 남편의 안부를 챙길 수 없었다.

다만 주일 오후가 되면 집 옆에 있는 언덕에 올라가 저 멀리서 남편이 오는지 확인하곤 했다. 아득히 먼 곳에서 장난감 차 같은 물체가 꾸물꾸물 움직이는 것이 보이면, 그것은 영락없는 남편이었다. 반가운 마음에 아빠가 돌아온다며 아이들을 불러모아 넷이서 함께 꾸물꾸물 움직이는 차를 하염없이 바라보았다. 그 차가 집까지 오려면 계곡을 하나 건너고 험한 길을 달려야 하는 터라 40분은 족히 걸렸지만, 8개의 눈동자는 느릿느릿 움직이는 자동차에서 시선을 떼지 못했다. 드디어 도착이 임박하면 아이들은 번개처럼 어지른 장난감들을 정리하고 환호성을 지르며 아빠를 맞이하러 용수철마냥 튀어나갈 준비를 했다. 며칠 동안 떨어져 있던 남편이 개선장군처럼 당당하게 정문을 통과하면, 아이들이 와락 아빠에게 안기고 멀리서도 들릴 만큼 커다란 웃음꽃이 피어났다. 그 순간이 나에게는 세상에서 가장 아름다운 모습으로 각인되어 있다.

선교사의 정체성

첫 번째 안식년을 마칠 무렵, 에티오피아의 첫 사역지였던 아완노 스테이션은 굳게 문이 닫히고 정부에게 넘어갔다. 선교회는 우리에게 미전도 종족인 보라나 종족에게 가서 복음을 전하길 권유했다. 남편이 내게 물이 없는 그곳에 갈 수 있겠냐고 물었다. 보나마나 열악하기 짝이 없는 환경일 테지만 주님의 부르심에 차마 "노"(No)라고 말할 수 없었다. 우리는 두 번째 선교지인 보라나 종족 마을로 향했고, 그때부터 지금까지 보라나 종족과 함께 살며 복음을 전하고 교회를 세웠다. 그리고 하나님의 은혜로 이곳에 믿는 이들의 수가 늘어갔다.

두 번째 텀부터 가정 사역을 하기가 점점 힘들어졌다. 아프리카에서도 가장 시골에 속하는 이곳에서 현지인처럼 살아내기란 정말이지 큰 도전이었다. 육아, 가사 노동, 홈스쿨링으로 하루 24시간이 부족했다. 가장 큰 부담은 다섯 식구의 삼시 세끼를 해결하는 일이었다. 먹는 것은 곧 생명이 걸린 문제였기 때문이다. 시골에서 구할 수 있는 재료는 감자와 양파가 유일했고, 나머지 식재료는 두세 달에 한 번씩 수도에 가서 장을 봐야 했다. 꼬박 하루가 걸리는 거리였다(지금은 이틀이 걸린다). 쌀, 배추, 가스통, 가루 분유, 밀가루, 휴지, 비누, 주방세제 등 몇 달치의 생필품을 차에 한가득 실어오면 그것들로 두세 달을 버텨야 했다.

이렇게 수도에서 장을 보고 돌아오면 일주일은 싱싱한 식재료로 건강한 식사를 준비할 수 있었지만, 그 다음부터는 김치와 된장찌개, 카레의 무한 반복이었다. 당시에는 과자를 구할 수도 없어 매일 아이들이 먹을 간식과 빵을 만드는 것도 나의 몫이었다. 나의 삶이 두 아이들의 홈스쿨링, 음식 만들기, 손님 대접으로 가득 차서 하루가 어떻게 가고 계절이 바뀌는지도 모를 지경이었다. 하지만 아무리 바빠도 저녁이 되면 몇 분이라도 아이들에게 한글 동화책을 읽어주는 시간은 빼먹지 않았다. 현지인을 만나 복음을 전하는 것은 엄두도 못 냈다. 삶이 너무 고단하고 짊어진 짐이 무겁고 외로워서 어딘가에 숨어서 울고 싶을 때가 많았다. 이런 생활이 반복되자 문득 이런 생각이 들었다.

'내 아이를 홈스쿨링하는 것이 과연 선교인가요? 주님, 저도 애들을 학교에 보내고 숨도 돌리며 선교하고 싶어요.'

수도에서 아이들을 학교에 보내며 사역하는 선교사들이 때론 부러웠다. 어느 날 어린 재하가 남편에게 의미심장한 질문을 했다.

"아빠는 왜 이런 시골에서 사역을 하세요? 수도에서 일하시면 안

돼요?"

한 번씩 장을 보러 수도에 나가면 아이스크림, 피자, 과자 등을 먹을 수 있고, 학교에 가면 친구도 많이 사귈 수 있기에 어린 마음에 넌지시 질문한 것이리라. 나는 어린 재하에게 대답했다.

"재하야, 누군가가 예수님을 전해줘야 사람들이 듣고 예수님을 믿어서 천국에 갈 수 있어. 아빠는 그 일을 하시는 거야."

홈스쿨링과 가사 노동으로 마음이 힘들 때마다 첫 번째 안식년에 들은 세미하지만 확실한 주님의 음성을 떠올렸다. 그리고 '그래, 홈스쿨링은 주님이 내게 주신 사역이야'라고 스스로를 일깨우며 마음을 굳건히 했다. 세 아이는 내 몸으로 낳았지만 내 것이 아니라 아버지 하나님의 자녀라는 것을 나중에야 깨달았다. 이 아이들은 하나님 나라를 이어갈 다음 세대가 아닌가.

에티오피아 북부에 위치한 야벨로에 내려가서 살 때는 주일마다 현지 교회를 순회하면서 예배를 드렸다. 예배 후 어떤 교회는 차와 빵으로, 또 어떤 교회는 현지 음식으로 우리를 섬겨주었는데, 그 마음이 귀하고 아름다워서 마음까지 따뜻해졌다. 우리 가족은 숟가락 한 개로 돌아가면서 음식을 떠먹고, 컵 한 개로 돌아가면서 차를 마셨다. 어떤 환경에도 아이들이 잘 적응하여 거리낌 없이 현지인들과 어울리는 것이 참으로 감사했다.

그 후로도 나는 아이들을 뒷바라지하느라 선교 사역에 나설 수 없었다. 선교사는 복음을 전할 때 힘이 나는데 말이다. 어느덧 세월이 흘러 아이들이 한 명씩 대학에 가면서 나도 선교지의 최전선에

설 날이 머지 않았음을 느낀다. 선교지에서 눈물로 키운 육신의 자녀들도 이제 각자의 인생을 살면서 하나님께 귀한 그릇으로 쓰임 받기를 소망하며 기도한다. 이 아이들이 선교지에서 건강하게 자란 것은 내 힘으로 된 것이 아니요, 아버지 하나님께서 함께하신 은혜로 된 것임을 고백한다. 나에게 가정 일과 자녀교육을 맡기신 것도 하나님의 선한 계획이고 뜻임을 인정한다. 역사의 주인이신 하나님께서 나의 연대를 정하시고 에티오피아 땅으로 나를 부르셨다. 나는 하늘의 상급을 바라보며 오늘도 그분의 길 위로 달려가고 있다.

차마 잊을 수 없는 순간들

고난과 시련의 골짜기를 지나며

• 김영선 •

테러, 그 끔찍한 사건

'거룩한 땅'이라는 뜻의 이름을 가진 P국에 처음 도착하여 우리가 가장 처음 한 일은 언어 공부였다. 언어학교는 머리라는 지역에 위치했는데, 보통 여름에 학기를 개강하기에 모든 선교사들이 이곳에 모여서 공부하고 교제를 나눈다. 아이들의 학교 또한 숲이 우거진

김영선 대학 4학년 때 아버지의 소천으로 큰 슬픔에 잠겨 있을 때 '잃어버린 양'에 대한 설교를 듣고 예수님을 영접했고, 잃어버린 양을 위해 살고자 하는 소명을 가졌다. 결혼 후 남편 최아브라함 선교사와 함께 철야기도 중에 '와서 도와달라'고 손짓하는 수많은 어린 영혼들의 환상을 보았다. 1996년부터 현재까지 P국에서 교회 양육과 지도자 훈련, 현지 교회 선교동원 사역을 하고 있다. 장성한 아들 요엘과 딸 노엘이 있다.

머리 지역에 위치하고 있어서 여름이면 학부모들이 이 지역으로 옮겨와 석 달 동안 머물며 아이들과 함께 시간을 보냈다. 대부분 선교단체들의 미션 하우스가 머리에 있을 만큼 이곳은 매우 아름다운 지역이다. 우리 가정도 여름이면 SIM의 선배 선교사들이 어렵게 준비한 썸머 하우스에서 휴가를 보내곤 했다. 6월에서 8월 말까지 머리학교의 기숙사가 문을 닫기 때문에 그 기간에는 부모가 직접 아이들을 돌봐야 했다. 우리에게 여름 석 달은 무더운 사역지를 뒤로 하고 시원한 곳에서 영적 충전을 위한 모임을 갖고, 예배와 성경공부, 풍성한 교제를 나누는 평화롭고 충만한 시간이었다. 부모와 떨어져 기숙사 생활을 하던 아이들도 가족과 함께 보내는 참으로 소중한 시간이었다.

2002년 8월 6일, 평소와 다름없이 평화로운 일상을 보내던 어느 날이었다. 그날은 학교의 짧은 여름 방학이 끝나고 새 학기가 시작되는 첫 월요일이었다. 아들 요엘이 초등학교 4학년이 되는 첫날이기도 했다. 늘 그랬던 것처럼 가방에 도시락을 챙겨 넣고, 어린 딸 노엘을 등에 업은 채 144개의 계단을 세며 학교 버스를 타는 곳까지 아이와 함께 걸어갔다.

"엄마, 학교 다녀오겠습니다."

씩씩하게 손을 흔들며 등교하는 모습을 보고 집으로 돌아와서는 집안일을 하고 있었다. 아이가 등교한 지 두세 시간쯤 지났을까? 누군가 세차게 문을 두드리며 내 이름을 불렀다. 평소와 다르게 무척 다급하고 놀란 목소리이기에 얼른 나가보니 함께 교제해온 영국 선교사님이었다. 그날은 그 선교사님의 아들이 그동안 집에서 홈스쿨링을 하다가 머리기독교학교(MCS)에 처음으로 등교한 날이기도 했다. 문을 열자마자 그는 상기된 표정으로 말했다.

"4명의 테러리스트가 MCS를 공격했대! 자세한 것은 아직 모르는데 아이들을 위해 기도해야 할 것 같아."

별안간 눈앞이 캄캄해지면서 다리가 후들거렸다.

"우리 아이들은 안전한가요?"

"안전할 거야. 아직 자세한 소식은 듣지 못했어."

SIM 선교사의 자녀들 중 4명이 그 학교에 있었다. 테러 소식을 듣고 나서 피가 마르는 듯 고통스러운 시간이 흘렀다. 얼마 후 아이들이 안전하다는 소식을 들었고, 또 한참이 지난 오후 늦게서야 아이들이 집으로 돌아왔다. 학교에서 일어난 엄청난 사건으로 충격을 받았는지 아이는 밥을 넘기지 못하고 그대로 잠이 들었다. 저녁 때 일어난 요엘은, 테러리스트 한 명이 교실 앞에서 총을 난사하여 학교에서 일하는 분들을 죽일 때, 교실 문 앞에 쌓아올린 책상과 의자 아래 엎드려 기도했다며 당시의 상황을 들려주었다.

"엄마 생각 안 났어?"

"아무 생각도 나지 않았어요. 죽을까 봐 너무너무 무서웠어요. 하나님 살려주세요, 너무 무서워요, 살려주세요 하고 기도했어요."

혹시라도 울음소리가 새어나갈까 봐 입을 막고 울고 또 울었다는 아이의 말에 가슴이 미어지는 것 같았다. 선생님과 아이들은 서로 손을 꼭 붙잡은 채 웅크리고 있었고, 다른 건물에 있던 고등학생

형 누나들은 바닥에 엎드려 어린 동생들을 위해 울부짖으며 기도했다고 한다. 고등학생들이 있는 건물에서는 테러리스트들이 초등학교 건물 쪽으로 가는 것을 내려다볼 수 있었기 때문이다. 알고보니 테러리스트들은 수류탄 등 살상 무기를 지니고 있었고, 한 달 동안 머리에서 지내면서 학교의 쉬는 시간이 언제이고, 몇 시에 무슨 활동을 하는지 조사하며 치밀하게 테러 계획을 세웠다. 머리학교 바로 옆에 군부대가 있었음에도 불구하고 상상조차 할 수 없는 일이 벌어진 것이다. 그 사건으로 학교에서 일하던 현지인 6명이 희생되었고, 선교사들과 아이들은 다행히 육체적인 피해는 없었지만 큰 정신적 고통을 떠안게 되었다.

이 일로 학교는 완전히 문을 닫았다. 고등학생들은 태국 치앙마이에 있는 선교사 자녀 학교로 떠나야 했으며, 많은 선교사들이 충격을 받고 선교지를 떠났다. 얼마 후에는 미국에서 공부 중인 한국인 카운슬러가 아이들을 상담하기 위해 방문했다. 어린아이들이 감당하기에 너무 큰 트라우마인지라 현지인 스태프와 학생들, 선생님들을 위해 각 나라의 전문 카운슬러가 머리를 방문했다. 감사하게도 요엘은 당장 크게 문제 있어 보이지 않았다. 간혹 천둥 번개가 치는 날이면 자다가도 "폭탄 테러다"라고 소리치며 깨곤 했지만, 일상생활을 하는 데는 큰 지장이 없었다.

아이들을 위한 예비하심

갑자기 학교가 문을 닫으면서 교육 문제가 큰 숙제거리가 되었다. 현지인 학교에 보내야 할지, 나 또한 아이를 데리고 치앙마이로 가야 할지 날이 갈수록 고민이 깊어졌다. 홈스쿨링을 하기로 결정한 서양 선교사들에게 교재를 소개받았지만, 영어가 모국어가 아닌지라 솔직히 자신이 없었다.

P국에 남기로 한 몇몇 부모들과 아이들의 교육을 의논하다가 L도시에 있는 기독교 대학 내에 작은 학교를 시작해보자는 것으로 의견이 모였다. 다행히 대학에서 허락을 해주어 건물 하나를 사용할 수 있게 되었다. 문제는 아이들을 가르칠 선생님이 없다는 것이었다. 학부모들은 함께 기도하면서 자신들의 나라로, 그러니까 전 세계로 메일을 보냈다. 그 결과 감사하게도 뉴질랜드에서 은퇴한 한 선교사로부터 기꺼이 아이들을 가르치고 싶다는 연락을 받았다. 그는 꿈에서 하나님이 아이들 12명의 이름이 새겨진 커다란 보석을 보여주고 "내가 그들을 사랑한다"면서 그들을 위해 P국으로 가라고 말씀하셨다고 했다.

하나님이 꿈에서 보여주신 것처럼 P국에서는 12명의 아이들이 그를 기다리고 있었다. LEO라는 새로운 이름으로 기숙 학교가 시작되자 미국에 사는 미혼의 한 젊은 선생님도 와서 헌신해주셨다. 다들 위험한 나라에 가지 말라고 말렸으나 하나님의 부르심이 확실해서 오지 않을 수 없었다는 그분의 말씀이 우리 모두에게 큰 위로가 되었다. 아이들이 다시 공부할 수 있게 되면서 우리는 너무 기뻤지만, 정작 요엘의 마음은 그렇지 못했다. 어린 마음에 또다시 엄마 아빠와 헤어져 사는 것이 싫었기 때문이다.

L은 대도시이고 우리의 사역지와도 차로 2시간 반이면 오갈 수 있는 가까운 지역이라 자주 얼굴을 볼 수 있음에도 불구하고 기숙사에 들어가기 싫어서 훌쩍이는 아이의 모습을 보기가 무척 힘들었다. 주말에 함께 있다가 헤어질 때마다 요엘은 우리의 손을 꼭 붙잡고 조금 더 있다가 가면 안 되냐며 매달렸다. 여름에 한국에서 단기 선교팀들이 왔다가 돌아가는 날이면 어김없이 아주 오랫동안 울곤 했다. 헤어짐은 아이에게 늘 힘든 일이었다.

단 하나의 후회

요엘이 혼자 한국의 이모 집에서 지내다가 가족들과 만나는 날이었다. 반가운 마음도 잠시, 언니가 심각한 얼굴로 이야기를 꺼냈다.

"요엘이가 그러더라. 엄마 아빠는 자기보다 사역이 더 중요해서 자기를 기숙사에 버려두고 일하는 것을 좋아한다고."

그 이야기를 듣고 마음이 진정되지 않아 밤새 잠을 이룰 수 없었다. 주체할 수 없는 슬픔을 안고 하나님께 기도하며 매달렸다. 다음 날 우리는 요엘을 앞에 앉혀놓고 우리의 진심이 전해지길 간절히 바라며 말했다.

"요엘아, 엄마 아빠가 얼마나 너를 사랑하는지 너는 아마 짐작도 못할 거야. 엄마 아빠는 요엘이를 세상에서 가장 많이 사랑해. 지금은 잠시 떨어져 지내야 하지만 엄마 아빠의 마음은 늘 요엘이 생각으로 가득 차 있단다."

그 후 아이는 방학 때 집에 돌아오면, 현지 교회에서 함께 예배를 드리며 교회학교 아이들에게 영어를 가르쳐주고, 교회 건축 기간에는 벽돌을 옮기기도 하면서 주의 은혜 가운데 잘 자라주었다. 요엘보다 여섯 살 어린 동생 노엘이 학교 갈 나이가 되었을 때, 요엘이가 말했다.

"엄마, 노엘은 홈스쿨링하세요. 전 기숙사 생활이 정말 힘들었어요. 엄마 아빠도 많이 보고 싶었어요. 엄마도 하실 수 있어요."

요엘의 말에 용기를 얻어서 동생 노엘이는 초등학교 3학년까지 홈스쿨링을 했다. 늘 사역지를 따라다니며 현지인들의 사랑을 듬뿍 받아서인지 노엘은 아주 밝고 명랑하게 자랐지만, 한편으로는 엄마를 많이 의지하는 편이었다. 노엘이 초등학교 4학년이 될 무렵 머리 기독교학교가 다시 개강을 하여 입학했지만 노엘은 적응을 잘 하지 못했다. 유독 친구들과의 관계를 힘들어했다. 그럼에도 12학년이 될 때까지 잘 견뎌주어 무사히 졸업할 수 있었다.

지난날을 돌아보면, 하나님의 은혜로 아이들이 잘 성장할 수 있었음에 감사할 따름이다. 하지만 마음 한구석에는 늘 아이들에게 미안한 마음이 자리하고 있는 것도 사실이다. 어느덧 대학을 졸업하고 직장생활을 하는 두 자녀에게 기회가 된다면 꼭 한번 사과하며 이렇게 말하고 싶다.

"사랑하는 요엘아, 노엘아, 너희가 엄마 아빠를 필요로 할 때 함께 있어주지 못해서 미안하다. 엄마도 양팔에 너희 둘을 안고 함께 자고 밥 먹고 지내고 싶었어."

다시 그때로 돌아갈 수 있다면 아이들과 좀 더 많은 시간을 보내고 싶다. 주님은 우리에게 매일 일만 하라고 하지 않으셨는데, 왜 우리는 그리해야 충성된 종이라고 생각했는지 모르겠다. 지난 26년간 사역을 해오면서 아쉽고 후회되는 단 한 가지가 바로 이것이다.

부르시는 곳이 어디든

주님의 부르심에는 언제 어디서나 "예"로 응답해야 한다. 우리는 P국에 발을 디딘 날부터 소명에 충실하겠다고 다짐했다. 사역을 시작하고 11년 동안 우리는 F지역에서 주일학교, 제자훈련, 집회 사역을 중심으로 현지 교회를 돕는 데 집중했다. 또한 현지 교회가 자립할 수 있도록 도왔다. 기도의 능력 없이는 교회가 부흥할 수 없음을 알기에 사역의 시작점은 언제나 기도회가 되었다. 교회를 개척할 때도 기도회를 통해 온 성도가 부르짖는 일부터 했다. 기도회를 통해 영적 변화가 일어나며 하나둘 믿음의 성장이 나타나기 시작했다.

사역이 한창 진행되고 있을 무렵, 하나님은 우리를 P국의 시골 마을에서 L이라는 대도시로 부르셨다. 그곳에서 우리는 다시 11년간 사역을 했다. 집회 사역과 제자훈련, 미전도 종족인 집시 사역에 대한 비전을 주시고, 현지인 사역자와 함께 주일학교를 시작으로 교회를 세우는 일까지 함께하게 하셨다.

또 다시 하나님은 우리를 아주 척박하고 낙후한 G지역으로 보내셨다. 그곳은 현지 교단의 교회가 하나밖에 없는 지역이었다. 당뇨병으로 건강이 몹시 좋지 않던 현지인 목사님은 우리가 G지역에 온 지 6개월 만에 돌아가셨다. 현지 교단에서는 현지인 목회자를 보낼 때까지 우리에게 교회를 맡아달라고 부탁했다. 현지인 목사님은 돌아가시기 전에 자신의 조카 아문과 그의 아내에게 교회의 어떤 일도 맡기지 말고 그들을 믿지 말라고 당부하셨다.

15명 정도가 출석하던 교회에 변화의 물결과 성령의 임재가 나타나 그동안 교회를 떠났던 성도들이 돌아오는 역사가 일어났다. 3개월 만에 교회가 부흥하면서 헌금도 많이 모였다. 이 상황을 지켜본 돌아가신 목사님의 조카 아문은 자신이 이 교회의 목사가 되어야겠다고 마음먹고 힘이 되어줄 사람들을 모으기 시작했다. 하지만 8학년(중학교 2학년)도 마치지 못해 성경도 제대로 읽지 못하는 사람에게 당장 교회를 맡길 수는 없었다. 그래서 정식 절차를 거쳐 신학교 공부를 마치고 돌아오면, 교단을 통해 이곳에서 목회를 할 수 있을 거라고 그를 설득했다. 그러자 그는 며칠 뒤 자기 아버지의 학교 졸업장에서 아버지 이름을 지우고 대신 자기 이름을 써넣은 위조 졸업장을 가져와 자신을 신학교에 보내달라고 떼쓰기 시작했다.

교단의 몇몇 목사들과 성도들 또한 그의 집안이 대대로 이 교회의 목사였기 때문에 그에게 담임목사 자리를 대물림하는 것이 맞다며 그를 지지했다. 이런저런 이유로 그가 신학교에 갈 수 있도록 교회와 선교단체에서 후원하기로 결정했지만, 정작 그는 가정사로 인해 신학교에 갈 수 없는 상황이 되었다. 그러자 신학교를 졸업한 그의 아내가 자신이 남편에게 신학을 가르칠 테니 담임목사 자리를 허락해달라고 우기기 시작했다. 교단은 물론 교회 성도들과 우리 부부도 더 이상 그들을 용납할 수 없게 되었고, 급기야 그들은 "이 교회에서 나가 따로 교회를 세우겠다"고 선포하기에 이르렀다.

분열과 이간질의 굴레 속에서도

교회는 둘로 갈라졌지만, 믿음이 좋은 재적 인원의 3분의 2가 교회에 남았다. 그러나 그날부터 다툼이 시작되었다. 반대편은 여성도들을 앞세워 우리 집에 돌을 던지기도 하고, 한 여성은 스스로 자기 옷을 찢고는 우리 교인들이 옷을 찢었다면서 경찰에 신고하는 등 매일이 사건의 연속이었다. 그럼에도 불구하고 교회는 뜨거운 기도회와 제자훈련, 진실된 예배, 생동적인 교회학교를 통해 건강한 교회로 성장해갔다. 한편 교회를 향한 공격도 계속되었다.

아문과 그의 작은아버지는 우리 부부를 G지역에서 쫓아내면 교회와 성도들이 자신들에게 돌아올 것이라 여겨 내무부, 군 부대, 비밀경찰, 고속도로 경찰 등 무려 40여 기관에 우리를 음해하는 허위 신고를 했다. 그러면 비자가 취소되어 우리가 더 이상 P국에 머물 수 없게 되리라고 생각한 것이다. 그들은 2년간 15차례에 이르는 허위 신고를 했는데, 대부분의 내용은 이러했다. "선교사가 무슬림과 힌두인을 개종시키고, 성도들을 미혹하여 돈을 뜯어내고 있다. 경찰의 허락을 받지 않고 제멋대로 돌아다니고 비자 없이 살고 있다. 신학교를 나오지도 않고 목사 노릇을 하고 있다." 예수님을 믿으면서도 이렇게 악하고 못된 사람은 처음이었다.

아문과 그 일당의 허위 신고 때문에 허구한 날 비밀경찰이 출동했고, 때로는 비밀경찰 사무실에 불려가 조사를 받느라 시간을 허비해야 했다. 결국 우리 일이 내무부 고관에게 보고된 것을 알고는 비자가 취소될까 봐 걱정되기도 했다.

그날도 우리 부부는 비밀경찰 디렉터에게 불려가 조사를 받고 있었다. 갑자기 아내가 울면서 경찰에게 이렇게 말했다.

"가난해서 교육받지 못하는 이 지역의 아이들을 가르치고 그들의 필요를 채워주는 것이 알라가 싫어하는 일인가요?"

그러자 디렉터가 대답했다.

"왜 믿음이 흔들리는 거죠? 알라딸라가 당신들을 보내서 일하고 있는데 뭐가 문제입니까? 개가 짖는다고 생각하고 당신들은 하던 일을 계속하시오. 이곳에서 계속 살고 싶소? 그러면 비자를 내주라고 내가 상부에 보고하겠소."

우리는 지금도 그때 '하나님께서 그의 입술을 통해 말씀하신 것'이라고 믿고 있다.

얼마 지나지 않아 반대편과의 계속된 싸움으로 결국 경찰은 교회를 폐쇄시켰다. 모든 예배와 교회 활동은 이제 우리가 살고 있는 집에서 이루어졌다. 그런데 교회가 폐쇄된 상황에서도 아문의 악행은 멈추지 않았다. 선교사 집에서 예배를 드리는 것이 불법이라면서 또 다시 내무부에 신고를 한 것이다. 그러나 아문과 그의 지지자들이 괴롭히면 괴롭힐수록 교회는 더욱 부흥했다. 덕분에 지금은 교회가 재정적으로 자립했을 뿐만 아니라, 현지인 선교사와 목회자와 미전도 종족의 지도자를 물질적으로 돕고 후원하고 있다. 주일마다 150여 명이 넘게 예배에 참석한다. 수요기도회에는 최소한 50명 이상이 모여 오직 "천국 복음을 잘 전하는 교회가 되게 해달라"고 부르짖으며 기도하고 있다. 성도들은 기도회를 통해 치유의 역사와 귀신이 쫓겨나는 영적 체험을 하며 더욱 믿음이 성장하고, 성령님의 보호하심 속에서 자라가고 있다. 다시 교회 건물을 되찾게 되더라도 이대로라면 성도들이 앉을 자리가 부족하여 재건축을 해야 할 것이다.

아직도 회개하지 않고 무지한 영혼들을 지옥으로 인도하고 있는 아문과 그를 따르는 자들이 불쌍할 따름이다. 현재 그들은 12명 정도와 예배를 드리고 있다. 가끔 성도들이 "하나님께서 그들의 예배를 받으실까요?"라고 물을 때가 있는데, 우리가 할 수 있는 대답은 하나다. "모든 것이 합력하여 선을 이루게 하시는 하나님을 찬양합니다. 주님, 아문과 그의 아내가 회개하여 진정한 그리스도인이 되게 하소서."

이상하고도 따뜻한 '고향들'
선교지는 어떻게 우리의 고향이 되었는가

• 최완재 •

나의 자녀다

학기말 발표회 때 주인공인 둘째 아이가 얼굴에 붕대를 잔뜩 감고 무대에 등장했다. 세 살 된 아이가 소화하기에 가뜩이나 많은 대사를 턱이 찢어진 채 감당하는 모습이 안쓰러웠다. 하지만 무대에 오를 수 있었다는 사실만으로 하나님께 감사하고, 3개월간의 연습을

최완재 평양 장대현 교회에서 신앙생활을 시작한 외할머니 덕분에 신앙의 씨앗이 자연스럽게 심기고 자라났다. 대학 시절의 말씀 묵상은 복음을 듣지 못한 사람들에 대한 안타까운 마음으로 이어졌다. 남편 박상욱 선교사와 함께 2005년에 방글라데시에서 사역을 시작했고, 2008년에 태국으로 이동했다. 박상욱 선교사는 SIM 태평양 아시아 지역 디렉터로 사역하고 있다. 대학에 재학 중인 예림, 예빈, 청소년기의 예슬이 있다.

무사히 해낸 것만으로 안타까움을 달래기에 충분했다.

사건은 발표회 전날에 일어났다. 방글라데시의 집들은 바닥을 주로 시멘트나 흙으로 마감하는데, 우리 집은 타일로 되어 있어 둘째 아이가 넘어지면서 턱이 심하게 찢어져 급히 수술을 해야 하는 상황이 되었다. 가사 도우미가 타일 바닥에 익숙지 않아 물기를 충분히 닦지 못했고, 언어 공부에 정신이 팔린 나 또한 미처 위험을 감지하지 못한 탓이었다. 더 큰 문제는 선교사 오리엔테이션에서 "방글라데시에서는 절대 병원에 가지 말라"고 들었던 말이 또렷이 떠오른 것이다. 결국 10개가 넘는 수건을 피로 흥건히 적시고도 병원에 가지 못하고 발만 동동 굴렀다. 남편이 근무하는 신학교는 대중교통으로 2시간 넘게 가야 하는 곳이라 그 길로 곧장 떠나도 어떻게 될지 모르는 급박한 상황이었다.

그때 갑자기 코이카 의사로 방글라데시에 와 있는 첫째 아이의 친구 아버지가 떠올랐다. 급한 대로 연락을 취하고 기도하며 무작정 기다렸다. 몇 분 몇 초가 피가 마르듯이 고통스러웠다. 얼마 후 의사 선생님에게 겨우 연락을 받았는데, 당장 수술할 공간이 없어 수술실을 만들어야 하고, 마취 의사도 없어 수소문을 해야 해서 수술 준비에 얼마간 시간이 걸린다는 내용이었다. 의사 선생님은 별일 없을 거라며 우리를 안심시키려 했으나, 눈앞에서 피를 철철 흘리는 어린 딸을 보면서 가슴이 찢어지는 것 같았다.

'한국에서는 이런 어처구니없는 상황은 일어나지 않았을 텐데'라는 생각에 마음이 더욱 무거워졌다. '나의 결정이 자녀에게 무슨 영향을 미치고 있는 걸까' 하며 처음으로 사역에 회의적인 질문을 던진 날이었다. 옆에서는 가사 도우미가 '아이가 죽을 것 같다'고 소리를 지르며 부산스럽게 집 안을 오가고 있었다. 나는 그 말이 거짓임을 선포하고 먼저 감사의 기도를 드렸다. 얼마 지나지 않아 하나님께서 기도에 응답하셨다.

"네 아이기 전에 내 자녀다."

하나님께서 당신의 주권을 말씀해주시는 순간, 나는 비로소 안심되면서 이성을 되찾을 수 있었다. 저녁 늦게야 수술 준비가 되었다는 연락을 받고, 겨우 도착한 남편과 함께 둘째를 수술실로 옮겼다. 수술은 생각보다 어려웠다. 원망하는 마음과 싸우며 초조하게 수술이 끝나기를 기다리던 그 순간도 이제는 추억이 되었다.

선교지의 오염된 물과 공기 때문에 피부병과 호흡기 질환을 돌아가며 겪는 아이들을 보면 늘 가슴이 아팠다. 그런데 하나님께서 분명하게 "내 자녀다"라고 말씀해주신 후로, 나 또한 "이곳이 아이들의 고향이고, 주님이 아이들을 키우신다"는 고백을 하게 되었다. 그 고백은 끊임없이 이어져 다시는 '더 편한 곳'을 갈망하거나 이전과 현재의 환경을 비교하지 않겠다는 각오를 다지게 되었다.

우리의 세계가 만날 때

아이들은 책 속의 등장인물이나 상황을 이야기하며 감정을 표현하곤 했다. 엄마가 분명히 그 책을 읽었고, 책의 내용을 생생히 기억한다는 믿음이 전제된 행동이기에 엄마로서 조금은 긴장하고 살아야 했다. 바쁜 일정 가운데서도 아이들이 읽는 책을 같이 읽는 수고를 기꺼이 감당한 이유는, 선교지에서 아이들과 공감할 수 있는 유일한 통로가 책이었기 때문이다.

『나니아 연대기』부터 『레미제라블』까지 세세한 문장과 내용을 이야기하며 같이 울고 웃는 것이 우리의 일상 대화였다. 우리 아이들은 한국 아이라고 하기에는 또래가 아는 드라마나 유행도 모르고, 미국 아이라고 하기에는 그들의 팝 문화에도 까막눈이었다. 그렇다고 태국 아이라고 하기에도 그들의 문화와 동떨어져 있었다. 다만 엄마인 나의 90년대 감성에 맞춰 둘째가 이선희 노래를 듣고, 첫째가 그 시절의 한국 영화를 좋아하는 정도니 아이들에게는 '책과 함께하는 시간'이 가장 즐거울 수밖에 없었다.

우리 부부가 미국에서 석사 과정을 끝내고 방글라데시에 간 상황에서도, 엄마가 아파 누워서 돌봐주지 못할 때마다, 전기 나간 어두운 방에서 두 아이가 할 수 있는 유일한 일은 촛불을 켜고 책을 읽는 것이었다. 함께 놀 친구가 없을 때, 전기가 나갔을 때, 책 속의 세상은 언제나 아이들을 반겨주었다.

나는 그런 아이들이 기특하면서도 안타까운 마음에 더 많은 책을 보여주기 위해 아이들의 학교에서 도서관 자원봉사를 하면서 여행 가방에 한가득 책을 실어 날랐다. 신학교에서 교수로 근무하던 남편은 매일 4시간 거리의 통근과 불편한 교통 탓에 아이들과 함께 할 시간을 내기 힘들었다. 거리에서 데모가 일어나 아이들이 장기간 학교에 갈 수 없었을 때에도 책만 있으면 행복해하는 모습이 대견해서, 그 열성에 보조를 맞추기 위해 최선을 다했다. 시간이 흘러 책의 삽화를 곧잘 따라 그리던 첫째는 대학에서 예술을 배우게 되었고, 책 내용을 암기하다시피 한 둘째는 영문학을 전공하게 된 것은 어쩌면 자연스러운 결과일지도 모르겠다.

우리 가정은 방글라데시에 점차 적응해갔다. 그리도 힘들게 배운 방글라데시어로 그 나라 초등학생 수준의 소설 정도는 거뜬히 읽고, 남편도 방글라데시어로 설교하며 글을 기고할 정도가 되었다. 그런데 그 무렵 내 건강에 빨간 불이 켜지고, 그로 인해 우리 가정은 태국의 행정직으로 사역지를 옮기게 되었다.

갑자기 변한 상황 속에서 그나마 아이들에게 위로가 된 것은, 책이 마음의 고향이 되어 어디든 같이 갈 수 있다는 사실이었다. 당시에 첫째 아이가 한창 친구를 사귀고 있어, 엄마의 건강 때문에 아이가 또다시 새로운 곳에 가서 어렵게 적응해야 한다는 점이 못내 미안했다. 자연스럽게 더욱 책을 가까이하는 아이들을 격려하고 아이들의 시선에 맞춰 이야기하며, 함께 시간을 보내려고 노력하는 것이 엄마로서 해줄 수 있는 최선이었다. 새롭게 가게 된 학교에서도 도서관에서 봉사하며 아이들이 친구를 사귀고 다양한 책을 읽을 수 있도록 도왔다.

넌 어느 나라 사람이니?

미국에서 공부를 했다든지, SIM 미국본부에서 인턴십을 했다든지 하는 경험이 있어도 낯선 문화권에서 현지인들의 대화법과 사고방식을 익히고, 그들과 정서적 소통을 한다는 건 분명 어려운 일이다. 영어라는 언어를 매개체로 소통하지만 그것은 단지 수단일 뿐이고, 문화적으로 다른 의사소통 방식이 필요하기 때문이다.

나는 선교사들의 기도편지나 프로젝트 공문서를 한글에서 영어로, 영어에서 한글로 번역하는 일에 힘을 보태기도 했는데, 그럴 때마다 애쓰는 선교사들의 마음을 조금이나마 생동감 있게 전달할 수 있는 것이 감사했다. 누군가 "그게 성서적이야?" 또는 "그런 일을 꼭 해야 해?"라고 물을 때면, 나는 몇 분의 훌륭한 선배들을 떠올리곤 했다. 비영어권에서 왔지만 현지의 언어와 문화를 배우려고 노력하는 선배와 동료들을 보면서 이런 기회는 다시 오지 않는 선물과 같다고 생각하며 열심을 냈다. 현지어로는 현지인들의 긍휼을 구하고, 영어로는 영어권 동료의 이해를 구하며 보조를 맞추기란 쉽지 않았다. 그럼에도 작업의 일부를 감당하며 배우고 함께 기도할 수 있다는 것이 감사했다. 그 시간은 겸손하게 상대에게 눈높이를 맞춰 주신 예수님을 본받을 기회임이 분명했다.

일련의 과정을 거치며 태국 역시 우리 가족에게 또 하나의 '고향'이 되었다. 아이들이 SIM에서 함께한 기도 모임과 수련회, 성경공부 등을 아름다운 추억으로 기억하고 다른 이들과 공유하는 모습을 보며, 어느덧 선교지가 그들의 '고향'이 되었다는 사실을 알게 되어 참 기뻤다.

하나님 나라를 건설하겠다고 온 곳에서 깨어지고 회복하기를 반복하며 점차 나 자신이 하나님의 통치를 받는 나라가 되어가는 것을 본다. 바울 사도는 "여러분도 나처럼 되기를 원한다"(행 26:24-29)고 썼는데, 그 말씀은 사람들이 자기처럼 유명한 전도자나 엄청난 기적을 베푸는 사역자가 되기를 바란다는 뜻이 아니라, 깨어진 그릇이 되어 하나님의 위대하심을 보게 되기를 바란다는 뜻임을 묵상 가운데 깨달았다. 선교지에서 보낸 시간이 없었다면 결코 깨닫지 못했을 말씀이다. 그동안의 사역을 돌아보니, 오히려 방글라데시 신학교에서 학생들과 교직원들이 주었던 신뢰와 사랑이, 그리고 태국 교회에서 부족한 언어로 부끄러워하며 마냥 움츠러들던 나를 보듬어 준 그들의 따뜻함이 나를 하나님 나라의 잔치에 초대하는 초대장처럼 느껴져 감사하고 또 감사할 따름이다.

막내인 셋째는 태국에서 태어났는데, 어렸을 때 누가 "넌 어느 나라 사람이니?" 하고 물어보면 "태국이요"라고 대답했다. 아이의 엉뚱한 대답에 어른들은 어이없어 하며 야단을 쳤지만, 나는 그런 아이가 내심 자랑스럽고 한편으로는 놀라웠다. 하나님께서 우리를 보내신 곳, 그리고 우리를 초청해준 그 나라가 아이에게 '고향'으로 따뜻하게 체감되었다는 사실이 감격스러웠기 때문이다.

여전히 남편은 지역 담당자로 국제팀과 일하고 있고 기회가 될 때마다 말씀을 전할 수 있으니 감사하다. 무엇보다 세 아이들이 선교지에서 성장하면서 믿음을 갖게 된 점이 감사하다. 때때로 남편의 박사 과정이나 세미나에 필요한 책들을 함께 읽고 남편과 토론하는 것도 좋았지만, 아이들과 함께 읽고 소통하는 다리가 되어준 책들이 참 고맙다. 아이들과 이야기를 나누는 중에 "하나님의 마음은 어떠실까?"라고 질문하면서 우리 삶의 방향을 하나님의 시선에 맞춰간 시간들이 소중한 기억으로 남았다. 이전보다 조금씩 나아지고 있지만 여전히 나에게는 병이 있고, 마냥 욕심을 부리며 일할 수 있는 상황은 아니다. 그럼에도 지금껏 주어진 상황에서 특별한 경험을 하게 해주신 하나님께 찬양과 감사를 올려드린다.

3부

그가 나를
단련하신
후에는

세상에서 가장 안전한 곳

나는 트라우마를 어떻게 극복했는가

• 김신미 •

아프리카 선교의 소망을 품고 준비하던 중, 당시 소말리아 사역을 탁월하게 감당하고 있던 SIM에 문을 두드린 것이 벌써 17년 전의 일이다. 어느덧 시간이 흘러 한국SIM국제선교회가 창립 25주년을 맞이했다니 되돌아보면 모든 것이 감사요 하나님의 은혜였음을 고백하지 않을 수 없다.

김신미 모태신앙으로 습관적인 신앙생활을 하다가 대학 시절에 말씀에 대한 갈급함으로 성경공부를 하며 선교의 소명을 받았다. 교단 선교대회에서 소말리아 선교사의 간증을 듣고 도전을 받아 1995년 케냐 소말리아 난민 사역을 시작했다. 2005년 SIM에 합류하여 2014년까지 간호사로 난민촌 병원 사역을 하던 중 어려움을 겪었다. 귀국 후 잠시 쉬었다가 2018년부터 재헌신하여 P국에서 사역하고 있다.

트라우마를 안겨준 소말리 땅

나의 첫 선교는 케냐 내의 소말리아 난민들과 더불어 사는 것이었다. 아프리카의 소말리아 무슬림 이웃과 함께하는 삶과 사역은 나에게 '주님과 보내는 선교의 신혼기'였다. 비록 눈에 보이는 열매는 없었지만, 그 시간을 통해 나 같은 자를 구원해주신 하나님의 사랑에 감격하며 하루하루를 살아갈 수 있었다. 기존의 사역자들이 없는 시골과 오지를 찾아다니며 물리적으로는 척박한 환경에 놓였지만, 전혀 고통스럽거나 불편하지 않았고 주님과 동행하는 것 하나만으로 한없이 즐겁고 충만했다.

물론 소말리아의 삶이 순탄하지만은 않았다. 물을 끓여 먹어도 장티푸스에 걸려 구토와 설사로 몇 날 며칠을 고생했고, 말라리아는 감기처럼 달고 살았다. 하지만 환경이 열악할수록 하나님께서 나와 동행하심을 더욱 피부로 느낄 수 있었다. 열이 펄펄 나고 먹을 것이 없을 때, 힘없이 자리에 누워 "주님, 플라워(브로콜리와 비슷하며 지중해 연안에서 즐겨먹는 양배추과 채소)가 먹고 싶어요"라고 기도했더니, 무슬림 이웃이 끼니를 챙겨주는 뜻밖의 일도 있었다.

하루는 팀원들과 함께 시골 마을들을 돌면서 〈예수〉 영화를 상영하고 있었다. 그런데 어디선가 맷돌만한 돌이 날아드는 것이 아닌가. 목축이 주 산업인 소말리아 남자들이 다윗 같은 출중한 돌팔매질 실력으로 우리 차의 유리를 가격한 것이었다. 그런 사람들을 만나는 날이면, 차 유리가 박살나는 것은 물론이고 목숨의 위협을 받기도 했다. 급박한 상황에 처하면 무서워서 도망갈 생각밖에 나지 않는데, 그럴 때마다 하나님은 내게 말씀으로 확신을 주셨다.

"또한 우리를 부당하고 악한 사람들에게서 건지시옵소서 하라. 믿음은 모든 사람의 것이 아니니라. 주는 미쁘사 너희를 굳건하게 하시고 악한 자에게서 지키시리라"(살후 3:2-3).

나는 이 말씀을 '아멘'으로 받고 다시 기쁜 마음으로 소말리아 무슬림 이웃들 속으로 들어가 지낼 수 있었다. 그 후로도 사건은 끊이지 않았다. 말라리아 약을 복용하고 수도 나이로비에서 가리사 마을까지 8-9시간 거리를 운전하다가 깜빡 졸아서 차가 몇 바퀴나 구른 후 전복되었을 때에도 주님은 놀랍게 목숨을 연장시켜주셨다. 한밤중에 도둑이 들어 팀 숙소의 모든 것들을 쓸어갔을 때에도 몸은 털끝 하나 상하지 않게 보호해주셨다.

그리고 얼마 지나지 않아 절대 잊을 수 없는 한 사건이 일어났다. 다답의 소말리아 난민촌 병원에서 인턴 간호사로 사역하던 무렵, 난민촌 병원으로 향하던 앰뷸런스가 길 양쪽에 매복해 있던 무장 괴한들에게 사로잡힌 것이다. 무장 괴한들의 총격을 받은 동료가 심각한 부상을 입고 간신히 빠져나오는 상황을 눈앞에서 고스란히 보면서 나는 제정신을 붙들고 있기가 힘들었다. 그 후로 생긴 충격 트라우마로 내 마음은 급격히 병들어갔다. 극심한 우울증과 죽음의 공포 때문에 제대로 생활하기까지 수년이 흘러야 했다.

총격 사건이 있고 나서 4개월 후 안식년을 맞아 한국에 돌아왔을 때, 긴장이 풀리면서 우울증과 두려움과 외로움이 덮쳤다. 이대로는 다시 선교지로 돌아갈 수 없을 것만 같았다. 나는 하나님께 울며불며 매달렸다.

"하나님, 한국에서 호스피스 사역이나 시골 목회를 하게 해주세요. 소말리아에선 제 앞에서 한 명도 주님을 영접한 적이 없지만, 여기서 사역하게 해주시면 더 많은 영혼을 주님께 인도하기 위해 정말 열심히 일할게요. 제발 저를 아프리카로 보내지 말아주세요. 너무 외롭고 힘들고 무서워요. 주님!"

한 달 동안 그렇게 기도했다. 그러던 어느 날 하나님께서 내 마음에 이런 음성을 들려주셨다.

"신미야, 호스피스나 시골 목회는 네가 아니어도 할 사람이 많은데, 소말리아에는 갈 사람이 없구나."

그러자 내 마음에도 변화가 찾아왔다. '주님이 포기하지 않은 소말리아 영혼들을 내가 어찌 포기할 수 있나' 하는 생각이 들면서 "주님, 제가 가겠습니다"라고 고백하게 되었다. 소말리아 영혼들을 향한 하나님 아버지의 마음이 다시 내 것이 되었다. 그 영혼들을 향한 안타까움과 사랑을 회복하면서 나는 기꺼이 재헌신을 결심할 수 있었다.

우여곡절 끝에 나는 소말리아로 다시 돌아왔다. 그 후의 사역은 평탄했을까? 아니다. 다시 돌아온 소말리아에서도 삶은 고난과 역경, 그리고 회복의 연속이었다. 어느 날 길 한복판에서 졸도하고 나서 죽음의 공포로 인해 밖에 나갈 수조차 없었을 때에는 '죽음의 공포에 평생 사로잡혀 있는 사람들을 사탄으로부터 해방시키기 위해 십자가에 돌아가신 주님'(히 2:14-15)에 대한 말씀을 받고, '내가 또 사탄에게 속고 있구나' 하는 깨달음이 들면서 죽음에 대한 두려움이 사라지는 놀라운 경험을 했다.

또한 총격 사건의 트라우마로 인해 여전히 찾아오는 우울과 탈진 속에서 소망을 잃어가는 나에게 주님은 "내가 네 우울의 무덤을 열고 거기서 나오게 하겠다"(겔 37:13 참조)는 약속을 주셨다. 그리고 선교대회 참석차 한국에 보내어 3개월의 상담과 십자가 복음(한국제자훈련원)을 통해 무력한 영혼을 회복시켜 다시 선교지로 보내주셨다. 트라우마로 인해 기나긴 고통의 터널을 지나고 있을 때에도 주님은 늘 말씀을 통해 나를 회복시키셨고, 살아 계신 주님과 동행하는 은혜를 선물로 주셨다. 놀랍게도 하나님은 나의 고통과 아픔까지 복음의 통로로 사용하셨다.

내 힘으로 어쩌지 못하는 우울증으로 심신이 약해져 사망의 그늘이 엄습할 무렵, 나는 어느 선교사님의 장례식에 참석했다. 당시 나는 천국에 가신 선교사님이 부러워서 "주님, 제가 선교사님 대신에 저 자리에 눕고 싶습니다"라고 고백할 정도로 극심한 고통에 시달리고 있었다. 그런데 이제는 그런 경험이 나와 같은 우울증을 앓고 있는 사람들을 만났을 때 아무 말 하지 않아도 상대의 마음에 공감할 수 있는 '마음의 눈'을 만들어주었고, 나의 모진 경험이 지친 영혼들을 위로하는 하나님의 도구가 될 수 있음을 알고 감사하게 되었다.

지난날의 모든 외로움과 우울증, 죽음의 공포와 두려움, 아픔이 하나님 아버지 안에서는 무엇 하나 버릴 것 없는 귀한 은혜와 위로의 재료가 된다는 것을 경험하면서 아픔까지 감사로 받는 믿음의 그릇이 점점 커지고 있다. 아무리 위험한 곳이라도 주님이 함께하시면 그곳이 세상에서 가장 안전한 곳이 된다는 사실을 깨달았다.

또 다시 부르신 '안전한' 곳으로

영적 전쟁이 심했던 소말리아 무슬림 사역을 마치고, 몇 년간 국내에서 유학생 사역을 하다가, 부르심을 따라 P국의 수도를 거쳐 남쪽 지역인 R도시에서 호스텔의 남자아이들을 말씀으로 섬기는 사역을 하게 되었다. 이곳은 97퍼센트가 무슬림이고, 그리스도인은 2퍼센트에 불과하지만, 그 어디보다 기도의 열기와 능력이 가득하다.

내가 속한 R도시팀은 매월 첫째 주 화요일 9시 30분부터 오후 4시까지 전체 기도 모임을 갖는다. R도시에 온 지 얼마 되지 않았을 때는 '어이쿠, 기도 시간이 이렇게 길다니 난 죽었다'라고 생각했다. 그런데 시간이 갈수록 하나님과 온전히 대화하는 이 시간이 참 귀하고 점점 재미있다. 이제는 기도 시간이 짧게 느껴질 정도다. 기도 시간이 이렇게 넉넉한 지금이 내게는 가장 행복한 시기가 아닐까 싶다.

그럼에도 불구하고 선교지의 삶은 늘 녹록지 않다. 최근 주위 선교사들의 비자 거절 소식을 들을 때마다 조바심이 든다. 이곳은 피랍, 사고 등 외국인의 안전 문제 때문에 아무리 가까운 거리라도 걸어 다니기가 어렵다. 그동안은 우버, 까림 같은 현지의 대중교통을 이용했는데, 최근 사복 경찰의 감시망이 두터워져 대중교통을 이용하기도 어렵게 되었다. 그러나 모든 상황과 제약을 뛰어넘어 일하시는 하나님께서 동역자들을 통해 이동에 필요한 차량을 구입할 수 있는 길을 열어주셨고, 내 마음에 샘솟는 소망을 주셨다. 하나님께서 부르실 때까지 어디에서든 주님의 생명을 나누다가 본향에 가고 싶다는 소망으로 살아간다.

45도에 육박하는 열기가 온 마을을 감싸고 있는 열대야 속에서 잠을 설치더라도, 하나님께서 보내주신 이 땅에서 이곳 사람들과 눈 맞추고 살고 있다는 사실만으로 행복하고 감사하다. 이것은 주님의 은혜 말고는 설명할 길이 없다.

너는 누구냐

나를 부르신 분이 이 땅에 계신다

· 김옥련 ·

2006년 2월 처음으로 몽골 땅을 밟고, '몽골 선교사'라는 타이틀을 가지고 살아온 지 16년째다. 처음 하나님께 내 삶을 드리기로 기도한 순간이 떠오른다. 중학교 때 기도하면서 나도 모르게 "40세 이후부턴 하나님만을 위해 살겠습니다"라고 고백했다. 그 후로 한동안 그 말을 잊고 살다가 30대 중반쯤에 하나님의 부르심을 들었다. "네가 내 일을 해주었으면 좋겠다"는 말씀이 마음 깊이 와닿았다. 고민

김옥련 불우한 가정 환경에서 심신으로 힘든 시간을 보낼 때, 간절히 기도하기 시작했고 예수님께서 찾아와주셨다. 그때부터 삶이 회복되었고, 어려운 시절의 경험을 가난한 사람들과 나누라는 소명을 받았다. 불우한 환경에서 살아가는 청소년들을 긍휼히 여기는 마음으로 2006년부터 형편이 어려운 젊은이들이 많은 몽골에서 교회개척과 양육 및 지도자 양성 사역을 하고 있다.

이 많았지만 오롯이 순종하기로 했다

모든 염려를 내려놓고

사실 하나님의 부르심 앞에서 나는 선뜻 순종할 수 없었다. 이유는 간단했다. 나 자신을 돌아볼 때, 부족하고 성격도 소심한 데다 재정적으로 손을 내밀 곳도 없었기 때문이다. 생계에 대한 걱정이 가장 컸다. 선교사로 헌신하려면 직장을 그만둬야 하는데, 기술도 없는 처지에 이도저도 안 되어 생활고를 해결하느라 하나님의 일을 못하게 되면 어쩌나 하는 걱정이 앞섰다.

하지만 부르심에 순종하는 것이 가장 선한 결정임을 알기에 결국 하나님 앞에 내 삶을 내려놓기로 했다. 2000년 서울에서 열린 선교한국 대회에 참석했던 기억이 아직도 생생하다. 그곳에서 전 세계 각지에서 온 선교사들의 다양한 강의를 들을 수 있었다. 그분들의 입을 통해 선교 현장의 감동과 주님의 일하심을 전해 들으면서 전율을 느껴야 하는데도, 이상하게 나는 오히려 낙심이 되었다. 강사로 나선 선교사님들이 다들 너무나 대단해 보여 그렇지 않아도 부족한 나는 더욱 위축되었다.

쉬는 시간에 혼자 구석에 쭈그려 앉아 있는데, 내 앞으로 한 선교사님이 지나가다가 내 모습이 마음에 걸렸는지 돌아와서 말을 건네셨다.

"왜 그러고 앉아 있습니까?"

선교사님의 질문에 솔직하게 대답했다.

"아… 은혜 받으러 왔는데 절망을 느껴서요. 다들 능력이 많고 뛰어난데 저는 초라하고 할 줄 아는 게 없어요."

내 이야기를 가만히 듣더니 선교사님이 말씀하셨다.

"아, 그래요. 그럴 수 있어요. 나도 처음 선교지에 갈 때는 초승달로 갔어요. 그런데 하나님께서 선교 현장에서 보름달로 키워주셨어요. 걱정하지 말고 순종하기만 하세요."

그 격려가 큰 힘이 되었고, 덕분에 나는 자리를 털고 일어날 수 있었다. 그 한마디는 내 마음에 새겨져 지금도 '능력 없음'으로 주저앉고 싶을 때마다 떨치고 일어나는 힘이 되고 있다.

너는 누구냐

이후에 나는 국제 선교단체 소속으로 몽골 땅을 밟게 되었다. 나의 미션은 만 2년 안에 무조건 현지어를 습득하는 것이었다. 현지인들과 소통하고 관계를 맺으려면 꼭 필요한 과정이었다. 당시 나는 한국에서 온 젊은 선교사들과 함께 몽골어를 전문적으로 가르치는 학교에 다니면서 언어를 익혔다. 몽골어가 한국어와 어순이 같아 배우기 쉽다고들 하지만, 나에게 몽골어는 뛰어넘기 힘든 장애물이었다. 배우고 돌아서면 하나도 기억나지 않고, 발음부터 문법까지 금세 생각나지 않아 머리가 터질 것 같았다. 몽골어를 익히느라 매일 머리를 쥐어짜다보니 머릿속이 근질근질하면서 흰머리가 부쩍

늘었다. 지금 내 백발은 그때 얻은 '훈장'이 아닐까 싶다.

현지어를 배우는 동안 나는 "저의 사역지는 어디인가요?"라는 물음을 가지고 계속해서 기도했다. 1년 반이 지날 무렵 감사하게도 사역지가 연결되었다. 그러나 기쁨도 잠시, 예상치 못한 영적 공격이 시작되었다. 사역지가 정해지고 나서 6개월 동안 나는 치열한 영적 싸움 속에 던져졌다.

어느 날은 이런 꿈을 꾸었다. 꿈에서 나는 엄청나게 규모가 크고 성도들이 많은 교회에 부임했다. 속으로 '나 같은 사람이 이렇게 체계적인 시스템을 갖춘 교회에 와도 되나' 하고 생각했다. 곧이어 "너는 이곳에 올 필요 없어. 사람들도, 일꾼들도 이렇게 많은데 네가 왜 이곳에 와? 이 사람들은 네가 필요 없어"라는 소리가 들려왔다. 잠에서 깨고 나면 자연스레 '내가 사역지를 잘못 정했나?' 하는 의심이 들었다.

그 후로도 꿈은 계속되었다. 보이지 않는 밧줄로 온몸이 꽁꽁 묶이는 꿈을 꾸기도 하고, 누군가 어마무시한 무기를 들고 나를 죽이려고 쫓아오는 꿈을 꾸기도 했다. 꿈은 몹시 집요하게 나를 괴롭혔다. 한번은 야간 기차를 타고 가다가 자다 말고 "물러가라. 나는 하나님의 딸이다. 예수님의 보혈로 구원받은 하나님의 딸이다. 예수의 이름으로 명하노니 물러가라"고 크게 소리를 질러 기차에서 자던 사람들을 깨우는 웃지 못할 해프닝도 있었다.

돌아보면 영적 싸움은 나에게 매순간 '정체성의 싸움'이었던 것 같다. 그 가운데서 하나님은 늘 나에게 물으신다. "너는 누구냐? 나는 너에게 누구냐?" 그리고 사탄도 묻는다. "너는 누구냐?"

언어 훈련을 마치고 사역지로 이사하기 전, 후원교회 중 한 교회가 아무런 말도 없이 2개월 전부터 후원을 중단했다는 사실을 알게 되었다. 당시 선교 초보생이었던 나는 생각보다 큰 상실감을 느꼈다. 금전적인 문제를 넘어 나 자신이 어딘가로부터 뚝 끊겨 홀로 떨어졌다는 생각에 기운을 잃고 자리에 눕고 말았다. 온몸이 슬픔으로 가득 차서 아무 의욕이 나지 않았다. 한 달 정도 지났을까? 갑자기 마음속에서 어떤 소리가 들려왔다.

"너 아프냐?"

"네, 저 아파요."

"넌 잠시 아프지만 난 항상 아프단다. 나의 아픈 마음을 잊지 말고 사역지에 가면 그 사람들을 사랑해다오."

그때 깨달았다. 아버지께서 내가 무슨 일을 해야 하는지 알려주기 위해 그 일을 계획하셨다는 것을…. 그러고 나서 거짓말처럼 다시 후원이 살아났다. 선교지에서 하루하루 살아가는 동안, 하나님 아버지는 항상 마음속에서 이렇게 말씀하신다.

"너는 주인이 아니다. 그들이 주인이다. 너는 도우미다. 그들이 스스로 설 수 있도록 연약한 그들을 도와다오."

선교지에서 치열한 일상을 보내다보면 "하나님께서 왜 나를 부르셨을까?", "선교란 뭘까?", "선교사는 어떤 존재일까?"라는 질문을 스스로에게 할 때가 있다. 반복되는 질문과 고민 가운데서 나는 나만의 답을 정리할 수 있었다. 나에게 선교란 하나님께서 아브라함에게

"고향과 친척과 아버지의 집을 떠나 내가 네게 보여줄 땅으로 가라"(창 12:1)고 명하신 것처럼, 선교사라는 이름으로 오직 하나님만 바라봐야 하는 광야 학교에 입학시켜 자기 자신과 싸우게 하시고, 그 과정에서 아버지의 마음을 알게 하시며, 하나님의 뜻을 분별하는 동역자로 만드시는 과정, 바로 그것이었다.

내가 선교지에 가기 위해 이것저것 많이 배우고 준비한 것은 '선교사는 뭔가를 가르치는 사람'이라고 생각했기 때문이다. 그래서 선교를 준비하는 내내 마음이 무거웠다. 하지만 하나님의 부르심에 순종하여 막상 선교지에 나가서 보니 선교사는 가르치는 자가 아니라, 그곳 사람들과 더불어 사는 자였다. 현지인들을 만나 한데 어울리면서 나 자신의 문제를 직시하고 내 안의 민낯을 발견하면서 오래된 습관, 가치관, 고집 같은 '틀'이 깨어지는 경험을 하는 것이 선교사의 일이었다. 고정된 틀이 깨어질 때는 고통스러웠지만, 그 시기를 지나면 온전한 자유로움을 느낄 수 있었다. 요즘도 가끔 현지인들은 나에게 "왜 이곳에 와 있냐"고 묻는다. "우리는 이곳을 떠나고 싶어하는데, 당신은 왜 이곳에 와서 사냐"고 말이다. 그 질문에 대한 나의 대답은 딱 하나다.

"나를 부르신 분이 이곳에 계시기 때문입니다."

단 한 사람이라도

몽골에서 우리 집은 반사막 지대의 도시 한가운데 있다. 집에서 교회로 가는 길은 먼지가 폴폴 나고, 길 한복판을 아무렇지 않게 돌아다니는 개들도 있고, 때로는 불빛 하나 없이 캄캄하다. 눈으로 보기에는 그저 황량하고 삭막한 풍경이지만, 길을 걷는 동안 나는 그것들을 보지 않고 하나님께서 보여주신 꿈을 붙잡으려고 노력한다. 나는 그 길을 걸으며 마음속으로 외친다.

'나는 반드시 금강석이 될 것이다. 아버지 하나님은 반드시 보여준 대로 하실 테니, 내게 주어진 역할을 잘 감당하고 이 시간을 잘 버텨야지.'

이것은 나의 다짐이자 하나님께 드리는 고백이다. 나는 그분의 계획을 채우는 수많은 일꾼 중 하나라는 고백 말이다.

이곳에서 내가 섬기는 현지 사역자들은 한국 교회로 치자면 주일학교 교사 정도에 빗댈 수 있다. 어려서부터 동네 교회를 다니다가 어느덧 20대가 되어 교회 예배를 맡고, 더 나아가 교회 살림까지 맡게 된 친구들이 대부분이다. 안타깝게도 그들 중에 한 명이라도 문제가 생겨서 교회를 떠나면 졸지에 예배가 멈춰 서고 만다.

게렐 잠 교회가 그랬다. 현지인 사역자가 개인적인 문제로 갑자기 교회를 떠났는데, 사역을 이을 후임자가 없었다. 할 수 없이 매주 비싼 택시를 대절해서 주일학교 노래와 율동을 맡아줄 학생을 데리고 게렐 잠 교회를 방문해야 했다. 비포장길로 무려 한 시간 반을 달려가는 동안 나도 모르게 눈물이 줄줄 흘렀다.

어느 주일, 그날도 평소와 다름없이 택시를 타고 장거리를 달려 교회에 도착해서 보니 아이들이 담벼락에 붙어 우리를 기다리고 있었다. 추운 날씨에도 불구하고 교회 안에 들어가지 못하고 선생님이 와서 교회 문을 열어주기만을 기다리고 있었던 것이다. 단 한 사람, 능력이 있든 없든 그 '한 사람'이 없으니 교회는 너무도 빨리 폐허가 되어갔다. 게렐 잠 교회의 경우에서 나는 큰 교훈을 얻었다. 교회 건물이 아무리 근사해도 그 안에 하나님의 사람이 없으면 폐허처럼 버려진 건물에 지나지 않다는 것을…. 단 한 사람이라도 더 주 안에서 키우고 지키고 소중히 여겨야 한다는 것을 가슴 절절하게 배웠다.

사역하는 동안 스트레스가 너무 심해 혈액순환이 안 되고, 머리에 열이 몰리면서 육체적으로 위험한 때도 있었다. 동역하는 선교사들과의 갈등도 있었지만, 하루가 멀다 하고 터지는 현지 리더들과의 갈등 때문이었다. 당시에는 그들에게 문제가 있다고 생각했지만, 나중에 보니 스트레스의 원인은 '그 사람들' 자체가 아니었다. 그들이 내 생각과 방식대로 따라와주지 않으니 스스로 분을 못 이겨 스트레스를 받은 것이다. '내 생각엔 이렇게 하는 게 옳은데 왜 아무리 얘기해도 안 변하지?' 하는 생각이 머릿속에 가득 차 있었다. 현지 리더들은 때로는 대들고, 뒤에서 흉보기도 하고, 내 본심을 알아주기는커녕 매순간 오해했다. 그들과 나 사이에 갈등의 골은 깊어갔고, 이 모든 일들이 몇 년 동안 크나큰 스트레스가 되어 나를 지배했다.

내가 어떤 이야기를 하면 한 사역자는 "나는 절대 당신 말대로 안 할 것이다"라며 대놓고 내 의견을 거부하기도 했다. 인내심이 한계에 이른 어느 날, 나는 아버지께 호소했다.

"아버지, 저 더 이상 못 하겠어요. 이 친구들을 도저히 감당할 수 없어요."

그러자 하나님은 내 마음에 이런 음성을 들려주셨다.

"가르치려고 하지 마라. 네가 아무리 옳은 말을 해도 그들의 마음속에는 그 말을 받아들일 공간이 없단다. 상처로 가득 차 있기 때문이지."

내 몸이 갑자기 분홍 풍선이 된 듯한 느낌이 들었다. 몸속이 분홍색으로 가득 차고, 그것이 아버지의 사랑이라고 느끼는 순간에 마음의 소리가 이어졌다.

"내가 너를 용납하고 기다리고 사랑해서 네 안에 내 사랑이 가득한 것처럼, 그 친구도 네 사랑으로 마음이 가득 차면 몸속의 상처와 왜곡된 것이 다 밀려나오고, 그때 비로소 옳은 말을 받아들일 여유가 생길 것이다. 그들을 그저 사랑하고 기다려주렴."

그날부터 현지 리더들이 나를 어떻게 대하든 개의치 않고 그들에게 다가가려고 노력했다. 변화는 곧 눈앞에 나타났다. 현지 리더들과 아침마다 갖는 큐티 시간에 한 친구가 사람들 앞에서 이렇게 고백한 것이다.

"박시(몽골어로 '선생님')의 말이 옳다는 걸 알고도 받아들이기가 싫었어요. 하지만 집에 와서 잘못했다고 생각했어요."

내가 먼저 사랑으로 다가가자 그들의 마음이 열리고 옳고 그름을 판단할 수 있는 지혜가 생긴 것이다. 한번은 현지 리더들과 교회 차를 타고 같이 물건을 사러 간 적이 있었다. 그때 그 친구가 며칠 전 자신이 교회 차를 운전하다가 실수로 벽에 차를 박았다고 고백했다. 예전 같으면 왜 바로 말하지 않았느냐고 그 친구를 다그치고 화냈을 텐데, 그 이야기를 들은 순간 나는 도리어 기뻤다. '감추고 싶은 일도 솔직하게 말할 만큼 우리 사이가 편해졌구나' 하는 생각이 들었기 때문이다.

그 후로도 다사다난한 일들이 많았다. 한번은 비자를 받고 다시 몽골로 돌아오는 데 한 달 정도 걸릴 거라는 이야기를 듣고 귀국했는데, 일이 꼬이면서 몽골로 돌아갈 날을 무작정 기다려야 했던 적이 있었다. 엎친 데 덮친 격으로 후원교회 중 한 곳의 후원이 멈춘 것을 발견했다. 이미 한 번 겪어본 일인데도 화나고 속상했다.

미움과 분노가 가득한 상태로 하나님께 기도했다. 그러자 아버지께서는 내게 "침묵하라"고 말씀하셨다. 아무한테도 말하지 말고, 그저 침묵하고 기다리라는 마음을 주신 것이다. '아버지께서 이 시간을 통해 나에게 알려주고 싶으신 것이 있구나' 하는 생각이 들었다. 나는 당장 기도를 바꿨다.

"아버지, 이번엔 무얼 가르쳐주기 원하세요? 제가 무엇을 배워야 할까요?"

그 후로 나는 똑같은 기도를 반복했다.

"아버지, 저에게 지혜를 주셔서 잘 배우게 해주세요. 제가 무엇을 배워야 할까요?"

그렇게 8개월이 되어갈 무렵, 기도 중에 마음의 소리가 들려왔다.

첫 메시지는 '감사'에 대한 것이었다. "어떤 경우에도 감사를 잊지 마라. 누군가의 사소한 말 한마디라도 네게 위로와 힘이 되었고 도움을 받았다면 다 기억하며 가슴 가득히 감사하라."

두 번째 메시지는 당시 내가 안고 있던 고민에 대한 '꾸중'이었다. 내가 섬기고 있는 교회에는 어린 나이에 아버지가 돌아가시고, 어머니는 재혼을 하는 바람에 혼자 어떻게든 바르게 잘 살아보려고 애쓰는 청년이 한 명 있었다. 그 청년은 머물 데가 마땅치 않아 교회에서 살고 있었는데, 그를 물질적으로 도와야 한다고 생각은 했지만 혹여 그런 지원이 그 친구를 망치지는 않을까 고민하며 차일피일 미루고 있던 터였다.

"네가 친엄마라면 그 아이가 좀 넉넉해도 계산 없이 주고 또 주었을 텐데, 너는 계산만 하고 있구나. 앞으로는 공부하고 싶어하는 아이들이 있으면, 설령 믿는 도끼에 발등 찍히는 일이 있더라도 이것저것 재지 않고 그냥 도와줘라."

따끔한 꾸중을 들은 그날 이후로 나는 마음의 자유를 얻었다. 더 배우고 싶어하는 현지 사역자가 있으면 아버지께서 채워주시는 범위 안에서 열심히 돕기로 했고, 지금도 그렇게 살아가고 있다. 이곳 청년들이 학위를 얻든 못 얻든 조금이라도 더 교육을 받으면 생각의 지경이 넓어질 뿐 아니라, 미래에 현지 교회를 세우는 데도 도움이 될 테니 말이다. 감사와 깨달음, 두 가지를 배우고 나니 그동안 멈췄던 후원도 다시 살아났다. 그보다 더 감사한 것은, 마음의 자유를 얻고 아버지 안에서 조금 더 성장했다는 점이다.

몽골 땅에는 내면의 상처와 아픔으로 자유롭지 못한 영혼들이 많이 있다. 이곳의 청년들이 현재의 상처와 아픔 속에서 몸부림치는 미성숙의 과정을 지나 아버지의 사랑과 은혜의 터널을 통과해, 마침내 주 안에서 자유로움을 얻는 성숙의 길로 걸어갈 수 있기를 소망한다. 나는 그들 곁에서 함께 걸어갈 것이다. 아버지께서 인도하시는 그 길에서 감사의 찬양을 부르면서 말이다.

나를 단련하신 후에

하나님의 훈련을 통해 비로소 알게 된 것들

• 원선희 •

2000년 4월, 하나님의 인도하심으로 SIM과 함께 선교사의 삶에 첫 발을 내디딘 지 올해로 만 22년이다. 그 말은 P국 땅에서 선교사로 산 지 22년이 되었다는 뜻이다. 그 긴 시간 동안 이곳에서 내가 무엇을 이루었다는 허풍은 떨고 싶지 않다. 대신에 주님이 나를 이곳 훈련장에 불러 예수님을 닮아가는 참다운 인간으로 만들고 계신다는 사실 하나만큼은 나누고 싶다. 아마도 주님 앞에 서는 그날까지

원선희 외할머니와 어머니로 이어진 신앙을 물려받았지만 대학 시절에 방황하다가 요한복음 14장 6절 말씀에 감동을 받고 예수님을 인격적으로 만났다. 신앙의 든든한 버팀목이던 어머니와의 사별에 큰 충격을 받고 슬픔과 삶의 허무함에 빠지기도 했으나, 돌파구로 선교 훈련을 받고, 훈련을 통해 소명을 받으며 모든 삶이 새로워지기 시작했다. 2000년부터 P국에서 어린이 사역에 힘쓰고 있다.

이 훈련은 계속될 것이다.

첫 번째 시험

SIM에 소속되어 선교지로 나오기까지 SIM이 요구하는 재정을 채우기가 가장 어려웠다. 그것은 오랫동안 경제적으로 독립해서 살아온 내 삶의 배경과 관련이 있다. 누군가에게 헌금을 부탁하기란 내게 참으로 어려운 일이었다. 심지어 가족들에게도 부탁할 수 없었다. 마감 기한이 얼마 남지 않았을 무렵, 재정이 채워지지 않아 초조해하는 모습을 본 큰오빠가 부족한 재정을 채워줄 테니 걱정 말고 선교 준비를 계속하라고 격려해주었다. 그 말을 듣고 나는 기쁘기보다는 주님께 서운함이 강하게 들었다. 그 마음을 주체할 수 없어 달려간 곳은 다름 아닌 새벽기도회였다. 그 새벽에 나는 주님께 마구 따졌다.

"하나님, 오빠는 월급쟁이고 부양해야 할 가족들이 있어요. 책임져야 하는 일도 많고 형편도 넉넉지 않은데 저까지 오빠에게 짐이 되고 싶지 않아요."

울며 기도하는 나에게 주님은 그날 새벽예배 말씀을 통해 위로와 희망의 약속을 주셨다.

"너를 축복하는 자에게는 내가 복을 내리고 너를 저주하는 자에게는 내가 저주하리니 땅의 모든 족속이 너로 말미암아 복을 얻을 것이라"(창 12:3).

그렇다. 믿음이란 마음속의 의심과 불안이 사라지고 그 자리에 말씀이 크고 강한 약속이 되어 자리잡는 것이다. 그날 그 믿음으로 내 안에 있던 초조함과 서운함이 사라지고 주님의 약속을 온전히 신뢰하게 되었다. 이렇듯 나는 하늘 아버지께 따지기도 하고, 울며 매달리기도 하며 쉽지 않은 재정 훈련 시기를 보내고 선교지로 나왔다. 그러나 P국에서 선교한 지 1년쯤 되는 시점에 또 한 번 재정이 80퍼센트로 떨어지는 위기가 찾아왔다. 그 당시 SIM은 풀링 재정 시스템(한 선교사의 후원금이 일정 금액을 넘는 경우 나머지를 전체를 위해 쓰는 제도)이어서 내 재정이 20퍼센트 부족하다는 것은 다른 누군가에게 그만큼 손해를 끼친다는 의미였다. 그 사실이 내게 엄청난 부담으로 다가왔다.

'파송교회인 뉴질랜드 한인교회의 키맨 권사님께 전화를 할까? 아니면 오빠에게 도움을 요청할까?'

이런 상황 속에서 나는 P국에 오기 전 재정 문제를 두고 주님과 치열하게 씨름하는 과정에서 약속한 수많은 다짐과 기도는 온데간데없이, 오직 상황을 타결하기 위해 인간적인 방법만 강구하는 내 모습을 직시하게 되었다. 나는 곧 정신을 차리고 "재정에 대해선 오직 하나님만 의지하겠습니다"라고 담대하게 고백했던 선서를 다시 떠올렸다. 그리고 혼란스러운 마음을 내려놓고 주님의 응답을 구하기 위해 말씀을 붙들었다. 동시에 주님께 조건을 하나 걸었다. 일주일 후에도 이 일이 해결되지 않으면, 그때는 내가 할 수 있는 인간적인 방법을 취하겠다는 것이었다. 미련한 선포였지만, 그럼에도 불구하고 사랑의 하나님은 그 미련함조차 끌어안아주셨다.

주 앞에 엎드려

선포한 대로 나는 일주일 동안 매일 말씀 묵상에 집중했다. 그리고 (일방적으로) 약속한 일주일의 마지막 날에 주어진 말씀을 겸허히 마주했다. 본문은 역대상 21장으로 하나님의 신뢰와 사랑을 받던 다윗이 군대를 세우기 위해 이스라엘 인구를 계수하는 대목이었다. 하나님께서 베푸신 수많은 축복을 까맣게 잊어버리고 인간적인 방법을 취하는 다윗의 모습을 하나님은 '죄'로 규정하셨다. 그 죄의 결과로 이스라엘 사람들 7만 명이 목숨을 잃었다.

"사탄이 일어나 이스라엘을 대적하고 다윗을 충동하여 이스라엘을 계수하게 하니라…요압이 백성의 수효를 다윗에게 보고하니 이스라엘 중에 칼을 뺄 만한 자가 백십만 명이요 유다 중에 칼을 뺄 만한 자가 사십칠만 명이라…하나님이 이 일을 악하게 여기사 이스라엘을 치시매…이에 여호와께서 이스라엘 백성에게 전염병을 내리시매 이스라엘 백성 중에서 죽은 자가 칠만 명이었더라"(대상 21:1-14).

말씀에 나타난 다윗의 모습이 꼭 내 모습 같았다. 하나님을 온전히 신뢰하지 못하고 상황이 급해지면 삶을 주관하시는 주님을 찾기보다 내가 내 삶의 주인이 되어 온갖 인간적인 방법을 강구했으니 말이다. 그곳에는 재정 모금 과정에서 주님이 내게 주신 약속의 말

쏨과 믿음의 확신은 온데간데없이 사라지고, 예전처럼 내 삶의 주인 노릇을 하는 못난 나만 남아 있었다.

주님께 일주일이라는 기간을 드리고 협박 아닌 협박을 했던 객기를 그 자리에서 철회하고 나는 곧장 주님 앞에 엎드렸다. 그 순간 거짓말처럼 내 안에 어떤 확신이 들었다. 이 일을 주님이 접수하셨다는 분명한 마음의 소리를 들었다. 그 뒤에도 재정 부족 문제는 요술처럼 바로 해결되지는 않았지만, 문제를 대하는 내 마음만은 분명히 달라져 있었다. 괴로움과 어지러움이 깨끗이 사라지고 모든 것이 주님의 손에 있다는 믿음에서 오는 평안함, 그것이 내 마음을 가득 채웠다.

"수고하고 무거운 짐 진 자들아 다 내게로 오라. 내가 너희를 쉬게 하리라. 나는 마음이 온유하고 겸손하니 나의 멍에를 메고 내게 배우라. 그리하면 너희 마음이 쉼을 얻으리니 이는 내 멍에는 쉽고 내 짐은 가벼움이라"(마 11:28-30).

한치의 모자람도 없는 은혜

그 일이 있고 나서 재정이 수직 상승하는 '기적'은 일어나지 않았다. 다만 어떤 달은 NZ신학교에서 만난 친구가 갑자기 재정을 돕겠다는 연락을 해왔고, 어떤 달은 생각지도 않은 지인이 헌금을 보내주는가 하면, 어떤 달은 한 권사님이 아들의 장학금을 헌금해주셨다. 또 어떤 때는 뉴질랜드 달러와 한국 원화의 환율 차이로 아슬아슬하게 재정을 채우는 등, 1년을 두고 볼 때 평균적으로 플러스 마이너스가 반복되면서 1퍼센트도 부족하지 않고 오히려 풍성한 재정 상태를 유지할 수 있었다. 이 모든 것은 내게 '채우심'을 경험하게 해 준 하나님의 큰 은혜였다.

어느 날 퍼뜩 이런 생각이 들었다.

'아, 이 모든 과정은 하나님께서 주신 일련의 시험이었구나!'

선교사의 삶을 준비하던 시절, 재정을 채우지 못한 일을 겪으면서 나는 "재정에 대해선 오직 하나님만 의지하겠습니다"라고 주님 앞에서 고백했다. 주님은 그 작은 읊조림을 잊지 않으셨다. 재정 훈련은 22년이 지난 지금도 계속되고 있다. 그러나 훈련에 임하는 내 모습은 그때와 달라졌다고 자부한다. 나를 부르신 아버지께서 내 삶을 책임지시며 지금도 나를 가장 좋은 길로 인도하신다고 확신하기 때문이다. 그런 의미에서 마태복음 6장 33절은 내게 주시는 주님의 분명한 약속이다.

"그런즉 너희는 먼저 그의 나라와 그의 의를 구하라. 그리하면 이 모든 것을 너희에게 더하시리라"(마 6:33).

운명 같은 재회

P국에 오기 전 나의 믿음생활은 선교사와는 거리가 멀었다. 그 당시 나는 예수님과의 인격적인 만남을 경험했고, 이만하면 그런대로 괜찮은 신앙인이라 생각했기에 그저 내 삶의 자리에서 예수님의 제

자로, 복음의 증인으로 살면 충분하다고 생각했다. 그런 안일한 생각을 바꾼 것은 어머니의 갑작스러운 죽음이었다. 그 일을 계기로 지금은 선교지에 나와 선교사라는 이름으로 살고 있지만, 솔직히 말해 선교사가 구체적으로 무슨 일을 하고 선교지는 어떤 곳인지 전혀 모르고 나왔다고 해도 과언이 아니다.

1998년에 단기 선교사로 P국의 SIM 사역지를 방문한 적이 있었다. 처음으로 방문한 F지역은 방직 공장들이 즐비한 곳으로 P국에서 인구가 세 번째로 많은 대도시였다. 공장들이 모여 있다보니 공해가 심해서 잠시 외출하고 돌아오면 콧구멍이 굴뚝 속처럼 새까매지기 일쑤였다. 이후로 P국의 모든 지역이 비슷한 처지일 거라는 예감이 들었는데, 역시나 예감은 크게 틀리지 않았다. 두 번째로 방문한 G도시도 환경이 별반 다르지 않았다. 서울에서 나고 자란 내게 P국의 환경은 도무지 적응되지 않는 '장애물'로 느껴졌다. 안 그래도 까칠한 성격이 더 까칠해질 것 같다고나 할까? 그래도 한 달 반 동안 까칠함을 드러내지 않고 만족스럽게 사역지 탐방처럼 끝낼 수 있었던 비결은 단 하나였다.

'다신 안 올 거니까!'

그때만 해도 P국이 나의 선교지가 되리라고는 꿈에도 생각지 못했다. 그러나 다시 이 땅을 밟게 되었고, 지금은 이 땅을 누구보다 사랑하는 선교사로 살아가고 있다. 고백하자면 처음에는 '내가 도대체 선교지에서 무슨 영광을 누리길 바랐기에 이토록 환경에 대해 불평했는가' 하며 죄책감을 느끼기도 했다. 그때 하나님께서 이런 말씀을 주셨다.

"주의 성령이 내게 임하셨으니 이는 가난한 자에게 복음을 전하게 하시려고 내게 기름을 부으시고 나를 보내사 포로된 자에게 자유를, 눈먼 자에게 다시 보게 함을 전파하며 눌린 자를 자유롭게 하고"(눅 4:18, 참조 사 61:1).

하나님의 아들, 하나님 자신이 높은 하늘의 영광을 버리고 이 땅에 오셨고, 포로된 자에게 자유를, 눈먼 자에게 다시 보게 함을 전파하며 눌린 자를 자유케 하는 사명을 받으셨다. 이는 예수님이 회당을 방문하셨을 때, 회당장의 초청으로 사람들 앞에서 선포한 이사야 61장 1절 말씀이기도 하다. 이 말씀을 통해 나는 향후 선교의 방향을 정했고, 특히 소외된 자, 가난한 자를 긍휼히 여기는 마음이 내 안에 가득 부어지는 것을 느꼈다. 나의 시선이 향하는 곳에는 늘 소외되고 가난한 이들이 있었고, 그들을 따라가다보니 자연스럽게 사역지는 시골 마을이나 소도시 또는 사막 지역이 되었다. 환경이 더럽고 열악하기는 두말할 것도 없었다. 생활하기도 불편하고 인간의 한계를 시험하는 듯 극한의 더위와 먼지바람이 휘몰아쳤다.

광야 수업

처음에는 열악한 곳에서 사역한다는 어떤 성취감 내지 자부심에 사로잡혔다. 자기 의를 드러내려는 욕구가 나를 지배한 것이다. 그러나 어느 날 문득 주님이 내 삶을 붙들고 계시며, 이 또한 주님의 인도하심 아래에서 이루어지는 '환경 훈련'이라는 깨달음이 들었다.

어디에도 의지할 것 없는 열악한 환경 속에서 하나님은 오직 주님하고만 동행하는 법을 내게 가르쳐주셨다. 불편한 생활, 더러운 환경, 불쾌한 먼지바람에 불평을 달고 살던 내 모습은 언제부턴가 서서히 사라지고, 이제는 더위를 따스함으로 느끼는 경지에 이르렀다. 하나님께서 나를 이 땅의 '정원사'로 부르셨다는 믿음이 내 안에 강하게 생겨났다.

"나는 참포도나무요 내 아버지는 농부라…나는 포도나무요 너희는 가지라. 그가 내 안에, 내가 그 안에 거하면 사람이 열매를 많이 맺나니 나를 떠나서는 너희가 아무것도 할 수 없음이라…너희가 열매를 많이 맺으면 내 아버지께서 영광을 받으실 것이요 너희는 내 제자가 되리라"(요 15:1-8).

광야 같은 환경 훈련은 여전히 진행 중이다. 점점 나이가 들면서 몸에 부담이 느껴질 때가 있지만, 나를 부르신 주님이 함께하고 도움이 되어주시는 한 얼마든지 감당할 수 있다.

사랑받고 사랑하며

신학교를 졸업할 무렵, 4년 공부의 결론은 단 한 문장, "하나님은 사랑이심이라"로 귀결되었다. 요한일서 4장 8절 말씀이다. 신학교에서 성경 말씀 속의 하나님과 예수님, 성령님을 공부하면서 주님의 무한한 사랑을 경험했다. 먼 외국에서 그것도 적지 않은 나이에 신학을 공부하러 온 내게 애틋한 사랑과 은혜를 베풀어준 스승을 만났고, 믿는 지체들과 함께한 캠퍼스 생활은 더할 나위 없이 좋았다. 모든 것이 주님의 사랑으로 시작되었고, 사랑으로 일을 이루어가시는 하나님을 경험하면서 4년간의 학교 생활을 마쳤을 때, 나는 이 말씀을 마음에 품게 되었다.

"사랑하는 자들아, 우리가 서로 사랑하자. 사랑은 하나님께 속한 것이니 사랑하는 자마다 하나님으로부터 나서 하나님을 알고 사랑하지 아니하는 자는 하나님을 알지 못하나니 이는 하나님은 사랑이심이라"(요일 4:7-8).

학교를 졸업하면서 '내가 배운 예수님의 사랑을 선교지에서 마음껏 실천하리라'는 마음으로 선교의 열정을 품은 것이 엊그제 같은데 어느새 22년이 지났다. 지금의 내 모습을 천천히 들여다본다. 그렇다. 나는 여전히 그 사랑과 씨름하며 매일 뉘우침과 깨달음을 반복하고 있다. 여전히 그 큰 사랑을 배우고 있다.

오늘도 달려갈 길

P국에 가서 약 15년까지는 소수 종교인으로 살아가는 힌두교 배경의 종족들과 소수 그리스도인들을 대상으로 사역했기에, 그들에게 성경을 가르치는 데 별다른 어려움이 없었다. P국은 인구의 약 98퍼센트가 무슬림인 이슬람 공화국이기에 소수 종족들에게 예수님을 나누는 일에 어느 정도 관용과 자유를 허락했기 때문이다. 그래서

복음을 전할 때 소위 말하는 성경 교재를 얼마든지 사용하며 예수님을 나눌 수 있었다.

그러나 지금 이곳의 사정은 완전히 달라졌다. 현재는 무슬림을 대상으로 사역을 하기 때문에 모든 면에서 각별히 조심해야 한다. 특별히 내가 만나는 이들은 이 지역으로 이주한 소수 종족인데, 가난하면서도 성향이 매우 강해 그들 안에 '이웃'으로 자리잡기부터가 쉬운 일이 아니었다. 그럼에도 불구하고 주님의 도우심으로 오늘에 이르렀고, 이제는 그들도 주님이 가슴 아파하며 간절히 찾으시는 '형제자매'임을 강하게 느낀다.

현재는 문맹퇴치반 사역을 매개로 그들의 공동체에 서서히 뿌리를 내리고 있다. 교육은 그들에게도 중요한 주제이고, 그들의 필요와 일치한다. 그러나 문맹퇴치 교육 자체가 내가 이곳에 와 있는 목적은 아니기에 기회가 날 때마다 예수님의 말씀과 사랑을 전하고자 한다. 사실 쉬운 일은 아니다. 이전처럼 성경과 교재들을 사용할 수 없을 뿐만 아니라 우리를 매의 눈으로 지켜보는 감시의 시선들이 많기 때문이다.

최근에는 한 마을에서 문맹퇴치반 사역이 한 걸음 후퇴하는 일이 있었다. 약 5년간 공들인 마을이었는데 아무래도 분위기가 심상치 않아 알아보았더니, 이 지역의 대표인 이맘이 우리를 주시하고 있었다. 우리가 무슨 책을 사용하는지, 아이들에게 무엇을 가르치는지 하나에서 열까지 감시하고 있었던 것이다. 그 사실을 알게 된 현지인 교사가 일순간 패닉에 빠지는 것을 보면서 일이 심상치 않음을 느꼈다. 현지의 그리스도인들은 실생활에서 무슬림들에게 핍박 받은 경험이 있어 그들을 향한 공포가 대단하다. 현지인 교사는 내게 무슬림들의 수법을 알려주면서 곧바로 사역을 철수해야 한다고 딱 잘라 말했다. 그들의 수법이란, 자신들의 경전을 찢어서 우리가 활동하는 구역 안에 몰래 뿌린 후 우리가 그런 짓을 저질렀다고 마을 사람들을 선동하는 것이다. 그런 상황이 되면 빠져나갈 구멍이 없다. 오랜 기간 마음을 쏟은 곳이기에 아쉽고 속상했지만 아이들과 작별 인사를 나누고 철수해야 했다. 사랑의 주님이 이 일을 미리 알려주어 대처하게 하심으로 큰 소동을 피하게 하셨다고 믿는다.

지금 이 상황에서 복음을 전할 수 있는 방법은 나의 삶으로 보여주는 것이다. 나의 말과 행동, 생활을 통해 예수님의 사랑을 드러내고, 그 사랑으로 기쁜 소식을 전하는 것이다. 나 자신이 사랑 자체가 되어 사역하기란 말처럼 쉬운 일이 아니다. 아니 불가능하다. 사랑이신 분은 예수님밖에 없기 때문이다. 그래서 오늘도 나는 말씀을 붙잡는다.

"내가 그리스도와 함께 십자가에 못 박혔나니 그런즉 이제는 내가 사는 것이 아니요 오직 내 안에 그리스도께서 사시는 것이라. 이제 내가 육체 가운데 사는 것은 나를 사랑하사 나를 위하여 자기 자신을 버리신 하나님의 아들을 믿는 믿음 안에서 사는 것이라"(갈 2:20).

매일 나 자신의 소욕과 씨름하지만 하나님 말씀 안에 붙들려 있으려고 발버둥치는 삶, 주님에게서 오는 사랑의 힘을 간구하고 늘 주님과 동행하며 그 사랑을 드러내는 삶을 사는 것이 나의 간절한 소망이자 영원한 기도제목이다. 훈련 가운데 여전히 실패를 일삼지만, 오늘보다는 내일이 더 나을 것을 믿음으로 바라보며, 주님 앞에 서는 그날까지 사랑의 경주를 잘 마칠 수 있기를 바라고 또 바란다.

나의 도움은 어디서 오나

길 위의 예배자가 되어

• 임명혁 •

새로운 사역지로 가다

새로운 나라에 정착하기란 쉽지 않다. 종교, 문화, 자연 환경과 교육 환경 등 모든 것이 다르기 때문이다. 특히 소속된 단체와 지인이 없다면 새로운 나라에서 정착하고 살아가는 데 더 큰 어려움이 따른다. A국을 떠나 3개월 만에 다시 짐을 꾸려 M국에 도착했을 무렵,

---

임명혁 누나의 치료를 위한 첫 40일 금식기도를 통해 진정한 그리스도인으로 거듭났고, 두 번째 40일 금식기도로 목회자의 길을 가게 되었으며, 세 번째 40일 금식기도를 통해서는 선교사로 부르심을 받았다. 2011년 A국에서 사역을 시작하여 2018년에 M국으로 옮긴 후 미술교육을 도구로 난민 사역, 오지 마을 개척 사역을 하고 있다. 현지의 한국 선교사들을 위한 미술치유 사역도 하고 있다. 아내 박유순 선교사와 아들 주성, 딸 주연이 있다.

하나님 아버지께서 인도하고 함께하신다는 믿음은 있었지만, 한편으로는 막막하고 착잡한 마음을 감출 수 없었다. 아는 사람 하나 없는 데다가 M국에 대한 사전 정보도 충분하지 않아 하나부터 열까지 생소했다. 하루 빨리 적응해 마음의 안정을 찾는 것이 급선무였다. 우리 가정은 한동안 게스트하우스에 머물면서 거주할 집과 아이가 다닐 학교를 알아보고, 몇몇 한인교회와 선교사회를 방문해 인사하며 교제를 나누었다.

우리 가정이 갑자기 M국으로 사역지를 옮기게 된 것은 아이의 건강 때문이었다. 차기 사역지를 결정하는 과정에서 A국 사람들이 많이 거주하는 두 나라를 염두에 두었는데, 그중 하나인 M국에서 안식년을 보내며 숙고한 끝에 M국에서 사역을 시작하게 되었다. 1년간의 안식년 덕분에 환경에 적응하면서 생활은 점차 안정되었지만, 원래 사역지인 A국을 갑자기 떠난 터라 M국에 대한 충분한 정보를 확보하지 못했다. 사역에 관한 정보를 수집하기에 1년이라는 시간은 부족했다. 여러 선교사들과 교제를 나누고 관계를 맺었지만, 사역의 영역에는 쉽게 접근할 수 없었다. 물론 이해할 수 있는 부분이었다. 누가 잘 알지도 못하는 사람에게 자신의 사역을 있는 그대로 보여주겠는가?

M국은 다민족 국가여서 각 민족을 대상으로 한 사역을 할 수도 있고, 난민이 많이 살고 있기 때문에 난민 사역도 가능하다. 주변 동남아시아 국가에서 온 외국인 노동자들도 많다. 무엇보다 M국은 이슬람 국가이기 때문에 선교 사역에 신중을 기할 수밖에 없다. M국

은 우리 가정의 첫 사역지였던 A국과 비교해 비슷한 긴장감이 느껴졌고, 한층 더 폐쇄적인 분위기를 풍겼다. M국으로 온 후로 구체적인 사역 없이 보내는 기간이 길어지면서 사역에 대한 목마름과 열리지 않는 현실 앞에서 초조하다 못해 오기마저 생겼다.

길 위에서 만난 뜻밖의 상대

어느 주일 새벽, 나는 정글에 사는 원주민 마을을 찾아가 함께 예배를 드리려고 차에 연료를 가득 채우고 달랑 생수 한 병만 사서 길을 나섰다. 지도를 보고 무작정 동북쪽으로 달리기 시작했다. 자동차로 M국을 횡단할 때 차창 밖으로 울창한 정글을 본 기억이 났기 때문이다. 정착도 스스로 했는데 사역의 문도 누가 도와주지 않으면 내가 직접 찾으면 된다고 생각했다. 사역지를 개척하겠다는 열정 하나로 겁없이 밀림으로 향했다.

 높은 산과 굽이진 길을 세 시간 정도 달리자 눈앞에 울창한 정글이 나타났다. 우거진 수풀 사이로 난 길을 달리다가 도로 옆으로 난 샛길을 발견할 때마다 무작정 운전대를 꺾어 들어가봤지만 원주민은 찾아볼 수 없었다. 그러기를 수차례, 결국 아무도 만나지 못하고 돌아 나오는 길에 정글 쪽으로 나 있는 좁다란 비포장길 하나가 눈에 들어왔다. 이번에도 고민 없이 운전대를 꺾었다. 그리고 20여 분간 울퉁불퉁한 길을 달렸다. 차 소리와 "어, 어" 하는 내 목소리만 울려 퍼질 뿐 사방은 고요했다. 가파른 언덕길과 깊게 파인 웅덩이를 1,300cc에 불과한 소형차로 감당하기 어려웠지만, 길이 좁아서 돌아 나올 수도 없었다. 어쩌겠는가, 무작정 앞으로 달리는 수밖에. 크고 작은 진흙 구덩이를 가까스로 비켜가며 비포장길을 무사히 벗어나는가 싶었는데, 얼마 가지 않아 결국 차 바퀴가 질퍽한 진흙 구덩이에 빠지고 말았다. 아무리 액셀을 밟아도 헛바퀴만 돌았다.

지나가는 사람 하나 없는 깊은 정글에서 진흙탕에 빠진 차를 빼내기 위해 맨손으로 땅을 파고, 주변의 나뭇가지로 진흙을 퍼내는 등 별짓을 다해봤지만, 그럴수록 바퀴는 진흙 속에 더 깊이 파묻혔다. 결국 차를 포기하고 왔던 길을 걸어서 되돌아가는데, 별안간 온갖 새와 그 밖의 동물 소리가 고함치듯 세차게 들려왔다. 그 순간 두려움이 엄습했다.

'이곳 정글에는 호랑이도 산다던데…'

영화에서 본 거대한 아나콘다라도 만나면 어쩌나 하며 사색이 되어 걷던 중에 올 것이 오고야 말았다. 좁은 길 위에서 송아지만한 멧돼지 두 마리와 떡 하니 마주친 것이다. 멧돼지들과의 거리는 20여 미터에 불과했다. 등줄기로 땀이 비오듯 흘렀다. 덥고 습한 정글의 기후 때문이 아니었다. 그 땀은 두려움과 긴장으로 인해 몸이 내뿜는 비명 같은 것이었다. 멧돼지들과 대치한 10여 초가 마치 한 시간 같았다. 날카롭게 나를 응시하던 멧돼지들은 다행히 유유히 정글 속으로 사라졌다. 그제서야 나는 놀란 가슴을 쓸어내렸다. 다리에 힘이 풀려 주저앉고 싶었지만 갈 길이 멀기에 걷고 또 걸었다.

바로 그때 거짓말처럼 내 앞에 천사가 나타났다. 다다다다- 소리를 내며 달려오는 오토바이에 탄 두 청년을 만난 것이다. 그들은 하나님께서 보내주신 천사였다. 덕분에 내가 지나온 큰 도로까지 무사히 나올 수 있었다. '와, 정글에서는 천사들이 오토바이를 타고 다니는구나' 싶었다.

나의 도움은 어디서 오나

오토바이를 탄 천사들 덕분에 간신히 큰 도로까지 나오기는 했지만, 이제 어떻게 할지 대책이 없기는 마찬가지였다. 그때 머릿속에 가득 찬 생각은 하나였다.

'진흙 구덩이에 빠진 차를 어떻게 해야 하나?'

당시 그 차는 우리 가정의 유일한 운송 수단이자 나의 보물 1호였다. 진흙 구덩이에 처박혀 있는 차만 생각하면 머릿속이 새하얘졌다. 일단 큰 도로에서 도움을 요청해보기로 했다. 그러나 도로변에서 힘껏 손을 흔드는데도 차들은 못 본 척 쌩하고 지나갔다. 몇십 분쯤 흘렀을까? 여느 차들처럼 쌩하고 지나갔던 승용차 한 대가 유턴을 하더니 내 앞에 멈춰 서는 게 아닌가. 차 안에 있는 두 청년이 나를 향해 타라는 손짓을 했다. 그 순간 '이 청년들 좀 불량스러워 보이는데' 하는 생각에 잠시 망설였지만 다른 선택지가 없었다. 차에 타고 보니 그들은 나의 선입견과는 달리 선량한 청년들이었고, 사정을 듣고는 차를 견인할 수 있도록 자동차 정비소까지 나를 태워다주었다.

우여곡절 끝에 한 마을에 있는 자동차 정비소에 도착하자, 낯선 한국인이 신기했는지 별안간 많은 사람들이 몰려와 환하게 웃으며 맞이해주었다. M국에 와서 이런 환대를 받은 건 처음이었다. 물론 의도한 건 아니지만.

정비소 직원에게 사정을 설명한 후, 직원과 함께 사륜구동차를 타고 왔던 길을 돌아가 정글로 향했다. 이런저런 이야기를 나누다가 아침부터 내리 굶었다고 했더니, 운전기사가 근처 허름한 노점상에 차를 세워주어 도시락과 생수 한 병을 살 수 있었다. 비포장길을 굽이굽이 달려가면서 '내가 이렇게 멀리 왔었나? 이렇게 험한 길이었나?'라고 생각했는데, 운전기사도 "이런 데까지 뭐하러 왔냐"며 이해할 수 없다는 표정으로 나를 힐끔힐끔 쳐다보았다.

비포장길을 한참 달리고 있는데, 갑자기 하늘이 어두컴컴해지는 게 아닌가. 운전기사는 정글 한가운데에 차를 세우더니 하늘을 가리키며 더 이상은 갈 수 없다고 엄포를 놓았다. 차가 있는 곳이 바로 코앞이니 조금만 더 가자고 사정했지만, 그는 폭우가 쏟아지면 자기 차도 빠져나올 수 없다며 결국 차를 돌리고 말았다. 앞이 캄캄했다. 이곳의 비는 세차게 내리는 국지성 호우(스콜)이기에 정글에서는 매우 위험한 상황이 발생할 수 있어 운전기사의 태도가 이해되지 않는 건 아니었다. 스콜이 시작되면 순식간에 강물이 불어나 물바다가 되고 주변이 진흙탕으로 변한다. 차를 돌리는 운전기사를 멍하니 보고 있는데, 바로 뒤에서 또 다른 사륜구동차 한 대가 정글로 들어오는 게 보였다.

두 운전사가 서로 이야기를 하는가 싶더니 새로운 차의 주인이 나를 보며 흔쾌히 말했다.

"이 차를 타세요."

얼떨결에 차를 옮겨 타고 그와 함께 고개를 하나 더 넘어가니 드디어 진흙탕에 빠져 주인을 기다리고 있는 차가 보였다. 곧 비가 쏟아질 것 같아 급히 와이어를 연결해 사륜구동차가 끌고, 나 역시 내 차에 시동을 걸고 액셀을 밟으며 호흡을 맞췄다. 그러기를 몇 차례 하자 드디어 차가 굉음을 내며 악몽 같은 진흙탕에서 힘겹게 빠져나왔다. 사륜구동차 운전자에게 거듭 고맙다는 인사를 한 다음, 비로소 내 차의 운전석에 다시 앉았다. 그 순간의 안도감을 어떻게 잊을 수 있을까? 사륜구동차가 비포장길을 달리며 몇 군데 진흙탕을 만날 때마다 내가 피할 수 있도록 친절하게 안내해준 덕분에 무사히 정글을 빠져나올 수 있었다.

위험한 길을 벗어나 흐르는 계곡물을 만난 김에 우리는 진흙투성이인 손과 옷을 닦았다. 이름도 성도 모르는 나를 위해 궂은일에 앞장선 그가 너무 고마워 지갑에 든 150링깃(약 45,000원)을 전부 꺼내 건넸더니 그는 극구 손사래를 치며 거절했다. 나 역시 얼마 안 되는 돈이지만 고마운 마음을 전하고 싶어 그의 손에 억지로 쥐어줬다. 그러자 그는 웃으며 내 손에 다시 50링깃을 쥐어주며 말했다.

"이런 곳에서는 돈이 하나도 없으면 안 돼요."

내 생애 최고의 예배

아쉬운 작별 인사를 나누고 내가 먼저 길을 나섰다. 백미러로 보니 그는 내 차가 마지막 도로에 완전히 올라갈 때까지 지켜보며 서 있었다. 오후 4시가 다 되어 나는 도로 옆에 잠깐 차를 세우고, 가슴 깊이 우러나온 감사의 기도를 드렸다. 그리고 차갑게 식은 도시락을 꺼내서 먹었다. 카레 국물과 채소 볶음밖에 없는 초라한 도시락이었지만, 지금까지 먹은 어떤 음식과도 비교할 수 없을 만큼 훌륭한 식사였다. 길고 고단한 하루였지만, 그에 못지않은 은혜를 경험한 후 먹는 첫 끼니의 맛을 무엇으로 설명할 수 있겠는가.

그날 나는 예배 형식도, 설교자의 설교도 없었지만 최고의 예배를 드렸다. 새벽부터 단 몇 분도 쉬지 않고 계속해서 간절한 기도를 드렸고, 하늘 아버지의 말할 수 없는 은혜와 감동을 경험했으며, 진심으로 감사와 찬양과 기도를 올려드릴 수 있었기 때문이다.

지금도 사역지로 향할 때면 구름 모자를 쓴 유달리 높은 산과 그 안으로 나 있는 구불구불한 비포장길을 만난다. 예전의 그 길이다. 저 멀리 높은 산봉우리가 보이기 시작할 때부터 그날의 은혜가 구름처럼 몰려오는 것을 느낀다. 그러면 나는 잠잠히 고백한다.

"내가 산을 향하여 눈을 들리라. 나의 도움이 어디서 올까. 나의 도움은 천지를 지으신 여호와에게서로다"(시 121:1-2).

네 눈물을 뿌리라

25년간 붙드신 그 사랑을 기억하며

• 장두식 •

25년! 올해 7월 1일이면 우리 부부가 가나 땅에 발을 디딘 지 25년이 된다. 돌이켜보면 언제 그 세월을 지나왔는지 처음 가나 땅을 밟았던 그날이 바로 어제처럼 느껴진다. 짧지 않은 세월 동안 수많은 일들이 있었지만 지금까지 함께하신 하나님의 손길과 한결같은 은혜를 찬양하며 그 시간을 잠시 돌아보고자 한다.

장두식 명목상 그리스도인으로 살다가 결단하고 금식기도를 하는 중에 예수님을 인격적으로 만나고 아프리카 선교사로 소명도 받았다. 신학대학원에 입학해 신학교육과 선교 훈련을 받은 후 1997년 가나로 파송받았다. 다곰바 종족 교회개척과 지도자 훈련 사역을 했으며, 코로나 팬데믹을 기점으로 현지 교회에 전도팀을 조직하여 전도 훈련 및 교회개척 사역을 활성화하고 있다. 아내 이계옥 선교사와 장성한 자녀 하연, 미연, 대연이 있다.

25년 전 그날

가나에 막 도착했을 때, 두 자녀는 만 다섯 살, 세 살이었다. 2년 후에는 가나가 고향인 막내아들이 태어났다. 1988년에 선교사로 하나님의 부르심을 받고, 9년 후인 1997년 7월 1일 우리는 설레는 마음으로 가나 공항에 도착했다. 하지만 공항에 내리자마자 설렘은 서둘러 떠나버리고 마치 기다리고 있었다는 듯이 두려움과 당황스러움이 성큼 다가왔다. 공항 건물의 불빛은 어두침침하고 건물 벽은 먼지가 뿌옇게 덮여 있었다. 아이들의 손을 붙잡고 짐 찾는 곳으로 갔더니 울퉁불퉁한 수하물 벨트가 금방이라도 멈춰 설 듯 요란한 소음을 내며 돌아가고 있었다. 그 시절의 가나 공항은 당시 한국의 시외버스 정류장과 같았다.

무사히 짐을 찾아 입국장으로 들어서니 SIM 가나 대표 부부가 우리를 반겨주었다. 그제서야 잔뜩 긴장된 마음이 풀렸다. 가나 대표 부부와 함께 공항 대합실을 빠져나가는데 건물 입구에 사람들이 빽빽이 서 있었다. 공항 안에 들어가지 못하고 밖에서 가족, 친구 등 입국자들을 기다리고 있었던 것이다. 그들이 접근하지 못하도록 빨랫줄 같은 것으로 입구를 막아놓고 공항 경비원이 긴 막대기를 휘두르는 모습도 생소했다. 한국에서는 상상할 수 없는 풍경이었다. SIM 가나 대표 부부와 함께 게스트하우스에 도착해 방에 짐을 풀었다. 비로소 안정감이 들면서 가나 땅을 향해 품었던 첫 마음, '설렘'이 다시 살아났다. 진정한 선교 여정이 시작된 것이다.

눈물의 라면

몇 주간의 오리엔테이션을 거친 후 우리는 가나의 수도 아크라에서 640킬로미터 북쪽에 위치한 다곰바 종족의 땅, 타말레로 갔다. 남부 가나보다 훨씬 더운 날씨에 도로는 모두 비포장 흙길이었다. 길가의 집들도 흙먼지를 뒤집어써서 하나같이 황토색이었다. 우리는 월세 집을 구했는데, 수도 파이프가 연결되어 있기는 해도 물의 거의 안 나와서 처음에는 작은 트럭 뒤에 드럼통을 싣고 거의 매주 물을 길러 다녀야 했다.

당시에는 전기 또한 귀해서 거의 매일 저녁 6시면 정전이 되었다가 그날 밤 11시나 되어서야 다시 들어왔다. 찌는 듯한 더위에 선풍기마저 켤 수 없어서 전기가 들어온 후에야 잠을 청할 수 있었다. 그러다보니 체력이 떨어지고 면역력도 점점 낮아졌다. 처음 4년간은 말라리아에 계속해서 걸렸다. 그때마다 '이러다 죽겠구나' 싶을 만큼 고통스러운 시간을 견뎌야 했는데, 세어보니 무려 일곱 번이나 되었다. 어려움은 생활에만 국한되지 않았다. 영적인 싸움도 엄청났다. 이 땅은 무슬림이 90퍼센트 이상인 곳이다보니 매일 새벽 4시면 확성기에서 흘러나오는 이슬람 기도 소리에 잠이 깼다. 처음 4년은 그야말로 영육간에 생존하기 위해 치열하게 몸부림친 광야의 시간이었다.

그 와중에도 나는 현지어를 배우기 위해 온 힘을 다했다. 일주일에 이틀은 물과 전기가 아예 없는 마을에 들어가 원주민들과 함께 먹고 자며 말을 익히고 문화를 배웠다. 당시는 휴대폰이 보급되기 전이라 한번 원주민 마을에 들어가면 가족들과는 이틀간 전혀 연락이 되지 않았다. 하루는 내가 집을 비운 날 공교롭게도 집에 물이 거의 떨어져 밥을 지을 상황이 되지 못했다. 그래서 아내는 그동안 고이 간직하며 몰래 아껴 먹던 라면을 아이들과 함께 끓여 먹을 수밖에 없었다고 한다. 돌이켜보면 나는 가족들은 뒷전이고, 사역에만 몰두한 불량 남편이자 부족한 아빠였다. 그럼에도 아내와 자녀들이 묵묵히 그 시간을 버텨주었기에 나는 현지어를 빠르게 익힐 수 있었다. 그때 내 마음에는 오직 그들의 말로 복음을 전해야겠다는 생각밖에 없었다.

배추를 살리기 위해

언어를 배우기 시작한 지 6개월쯤 지나, 가족들과 함께 시간을 보내기 위해 수도 아크라에 갔을 때였다. 길을 지나다가 우리가 사는 다곰바 땅에서는 구경도 할 수 없는 중국 배추를 발견했다. 한국 배추와 비교하면 몹시 뻣뻣하고 특이한 향도 있지만, 한국 배추는 꿈도 꿀 수 없는 우리에게는 그것만 해도 감지덕지였다. 마치 보물을 발견한 것처럼 기뻤다. 모처럼 김치를 담가 먹을 생각에 침이 고이고 가슴이 뛰었다.

우리는 곧장 엄청나게 큰 광주리에 한 가득 배추를 샀다. 그런데 날씨가 문제였다. 뜨거운 날씨에 배추를 트럭 뒤에 싣고 12시간을 운전해 다곰바로 돌아간다면, 배추가 반 이상은 시들어 먹지 못할 게 뻔했다. 어떻게 구한 배추인데! 나의 선택은 전력질주였다. 가뜩이나 좋지 않은 길을 마치 응급차처럼 속도를 내며 달렸다. 배추를 살려야 한다는 일념으로…. 평소에는 12시간 걸렸을 길을 9시간 30분 만에 주파했다. 얼마 후 기도하는 중에 하나님의 음성이 들렸다.

"복음에 목숨을 건다고 여기에 와놓고는 네가 배추에 목숨을 걸었구나."

얼마나 부끄러웠는지 모른다. 그깟 배추가 뭐라고, 하마터면 온 가족과 일찍 이 땅을 떠날 뻔했다.

가르치며 배우다

2년간 집중적으로 현지어를 배운 후에는 제자훈련을 시작했다. 매주 오지 마을 두 곳을 번갈아 들어가서 15명의 지체들과 함께 이틀간 먹고 자며 현지어로 말씀을 가르쳤다. 마을로 들어가는 길은 차가 다닐 수 없는, 그야말로 오지였다. 이틀 중에 하룻밤은 간이 손전등을 켜고 전도 집회를 열어 복음을 전했다. 성경공부와 전도 집회가 끝나고 나면 마을 사람들과 함께 잠자리에 들었다. 침실은 흙으로 지은 둥그런 초가집이었는데, 어느 날은 전갈이 나오고, 어느 날은 한쪽 방에서 코브라가 나와 큰 소동이 벌어진 적도 있다. 다행히 지금까지 전갈이나 뱀에 물린 적은 없다.

하지만 말라리아는 피해 가지 못했다. 말라리아에 걸리면 처음

2-3일은 머리가 터질 것처럼 아프고, 일주일은 식음을 전폐한 채 초죽음 상태로 지내야 했다. 하지만 말라리아에 걸릴 때마다 하나님의 은혜는 오히려 차고 넘쳤다. 고통 중에 눈물로 회개했고, 하나님께서 한없이 추한 죄인을 구원해주신 것도 감사한데, 영광된 선교의 직분을 맡겨주신 것이 얼마나 감사한지를 피부로 느끼며 뜨거운 눈물을 쏟았다.

한 달에 사흘은 이들과 함께 먹고 자며 모바일 지도자 훈련도 진행했다. 헌신된 일꾼들을 발굴하여 목회 훈련을 시키기 위해서였다. 당시에는 현지인 중에 정식으로 신학교 교육을 받은 이들이 거의 없었기 때문에, 지도력이 있고 헌신된 일꾼들을 말씀으로 훈련하여 개척 교회에서 목회할 수 있게 하기 위함이었다. 그 열매로 현재 다곰바에는 35개의 크고 작은 교회가 세워졌고, 정식으로 신학 교육을 받은 목회자도 10명에 이른다.

'뒤집어진' 사건들

다곰바에서 여러 사역을 감당하기 위해서는 마을 곳곳으로 차를 몰고 들어가야 한다. 지금도 열악하기는 마찬가지지만, 당시에는 대중교통이 아예 없다시피 했기에 형편 없는 비탈길 위로 선교 차량을 운전해서 다녀야 했다. 더군다나 모임 장소로 가는 길 주변의 마을 사람들을 트렁크에 태우고 가야 해서 차가 덜컹거릴 때마다 마음이 조마조마했다. 그러던 어느 날 여느 때와 같이 모임 장소를 향해 가다가, 한 마을에서 갑자기 아픈 환자가 있으니 병원까지 데려다달라고 사정을 해서 차에 태워 병원으로 달렸다. 안타깝게도 환자는 병원에 도착한 지 15분 만에 세상을 떠났다. 장례를 치르기 위해서는 다시 시체를 싣고 와야 했다. 트렁크가 아닌 뒷좌석 중간에 시체를 앉히고, 양쪽에서 죽은 이의 부모가 시체를 붙잡은 채 마을로 돌아왔다. 그 차를 운전하면서 내 마음에는 온갖 생각이 다 들었다.

'뒷좌석은 우리 애들이 앉는 자린데… 저 사람이 뭐 때문에 죽은지도 모르고, 혹시 에이즈나 전염병이면 어쩌지?'

사람이 죽었는데 슬퍼하기는커녕 이런 걱정을 하는 내 모습이 부끄러웠지만, 거친 비탈길을 마구 내달리는 것 말고는 그들을 위해 해줄 수 있는 게 없었다.

하루는 3일간의 훈련을 마치고 혼자 운전해서 집으로 돌아오는 길에, 차가 비탈길 경로를 벗어나 완전히 한 바퀴 굴러 뒤집히는 사고가 났다. 노후한 차량의 한쪽 바퀴 베어링에 문제가 있었다. 2년 전에도 차가 완전히 뒤집힌 적이 있었는데, 같은 사고를 두 번이나 당한 것이다. 감사하게도 하나님은 내 생명을 건져주셨다.

'아직 이 땅에 내가 필요하구나. 우리 가족을 위해서도….'

가나에서 사역한 지 12년이 되었을 때, 하나님은 나 자신의 사역과 영적 상태를 점검해보도록 나를 이끄셨다. 이번에는 차량이 아니라 내가 영적으로 확 뒤집어졌다. 지난 12년간 땀 흘리며 사역하고 헌신했지만, 이 땅의 영혼들을 위해 흘린 눈물이 너무도 부족했음을 깨달았다. 그때 얼마나 눈물을 흘리며 회개했는지 모른다.

"네 땀과 헌신, 노력으로만 되는 것이 아니다. 이 땅에 네 눈물을 쏟으면 내가 일하리라."

하나님의 음성을 듣고는 정신이 번쩍 들었다. 그때부터 일하기 전에 먼저 기도하며 하나님의 뜻을 구하는 선교사가 되겠노라고 다짐했다. 지금도 그 약속을 지키기 위해 분투하고 있다.

기도는 나의 힘

영적으로 새롭게 된 후, 그동안 함께 제자훈련을 해온 앤드류와 파타우에게 하나님께서 주신 깨달음을 나누고 기도 모임을 제안했다. 이 땅을 위해 눈물 흘리는 기도의 용사가 되자고 다짐하며 기도팀의 이름을 '119 기도 특공대'(119 Prayer Army)로 정했다. 우리는 수년간 함께 기도하면서 하나님의 시선이 어디에 닿는지 볼 수 있었다.

그래서 시작한 것이 가난한 중학생들을 지원하는 장학금 사역, 과부들을 선정하여 암염소 두 마리를 사주고 복음을 전하는 사역, 굶주리는 빈곤자들을 위한 구제 사역 등이었다. 특히 과부 사역을 위해서는 한 명의 신실한 여성 사역자를 세워 70여 명의 과부들을 방문하며 복음을 전하게 하는 일을 계속 해오고 있다. 이 모든 일은 원래 계획하지 않았으나 하나님께서 기도 시간을 통해 당신의 마음을 느끼게 하시고, 재정 후원을 연결해주심으로 이루어졌다. 하나님께서 말씀하시는 사역은 내가 원하든 원치 않든 순종해야 한다는 사실을 더욱 깨달았다.

2020년 3월, 전 세계를 휩쓴 코로나19가 가나도 덮쳤다. 4월부터 가나 정부의 방역 지침이 내려오면서 예배가 전격적으로 중지되었다. 사역도 모두 중지되고, 기도팀의 모임도 4월 한 달간 멈췄다. 그야말로 계시록에 기록된 인류의 마지막 때가 도래한 것 같은 위기감을 느꼈다. 나는 혼자 기도하며 이 상황에서 무엇을 어떻게 해야 할지 주님께 여쭈었다. 소수의 기도팀 리더들과 마스크를 한 채 우리 집 베란다에 모여 기도하면서 다 같이 주님의 뜻을 구했다. 이 암흑 같은 시기에 우리가 무엇을 해야 하는지 묻고 또 물었다.

코로나로 인해 많은 사람들이 죽어가는 이때에 제일 시급한 일은 무엇인지, 주님이 우리에게 원하시는 것은 무엇인지 기도하며 구하다가 드디어 답을 얻었다. 그것은 가장 기본적이지만 가장 가치 있고 시급한 일, 그리고 우리가 이 땅에 온 이유였다. 바로 영혼 구원! 예수님에 대해 한 번도 들어보지 못하고 죽어가는 사람들에게 가서 복음을 전하는 것이었다.

우리는 세 겹짜리 면마스크를 만들어 길가에 나가서 한 사람 한 사람에게 나눠 주며 복음을 전하기 시작했다. 이슬람의 어두움에 둘러싸여 있는 이들에게 복음을 전하며 우리의 가슴은 뜨거움으로 벅차올랐다. 그동안 전도 집회를 하며 불특정 다수에게 복음을 전하곤 했지만 이렇게 일대일 전도를 집중적으로 하기는 처음이었다. 코로나의 위기가 오히려 전도의 불씨가 되었다.

메시아의 전령

2021년에 들어서 우리는 시골 마을을 순회하며 집집마다 방문하여 복음을 전하기 시작했다. 약 두 달간 전도하는 가운데 많은 사람들이 예수님을 영접했다. 우리는 감사한 마음으로 한 집 한 집을 방문하여 새신자 성경공부를 시작했다. 그러다보니 새로운 집을 방문해 복음을 전할 시간이 절대적으로 부족했다.

그래서 하나님께 지혜를 구하는 중에 헌신된 일꾼들을 훈련할 필요성을 깨달았다. 약 20명이 훈련 세미나에 참석했다. 그 후 말씀으로 훈련받은 20명의 헌신자들이 전도팀과 기도팀으로 나뉘어 사역을 분담했다. 전도팀은 현장 훈련을 거친 후 두 명씩 짝지어 전도를 하기 시작했다. 현재는 4개 팀이 구성되어 있는데, 앞으로 꾸준히 훈련하여 전도팀을 늘려갈 생각이다. 몇 달 전에는 22명이 모여 함께 기도하며 '메시아의 전령'이라는 이름을 붙인 전도팀을 구성하고, 4명의 팀 리더를 세웠다.

가가호호 마을 전도를 시작한 후, 예수님을 영접하고 새신자 공부도 열심히 하던 네 분의 노인이 돌아가셨다. 한 분은 예수님을 영접하고 일주일 후에 세상을 떠나셨다. 우리가 일주일만 늦게 갔어도 그분은 예수님을 만나지 못했을 것이다. 아니, 예수라는 이름도 들어보지 못하고 세상을 떠났을 것이다. 생각만 해도 아찔하다. 다른 한 분은 그리운 어머니처럼 미소가 인자한 분이었는데, 돌아가셨다는 소식을 듣고 헛헛한 마음에 한동안 잠이 오지 않았다.

사실 우리나라와 달리 가나의 교회에서는 노인들을 보기가 쉽지 않다. 아파서 못 오시는 분도 있지만, 평생 무슬림으로 살아왔기에 교회에 선뜻 발을 들여놓지 않기 때문이다. 이들이야말로 복음에 소외된 사람들이 아닐까? 가정 방문을 통해 이들에게도 복음을 전할 수 있어 얼마나 감사한지 모른다.

미안합니다, 고맙습니다, 사랑합니다

25년이라는 짧지 않은 세월을 돌이켜보면 아내와 자녀들에게 미안하기 그지없다. 이곳 가나의 북부 지역은 교육 환경이 몹시 열악하기 때문에 아이들을 초등학교 5-6학년 때까지만 이곳 학교에 보내고, 이후에는 국경을 두 개나 넘어 약 1천 킬로미터 떨어진 니제르의 선교사 자녀 학교에 보냈다. 아이들은 어린 나이에 부모와 떨어져서 기숙사 생활을 하며 공부를 해야 했다. 아빠 엄마가 필요한 순간마다 옆에 있어주지 못한 것이 제일 미안하다.

처음 첫째와 둘째를 니제르에 남겨놓고 돌아올 때를 생각하면 지금도 가슴이 아리다. 나중에 그곳의 한국 선교사님에게 들은 이야기가 기억난다. 당시 초등학교 5학년이던 둘째 딸이 첫날 학교를 마치고 기숙사 옆 그네에 앉아 있길래 "여기서 뭐하냐"고 물어보았더니 엄마 아빠를 기다린다고 했단다. 그 나이에 엄마 아빠가 자기를 놔두고 가나로 갔으리라곤 전혀 상상하지 못했던 것이다.

혼자서 찾아올 수 없을 만큼 부모와 멀리 떨어진 곳에서, 요즘처럼 자유롭게 전화나 메신저, 영상통화도 할 수 없는 하루하루를 견디며 아이가 얼마나 외로웠을까? 아이들이 대학에 다닐 때에도 4년 내내 한두 번 찾아가 얼굴을 본 것이 전부이니 아빠로선 낙제점이라 해도 할 말이 없다. 아들들이 군에 입대할 때나 복무 중일 때도 면회 한 번 가지 못했는데 무탈하게 군복무를 마치고 돌아온 것이 고맙고도 미안하다. 외롭고 힘든 학창 시절을 보냈을 텐데도 모두 건강하게 잘 성장하고, 엄마 아빠를 원망하지 않고 오히려 응원해주니 고마울 따름이다. 무엇보다 아이들이 하나님의 은혜로 믿음 안에 든든히 서 있는 것이 가장 큰 감사거리다. 아내 이계옥 선교사 또한 갑상선암에 당뇨까지 있어 몸이 힘든데도 불구하고 의료 시설이 열악한 선교지로 돌아와 헌신하니 그 또한 참 고맙다.

25년! 늘 기도와 물질로 후원해주는 동역자들이 없었다면 선교지에 계속해서 머물지 못했을 것이다. 무엇보다도 하나님께서 늘 눈동자같이 지켜주시고 생명을 살려주셨기에 사역을 감당할 수 있었다. 부족한 자를 기다리고 또 기다려주신 그 큰 사랑이 없었다면, 결코 이 땅에서 살아올 수 있는 세월이 아니었다. 오직 한 분, 주님만을 찬양한다.

내 삶을 드립니다

선교사로 첫 발을 내딛으며

• 장유한 •

새내기 선교사의 고백

우리는 이제 막 선교사로 파송받아 언어 훈련 중에 있고 아직 사역지에 방문하지도 못한 신입 선교사들이기에, 사실 간증할 만한 이야기가 없다고 생각했다. 사역지에서 풍성한 경험을 하고, 하나님의 역사와 능력을 맛보며, 여러 동역자들과 감동적인 선교 이야기를 엮

장유한 군 제대 후 청년부 목사의 설교와 성경공부를 통해 신앙을 회복하고, 2004년 선교한국 대회를 통해 선교사로 소명을 받았다. 고등학생 때 선교의 소명을 받고 단기 선교에 참여하며 선교를 준비해온 자매를 만나 결혼했다. 2021년 나이지리아로 파송받은 후, 은퇴를 앞두고 있는 나이지리아 이능성 선교사의 선교훈련원 사역을 이어가기 위해 미국에서 언어 연수를 하고 있다. 아내 송민경 선교사와 두 아들 진우, 민우가 있다.

어간다는 건 아직 우리에게 미지의 영역이다. 선배 선교사들의 간증을 들으며 은혜와 도전을 받고 사역에 대한 기대와 비전을 쌓아가야 하는 시기에, 출발선에 선 우리가 어떤 이야기를 나눌 수 있을까 아내와 함께 고민하다가 우리를 선교사로 세우신 하나님에 대한 이야기를 쓰면 좋겠다는 생각이 들었다. 우리 가정이 선교사로 헌신하게 된 계기, 선교단체와 선교지를 만난 과정을 통해 하나님의 역사와 일하심을 함께 누릴 수 있지 않을까 싶었다.

두 번의 부르심

나는 불신자 가정에서 태어났고, 1995년 중학교 3학년 때 난생 처음 교회라는 곳에 갔다. 당시 우리 가족은 특별한 종교가 없었고, 주위에 교회를 다니는 친구도 없어서 "교회 가자"라든지 "예수님 믿으세요"라는 말을 들어본 적이 없었는데, 한 친구를 통해 우연히 집 근처에 있는 교회에 가게 된 것이다. 처음 만난 '교회'는 하나부터 열까지 재미있고 신기한, 그야말로 신세계였다. 나는 금세 친구들을 사귀면서 교회생활에 적응했고, 고등학교 3년 내내 교회에서 적극적으로 봉사와 부서 활동을 하며 즐겁게 교회에 다녔다. 그때는 교회의 친구들이나 선후배들과 함께하는 것이 즐거워서 교회생활에 열심을 냈던 것 같다.

하지만 1999년 대학생이 되면서부터 내 생활은 조금씩 달라졌다. 교회 청년부 모임은 나갔지만 이전만큼 열심히 참여하지는 않았다. 대학교에서 새로 사귄 친구들과 어울리면서 한층 자유로운 대학 문화에 빠져들었고 자연스럽게 교회와 멀어졌다. 인생의 재미와 즐거움이 교회생활에서 대학생활로 옮겨갔다고 보는 것이 맞다. 한창 대학생활을 즐기다가 2000년에 입대를 하면서부터 교회와 완전히 멀어졌다. 군대에서는 오히려 교회 가는 사람들을 핀잔 주고 조롱할 정도로 교회와 등진 생활을 했다. 그러다가 전역하고 사회생활을 하던 2003년 가을, 나는 인생이 360도 바뀌는 놀라운 회심을 경험했다.

그해 6월 어느 여름, 그날도 평소와 다름없는 평범한 아침이었다. 잠에서 깨어 눈을 떴을 때 문득 '이상한 감정'이 마음 한 켠에 자리 잡고 있는 것이 느껴졌다. 뭔가 큰 사고를 당해 죽을 것 같은 불안감이었다. 아무런 이유도 맥락도 없이 '내가 오늘 당장이라도 큰 사고를 당해 장애를 입거나 죽을지도 모른다'는 두려움에 강하게 사로잡혔다. 길을 걸을 때면 행인 중 한 명이 나를 죽일지도 모른다는 생각에 사람들이 무서워졌다. 평범한 아주머니, 학생, 심지어 노인까지 잠재적 가해자로 보였다. 교통사고가 날까 무서워 지하철이나 버스를 타기도 겁났다. 잠들 수 없는 것이 가장 힘들었다. 강도가 들어와 나를 죽일지도 모른다는 불안감에 뜬눈으로 밤을 새우기 일쑤였다. 일상생활이 불가능할 정도로 몸과 마음이 망가져버렸다. 한 달 만에 몸무게가 10킬로그램 이상 줄었다. 스물네 살 청년이던 나는 '이렇게 사느니 차라리 죽는 게 낫다'고 생각하며 마지못해 삶의 끝자락을 붙들고 하루하루를 보냈다.

어둠 속에서 죽느니만 못한 삶을 산 지 3개월이 되어갈 무렵, 하나님께서 불러주셨다. 우연히 길에서 중학교 3학년 때 나를 교회로 인도했던 친구를 만난 것이다. 그 친구와 나를 여전히 기억해준 교회 청년부 선배들의 권면으로 나는 다시 교회에 나갈 용기를 얻었다. 4년 만에 다시 교회를 찾아간 날, 청년부 예배 시간에 로마서 설교를 들으면서 마음속에 가득 찼던 불안이 한순간에 사라지고, 살아야 할 이유와 진정한 소망 되시는 예수 그리스도를 만났다. 나를 지독한 두려움과 공포 속에서 건져준 것은 '내가 세상에서 가장 큰 죄인'이라는 깨달음과 '나같이 더럽고 추악한 죄인을 위해 십자가에서 죽으신' 예수 그리스도였다. 학창 시절에 4년 넘도록 교회를 다녔지만, 내가 죄인이라는 사실은 생각해본 적도, 인정해본 적도 없었다. 예수님은 그저 '존경스러운 성인' 정도의 존재였다. 그렇게 무지한 나를, 연약하고 부질없는 나를, 공포와 두려움에 떨며 죽음을 기다리던 나를 하나님은 불쌍히 여기고 은혜를 베풀어 그분의 사랑으로 불러주셨다.

4년 만에 예배를 드리며 나는 하나님을 떠나 방황하며 살았던 모든 순간을 후회했고, 무지한 나를 위해 죽으신 예수 그리스도에게 죄송하고 감사해서 눈물을 쏟으며 회개했다. 그날 말씀을 통해 내가 받은 구원이 무엇인지, 그 구원이 내 삶에 어떤 의미인지 분명히 깨달았다. 그 후 내 삶은 새로운 방향으로 나아갔다. 교회생활이 아니라 믿음생활을 하게 되었다. 삶의 방향이 바뀌자 내가 어떤 존재인지, 하나님은 누구이고 예수님은 어떤 분인지, 믿음은 무엇인지 더 알고 싶어 견딜 수 없었다. 말씀을 읽고 설교를 듣는 시간이 너무나 즐겁고 행복했다. 기도할 때마다 자유로운 영혼이 되어 하나님과 함께 있는 것만 같았다. 삶의 모든 관심과 주제가 오직 한 분 하나님을 향했다. 나는 더 이상 두려움이 아니라 기쁨과 감사함 가운데서 살아가는 사람이 되었다.

특별한 초청

2003년 가을, 하나님의 부르심을 받은 후 계속해서 말씀을 들으면서 한 가지 소망이 생겼다. 다름 아니라 '하나님을 위해서 뭔가를 하고 싶다'는 생각이었다. 하나님께서 내 삶을 건져내 새롭게 살게 해주셨으니 그 생명을 하나님께 드리고 싶었다. 그것이 나를 구원해주신 분께 드릴 수 있는 최선이라고 생각했다.

그런 마음을 품고 기도하던 2004년 여름, 청년부 목사님의 권유로 선교한국 대회에 참석했다. 하나님은 그 대회를 통해 '하나님 나라'에 대해 가르쳐주셨다. 신앙생활을 하면서 익히 들은 말이지만, 선교 대회를 통해 그 개념과 의미에 대해 바로 알고 진지하게 삶에 적용해보니 그 말이 이전과는 180도 다른 의미로 다가왔다. '하나님은 온 열방을 향해 구원의 목적을 가지고 계시고, 반드시 그 구원을 이루실 것'이라는 이야기를 들을 때 가슴이 뛰었다. '하나님께서 이 땅에 반드시 하나님 나라를 세우고 영광을 받으실 것'이라는 이야기를 들을 때는 마음이 벅차올랐다. 그리고 '하나님 나라를 위해 누군가 땅 끝까지 복음을 전해야 한다'는 이야기를 들었을 때는 왠지 모를 감동에 사로잡혔다. 하나님 나라를 세우는 일에 나를 초청하시는 하나님의 마음이 고스란히 느껴졌다. 나는 이 일에 반드시 동참해 하나님을 기쁘게 해드리고 싶은 소원을 품게 되었다.

"이 천국 복음이 모든 민족에게 증언되기 위하여 온 세상에 전파되리니 그제야 끝이 오리라"(마 24:14).

나는 이 말씀을 위해 살고 싶다고 결단했다. 기도할수록 하나님께서 아브라함처럼 '복의 통로'가 되라고 나를 부르신다는 확신이 짙어졌다.

"너희가 그리스도의 것이면 곧 아브라함의 자손이요 약속대로 유업을 이을 자니라"(갈 3:29).

우리가 걷는 이 길은

복음 전파를 향한 마음이 잠시 타올랐다가 꺼져버리는 한여름 밤의 꿈이 되지 않도록 하나님은 지속적으로 나를 비전의 길로 인도하셨다. 선교한국 대회를 마치고 2004년 9월, 나는 바로 이어서 퍼스펙티브스(PSP) 선교훈련을 받았다. 12주간의 훈련을 통해 감정적 열정을 갖는 데서 그치지 않고 성경적, 역사적, 지식적으로 왜 선교를 해야 하는지, 하나님 나라가 완성된다는 것의 의미와 과업은 무엇인지 구체적으로 배울 수 있었다. 그 과정을 통해 내 마음에 품은 꿈이 하나님께서 주신 것임을 다시 한 번 확신했다. 2004년 여름과 가을은 내게 뜨거운 열정이 '선교'라는 비전을 향해 불을 뿜는 시기였다고 해도 과언이 아니다. 불과 1년 전만 해도 죽음의 공포 속에서 떨던 나를 주님이 구원하시고 그분의 일에 동참하도록 부르셨다는 사실이 무척 감격스러웠다. 비로소 인생의 참된 의미를 깨달은 순례자가 된 것 같았다.

두 계절 동안 이어진 훈련을 통해 나는 믿지 않던 한 종족이 구원받고 하나님을 예배하는 하나님 나라의 백성이 되는 일을 꿈꾸게 되었다. 아직 하나님을 알지도 믿지도 못하는 미전도 종족이 세계 인구의 3분의 1이나 된다는 사실이 안타까웠다. 그들이 미전도 종족으로 남아 있는 한 하나님의 영광이 온전히 회복되지 못하며, 하나님 나라가 완성되지 못할 것이라는 사실에 분한 마음까지 들었다. 하나님께서 받으실 영광을 사탄 마귀가 대신 누리고 있다는 사실에 거룩한 분노가 치밀었다.

미전도 종족과 하나님 나라의 완성을 향한 열정으로 나는 이 땅에 복음 전하는 일에 내 삶을 드리겠다고 결단했고, 그 결단이 나를 선교사의 길로 이끌었다. 청년부 목사님과 상의한 끝에 신학대학교 편입을 준비했고, 이후로도 크고 작은 체험들을 통해 내가 가는 길이 하나님께서 이끄시는 길임을 확인했다. 그 길을 걷는 동안 하나님은 무지하고 부족한 나를 위로하고 격려하며 계속해서 가도록 용기를 주셨다. 몇 년이 흘러 2010년, 하나님은 나와 같은 마음을 품고 있는 아내를 만나게 해주셨고, 2012년에 가정을 꾸린 우리 두 사람은 함께 선교의 길을 걷고 있다.

최고의 훈장

'국제단체를 통해 선교하게 되면 좋겠다.'

이것이 아내와 나의 공통된 마음이었다. 국제 선교단체는 멤버들이 수평적 위치에서 협력하는 팀 사역을 한다고 들었기 때문이다. 또 오랜 기간 선교 사역을 해오면서 선교지와 현지인에 대한 경험이 풍부해, 선교사가 사역을 성공적으로 해갈 수 있도록 여러 기회를 제공한다고 들었다.

본격적으로 선교사의 삶을 준비하면서 우리 부부는 여러 선교단체들을 둘러보고 인터뷰도 하면서 저마다의 강점과 특별함을 알아갈 수 있었다. 모든 선교단체가 능력 있게 선교 사역을 하고 있었지만, 아내와 내 마음은 SIM으로 향했다. 하나님께서 우리를 그곳으로 인도하심을 느낄 수 있었다. 무엇보다 SIM에서 내가 그동안 준비해온 목회 사역과 더불어 미전도 종족 사역의 가능성을 보았기에 고민하는 데 오랜 시간이 걸리지 않았다.

선교지에 파송될 준비를 하면서 더 깊이 알게 된 SIM선교회는 우리가 생각했던 것보다 훨씬 더 훌륭하고 체계적인 선교 커리큘럼을 가지고 있었다. 특히 선교 훈련을 담당한 선배 선교사들에게 하나의 공통점이 있다는 점이 인상적이었다. 모두들 만면에 아름답고 넉넉한 미소를 띠고 있었다. 그 미소는 선교사로 살아온 평생의 삶이 은혜이고 축복이었음을 말없이 고백하는 듯했다.

출발선 앞에서

2020년 우리 가정은 선교회에 허입되었지만 아직 파송국가나 파송교회가 정해지지 않은 상태였다. 우리는 '복음의 열정이 살아 있는' 교회를 만나 동역하기를 기도하며 기다리고 있었다. 당시 우리는 딱히 원하는 특정 나라는 없었고, 다만 미전도 종족 권역의 나라와 지역에서 사역하고 싶은 소망만 있었다. 어디든 하나님께서 이끄시는 곳이 가장 좋은 곳이라는 믿음으로 때를 기다렸다.

기다림이 길어지면서 불안감이 살짝 들 무렵, 우리는 이능성, 서재옥 선교사님 부부를 만났다. 두 분은 지난 35년 가까이 나이지리아에서 사역하다가 은퇴를 앞두고 후임 선교사를 찾고 계셨다. 그분들을 파송하고 후원한 교회도 나이지리아 선교 사역이 이어지기를 소망하고 있었다. 선교사님 부부와 이야기를 나누며 우리는 하나님께서 나이지리아 사람들을 사랑하시고, 우리를 사랑의 전달자로 그들에게 보내길 원하신다고 느꼈다. 나이지리아 북부 무슬림 마을에 현지 교회를 개척하기 위해 나이지리아 선교사를 훈련하는 사역은 내가 꿈꿔온 사역과 방향성도 일치했다. 아내도 무슬림에게 복음을 전할 수 있는 길을 열어달라고 기도하고 있던 터였다. 아무래도 하나님께서 아내의 간구에 응답하시는 것 같았다.

나이지리아는 우리에게 한없이 낯선 땅이지만, 하나님은 우리의 불안과 두려움을 기쁨과 평안으로 바꿔주셨다. 비록 그 땅에 대해 아는 게 없지만, 우리를 그곳으로 인도하시는 하나님을 잘 알고 세상 누구보다 신뢰하기에 우리는 담대할 수 있었다.

좀처럼 선교의 문이 열리지 않던 그때, 좋은 선임 선교사와 45년째 나이지리아 선교를 해온 열정 넘치는 파송교회를 만나게 해주신 하나님께 감사드린다. 다가오는 2022년 12월에 사역지로 들어가기 위해 우리는 매일 언어 공부를 하며 훈련을 받고 있다. 앞으로 우리가 살아내는 모든 삶의 순간이 아름다운 간증이 되길, 하나님께서 우리 가정과 나이지리아 사람들, 그리고 주님의 사역에 늘 은혜를 베풀어주시길 기도하며 오늘도 기쁜 마음으로 출발선 앞에 선다.

주님이 하신다

하나님의 인도하심을 따라

• 정요엘 •

선교사로 부르시다

대학 2학년 때 모퉁이돌 선교회의 이삭 목사님이 채플에 와서 설교를 하셨다. 북한 주민들이 죽음 앞에서도 믿음을 지킨 내용이었다. 채플이 끝난 후에도 나는 자리에서 일어나지 못한 채 눈물을 쏟으며 기도할 수밖에 없었다. 그때 나를 선교사로 부르시는 하나님의

정요엘 불교 가정에서 태어났으나 친구의 전도로 고등학생 때부터 교회에 나가기 시작했다. 20세에 인격적으로 예수님을 만난 후 인생의 목적과 의미가 바뀌었고 신학교에 진학했다. 신학교 1학년 때 모퉁이돌 선교회 이삭 목사의 설교를 듣고 선교사로 헌신해 2002년 A국으로 파송받았다. 2019년에는 사역지를 M국으로 변경하여 현재 비즈니스 사역을 하고 있다. 아내 이안나 선교사와 장성한 딸 주경과 아들 찬우가 있다.

음성을 들었다. 그곳이 어디인지는 모르지만 기도하는 가운데 하나님을 모르는 자들의 부르짖음을 느낄 수 있었다. 내 안에 소명이 생겼다. 복음을 모른 채 고통당하고 있는 이들에게 복음으로 소망을 주고 싶었다. 신학대학원에 진학한 나는 1년간 휴학을 하고 두 명의 친구와 함께 필리핀으로 단기 선교를 떠났다. 그곳에서 보낸 1년은 내가 앞으로 어떤 선교사로 살고, 어떻게 선교를 해야 할지 밑그림을 그리는 귀한 기회가 되었다. 그곳에서 협력 선교의 중요성을 깨닫고 국제 선교단체에 관심을 갖게 되었다. 다양한 사람들을 만나는 가운데 특별히 미얀마 청년 네 명과 친분을 쌓았다.

아내의 부르심 또한 특별하다. 아내는 모태신앙이었지만 해결되지 않는 영적 갈급함이 있던 중에 교회 후배와 함께 초교파 여름수련회에 참석했다. 그 집회에서는 선교 헌신자들을 초청하여 소그룹별로 그들을 위해 기도하는 순서가 있었다. 그때 아내는 "주님, 저는 못합니다. 주님, 저는 못합니다"라는 말만 반복했다. 다음날 집회에서도 마찬가지였다. 마침내 수련회 마지막 날, 선교 헌신자를 초청하는 시간에 아내는 주님의 부르심을 알면서도 애써 거절하고 있었다. 그때 마음속에서 주님이 아주 분명하게 말씀하셨다.

"내가 너를 사랑한다."

감격한 아내의 입에서 뜻하지 않은 방언이 터져 나왔다. A국 말로 "감사합니다. 사랑합니다"라고 고백한 것이다. 그 후로 아내는 하나님께서 A국으로 부르신다는 확신을 가지고 A국 언어를 배우기 시작했다.

응답하실 때까지 기다려야

우리 두 사람은 모두 선교의 부르심을 받았으나 막상 결혼하고 나니 관심 국가가 다른 것이 문제가 되었다. 아내는 A국을, 나는 M국을 마음에 품고 있었다. 우리는 몇 번 상의한 끝에 우리의 생각을 내려놓고 하나님의 인도하심을 구하기로 했다. 그렇게 선교를 준비하던 1997년, IMF 사태가 터졌다. 그로 인해 교회들은 선교사 파송에 어려움을 겪었고, 이미 사역하고 있던 선교사들도 경제적 어려움으로 인해 고국으로 돌아오는 상황이었다. 우리는 오래전부터 선교지로 떠나기 전에 선교에 대해 공부하는 시간을 갖기를 원했는데, 지금이 바로 그때라는 생각이 들었다. 당시 세 살인 딸과 두 돌 된 아들을 어린이집에 보내고, 우리는 3개월 동안 MTI(Missionary Training Institute) 훈련을 받으며 깊이 있게 선교를 준비하는 시간을 가졌다.

MTI를 마치고 호주로 가려고 준비했지만 비자 거절로 길이 막혀버렸다. 그러자 스코틀랜드의 애버딘 대학에 가 있던 친구에게서 '이곳으로 오라'는 연락이 왔다. 우리는 기도하면서 애버딘으로 갈 준비를 했다. 대학의 허가서를 받고 항공권을 준비하는 등 분주하게 출국 준비를 했다. 드디어 출국하기 하루 전날, 아침부터 이상하게 배가 아팠다. 그래도 자동차를 이전하고 새 여권을 발급받는 등 막바지 준비를 하느라 복통에 신경 쓰지 못했다. 하지만 점심때가 되자 복통이 더욱 심해져 결국 병원에 가서 진료를 받았다. 의사는 마른하늘에 날벼락 같은 진단을 내렸다.

"맹장입니다."

"네? 저 내일 영국에 가야 하는데요?"

"못 갑니다. 아마 오늘 6시쯤이면 응급실에 가야 할 겁니다."

그날 나는 의사의 말대로 응급실 신세를 졌고, 밤 9시에 맹장 수술을 받았다.

영국에 가려고 준비한 모든 일정이 취소되었다. 가고자 하는 길이 번번이 막히니 답답하기 그지없었다. 무엇이 잘못되었는지, 무엇을 잘못한 것인지 기도하며 하나님의 응답을 구하기로 했다. 사실 우리는 영국으로 출발하기 전 40일 동안 아침을 금식하며 간절히 기도했었다. 그때 하나님은 가라고도, 가지 말라고도 하지 않으셨다. 우리는 분명 기도했고, 가지 말라는 말씀이 없는 것을 가도 된다는 뜻으로 받아들이고 영국으로 출국할 준비를 했던 것인데….

그 일을 통해 하나님께서 말씀하지 않으시면 움직이지 말아야 한다는 큰 교훈을 얻었다. 하나님께서 말씀하실 때까지 기다리기란 때로는 고통스러운 일이다. 하지만 하나님은 우리에게 가장 선한 길을 내주기 위해 기다리라고 말씀하실 때가 많다. 기도하면서 기다리면 길을 보여주신다. 그 길로 가면 모든 일이 순탄하게 흘러간다. 지금 생각하면, 그때 서둘렀던 우리의 모습이 부끄럽다. 그럼에도 하나님은 어리석은 우리를 기다려주시며 당신의 뜻에 합한 자들로 바꿔가셨다.

하나님의 공급하심

애버딘으로 가려던 모든 계획을 취소하고 망연자실해 있던 우리는 MTI 원장인 손영준 박사님의 안내를 따라 영국 북부 지역 휘트비에 있는 F. E. 언어학교로 가게 되었다. 애버딘으로 갔다면 나 혼자 공부를 하게 되었을 텐데, F. E.에서는 아내도 공부할 수 있는 기회가 주어졌다. 손 박사님은 "부부가 선교사로 섬길 때는 아내가 함께 성장할 수 있도록 남편이 보조를 맞춰야 한다"고 말씀하셨다. 그 말씀은 우리 부부에게 큰 도움이 되었다.

하지만 당시에는 우리 부부가 함께 공부하고 아이들까지 유치원에 보낼 비용이 없었다. 전 재산인 전세금 2천만 원에서 비행기표를 사니 500만 원이 순식간에 증발해버렸다. 남은 돈으로 F. E.에서 3개월간 공부하고 나니 수중에 남은 것이 없었다. 설상가상으로 집세를 낼 때가 되었다. 300만 원 조금 넘는 돈이 당장 필요했다. 그 당시 우리는 선교사 후원을 받는 처지도 아니었기에 더욱 난감했다. 우리는 재정적 필요에 대해 아무에게도 말할 수 없었고 말하지도 않았다. 그런데 며칠 후 깜짝 놀랄 일이 생겼다. 텅 비어 있던 통장에 정확히 집세를 낼 만큼의 금액이 입금된 것이다. 심지어 그 돈을 누가 보냈는지도 몰랐다.

그때부터 우리는 영국에서 생활하는 동안 하나님의 공급하심을 신뢰하게 되었다. 정기 후원이나 정기적인 돈벌이도 없이 3년 반이라는 시간을 영국에서 어떻게 살았는지 돌이켜보면 지금도 신기할 따름이다. 그곳에서 하나님은 우리를 한 번도 굶기지 않으셨고, 영적으로나 육체적으로나 매순간 풍족하게 공급해주셨다. 우리는 그 경험을 통해 하나님을 의지하며 사는 법을 삶으로 익힐 수 있었다.

피 말리는 기다림

영국에 가기 전 MTI에서 훈련을 받으면서 우리는 여러 선교단체를 접해보았다. 그때 우리가 신뢰하는 스태프 중 한 명이 "SIM에 가입하면 후회하지 않을 거예요"라며 많은 선교단체 중에서 유독 SIM을 추천했다. 시간이 꽤 흐른 뒤에도 그 한마디가 마음에 남았다. 필리핀에서 단기 선교를 했을 때 협력 선교의 필요성을 깨닫고는 '선교지에 나간다면 국제 선교단체와 함께하고 싶다'고 늘 생각해온 터라, 주님이 우리를 SIM으로 인도하고 계심을 확신하게 되었다.

SIM에서는 아프리카 선교를 활발하게 하고 있었기 때문에 '우리도 아프리카 대륙의 한 나라로 가게 되지 않을까'라고 생각했다. 하지만 기도를 해도 이렇다 할 확실한 인도하심이 없었다. 그래서 에딘버러 대학의 무슬림 전공 교수와 연결해 학위 과정을 공부할 마음을 먹었다. 영어 시험을 치고 입학 허가도 받았다. 그런데 그 무렵 지인의 소개로 강해설교 학교로 잘 알려진 콘힐 훈련 과정(CTC, Cornhill Training Course)을 알게 되었다. 하지만 그 학교는 12월에 이미 입학 수속이 끝났고, 당시는 4월이었기 때문에 그 학교에 가기란 현실적으로 불가능했다. 그런데 기도하는 가운데 너무도 분명한 음성을 들었다.

"선교를 학위로 하느냐, 말씀으로 하지."

그렇게 크고 분명하게 하나님의 음성을 들은 것은 그때가 처음이었다. 학위 취득을 위해 이미 입학 허가까지 받아놓은 에딘버러 대학은 4월 말까지 등록금을 내지 않으면 입학이 자동으로 취소되는 상황이었다. 나는 혹시나 하는 마음으로 CTC에 입학이 가능한지 연락을 해보았다. 정원이 차서 더 이상 학생을 받을 수 없다는 답변이 돌아왔다. 하나님은 분명 학위가 아니라 말씀으로 선교를 해야 한다고 말씀하셨으니 콘힐로 가는 게 맞지만, 그곳은 현실적으로 입학이 불가능했다. 고민 끝에 결국 나는 학위 과정을 포기했다.

그때부터 기나긴 기다림이 시작되었다. 한 달이 지난 5월에도, 그다음달에도 아무런 소식이 없었다. 그러다 7월 초에 CTC에서 전화가 왔다. 등록한 학생 한 명이 취소를 했는데 그 자리를 나에게 주겠다는 것이었다. 하나님의 음성을 듣고 신뢰하며 기다린 결과였다. 사실 그 기다림은 정말이지 피 말리는 시간이었다. 그 과정에서 우리는 겸손을 배우고 하나님을 더욱 신뢰하는 훈련을 받았다. '하나님이 말씀하지 않으시면 행동하지 말고 기다리라'는 교훈을 잊지 않은 덕분이었다.

양털을 놓다

우리 가정은 주님의 뜻에 따라 런던으로 이사를 가게 되었다. 런던으로 이사갈 준비를 하면서 예상치 못한 여러 통로로 우리는 A국 사람들과 연결되어 교제를 나누었다. 런던은 집값이 비싸서 고민하고 있었는데, 남편은 홍콩 사람이고 아내는 베트남 사람인 집주인을 만나 집을 계약하게 되었다. 그 집에는 방이 네 개가 있는데, 그중 두 개에 세를 놓으면 월세의 절반 이상을 받을 수 있으니 도움이 될 거라는 귀띔도 받았다. 고민할 새도 없이 우리는 바로 방을 세놓는 광고를 냈다.

A국 사람들과 교제하던 어느 날 아내가 조심스럽게 물었다.

"이곳에서 A국 사람들과 관계 맺게 된 걸 보면, 하나님께서 우리를 A국으로 인도하시는 게 아닐까요?"

나는 일부러 그 말을 무시해버렸다. 섬 출신인 나는 어릴 때부터 A국 어부들에 대한 부정적인 이야기를 자주 들어온 터라 A국은 나에게 비선호 국가였다. 아내는 나의 무심한 반응에 한 가지 제안을 했다. 기드온처럼 양털을 놓아보자는 것이었다. 우리가 세놓은 방에 A국 사람이 들어오면 하나님께서 우리를 A국으로 가라고 하시는 뜻으로 받아들이겠냐는 것이었다. 나는 그러기로 했다. 그런 일이 일어날 리 없다고 생각했기 때문이다. 세놓은 두 개의 방 중 하나에는 이미 고등학교에서 과학을 가르치는 영국인 남자 교사가 들어오기로 했고, 다른 하나에는 한 청년이 들어오겠다고 의사를 밝힌 상태였다.

그런데 아내와 이야기를 나눈 바로 그날 A국 여학생이 문을 두드리며 방이 있냐고 물었다. 이미 늦었다고 했다. 나로선 다행이었다.

여학생은 포기하지 않고 혹시 계약이 취소되면 꼭 전화를 해달라고 당부하며 돌아갔다. 그날 공교롭게도 먼저 우리 방에 세 들기로 했던 청년이 할 말이 있다며 집으로 찾아왔다.

"저… 제가 동성애자인데 혹시 괜찮을까요?"

당황스러웠지만 나는 티내지 않고 의연한 척 대답했다.

"그 삶을 바꾸길 원한다면 내가 기꺼이 도와줄 수 있어요. 세도 줄 수 있고요. 그러니 돌아가서 생각해보고 다시 연락을 주세요."

바로 다음날 그 청년에게서 못 오겠다는 연락이 왔다. 결국 남은 방은 A국 여학생의 차지가 되었다. 하지만 나는 이번 일에 조금 인위적인 부분도 있는 것 같아 그것을 단번에 하나님의 뜻으로 받아들일 수 없었다. 아내는 의심하는 나를 위해 또 다른 양털을 놓기로 했다.

"누군가 우리에게 먼저 A국 언어를 가르쳐주겠다고 하면, 그때는 하나님의 인도하심으로 받아들이겠어요?"

나는 동의했다. 그리고 얼마 되지 않아 세 들어 사는 A국 여학생이 불쑥 찾아와 말했다.

"제가 우리나라 말을 가르쳐줄 수 있는데 혹시 배우실 생각이 있나요?"

여학생의 말을 아내와 함께 들었기 때문에 어떤 인위적 개입도 없음을 알면서도 내 마음은 쉽게 허락되지 않았다. 그만큼 A국에 대한 부정적인 마음이 깊었다.

그래서 세 번째 양털은 내가 직접 놓겠다고 했다. 내가 아무런 뜻도 비치지 않았는데, A국 사람이 찾아와서 내게 성경을 가르쳐달라고 부탁하면, 그때는 진짜 하나님의 뜻으로 받아들이겠다고 했다. 당시에 나는 다양한 A국 친구들과 교제를 하고 있었다. 그런데 어느 날 우리 집에서 식사 교제를 나눈 후 헤어질 시간에, 한 청년이 내게 오더니 성경을 가르쳐주지 않겠냐고 묻는 게 아닌가. 뒤통수를 한 대 맞은 기분이었다. 하나님의 강권적 부르심을 부인할 길이 없었다.

또 한 가지 문제가 남아 있기는 했다. A국이 SIM의 필드로 되어 있는지 여부였다. 당장 영국에 있는 SIM 본부에 문의하니 직원의 대답은 아주 분명했다.

"A국은 이미 필드가 되어 있고, 마침 선교사를 찾고 있습니다."

오래 참으며 한 걸음씩 인도하시는 하나님의 사랑 앞에 나는 무릎을 꿇고 순복했다. 하나님은 A국에 대해 부정적이던 나의 마음을 완전히 바꿔주셨다. 그때부터 A국 사람들을 보면 긍휼과 사랑이 마음 깊은 곳에서 차올랐고, 쳐다보기도 싫던 A국 음식도 좋아하게 되었다. A국 말도 정겹게 들리기 시작했다.

파송교회를 찾아서

영국에서 3년 반의 생활을 마치고 한국에 들어와 후원 모금을 시작했다. 선배 선교사들의 말대로 모금은 쉽지 않았고, 파송교회도 찾기 어려웠다. 이전에 사역했던 교회들과 선배 사역자들의 교회를 찾아가봤지만 우리를 파송해줄 교회는 나타나지 않았다. 그중 내가 오래 사역했고 내심 파송을 기대했던 교회는, 한 선교사를 파송하는 대신 많은 선교사를 후원하는 쪽으로 선교 정책이 바뀌어 파송을 기대하기 어려운 상황이었다.

어느 날 한번 찾아가 뵈었던 선배 목사님에게 전화가 왔다.

"파송교회를 찾았나?"

선배 목사님의 교회는 개척한 지 얼마 되지 않았고, 이미 두 명의 선교사를 파송, 후원하고 있었기에 우리까지 파송해주기를 기대할 순 없었다. 그런데도 목사님은 우리를 파송하겠다고 하셨다. 나중에 그 이유를 전해들었는데, 그것은 그야말로 하나님의 은혜 자체였다. 목사님이 주일예배를 마친 후 찬양을 부르며 운전을 하고 있는데, 성령님께서 강하게 임재해 이렇게 말씀하셨다고 한다.

"저들은 모든 것을 포기하고 선교지로 가는데 파송할 교회가 없으니 어떻게 하면 좋으냐?"

목사님은 눈물을 흘리면서 대답했다.

"주님, 우리 교회는 할 수 있는 힘이 없습니다."

그런데 바로 그 주일에 한 성도가 적지 않은 금액을 선교 헌금으로 냈다. 목사님은 즉시 선교사를 파송하라는 뜻으로 알고 우리를 파송하기로 결정했다고 한다. 성령님의 일하심과 목사님의 순종, 그리고 성도들의 헌신으로 우리는 16년 동안 A국 사역을 감당하는 데 든든한 동역자를 얻게 되었다.

T족 사역으로 부르시다

SIM A국은 주종족보다는 미전도 종족을 집중적으로 선교하는 전략을 가지고 있었다. 그중에서도 H족이나 T족 선교가 중심이었다. 우리는 둘 중 하나를 결정해야 했지만, 먼저 언어 공부를 하면서 인도하심을 기다리기로 했다.

1년 정도 언어 공부를 했을 무렵, 해마다 열리는 컨퍼런스에 참석했다. 컨퍼런스 기간 중 하루는 하나님의 음성을 듣는 특별한 시간을 가졌다. 아내와 나는 각각 다른 장소에서 '하나님께서 어느 종족을 위해 우리를 부르시는지'를 놓고 기도했다. 그리고 저녁에 약속 장소에서 만나 하나님께서 각자에게 말씀하신 바를 나누었다. 하나님은 나에게 "내가 그리스도의 이름을 부르는 곳에는 복음을 전하지 않기를 힘썼노니 이는 남의 터 위에 건축하지 아니하려 함이라"(롬 15:20)는 말씀과 함께 복음 전파율이 가장 낮은 T족 지역으로 가라고 말씀해주셨다. 그 얘기를 하자 아내는 깜짝 놀라면서 자신도 기도할 때 그 지역의 이름이 계속 입가에 맴돌았다고 했다. 우리의 T족 사역은 그렇게 시작되었다.

어떤 날은 왜 하나님께서 우리를 수억 명의 주종족이 아니라 170만 명 정도밖에 되지 않는 T족을 위해 부르셨을까 농담조로 말하기도 했다. 그때 하나님은 "내가 그들을 너무나 사랑한다. 그들 중에는 나의 백성들이 있다. 너희가 그들을 위해 그곳으로 가줄 수 있겠니?"라며 호소하듯이 말씀하셨다. 우리는 확실한 부르심에 순종하지 않을 수 없었다. 그들을 사랑하시는 하나님의 마음이 우리에게 고스란히 전달되었기에 그 백성을 위해 눈물로 기도하며 마음을 다해 사역할 수 있었다.

사역이 한창이던 2017년 여름, 우리는 A국 경찰에게 조사를 받고 감시의 대상이 되었다. 사역이 제한되었으며 현지인을 만나기도 어려워졌다. 우리의 사정을 아시는 하나님은 사역의 방향을 헌신된 주종족들 중에서 T족을 위해 일할 사역자들을 훈련하는 방향으로 바꾸고 계셨다. 우리는 현지인 중심으로 T족 선교회를 조직하고, 그들이 선교 사역을 주도해갈 수 있도록 뒤에서 돕는 역할을 했다. 그 과정에서 선교에 헌신한 현지인들을 만났고, 몇몇 교회와도 연결되어 얼마 지나지 않아 첫 번째 선교 헌신자를 T족 지역에 파송하는 기쁨을 누렸다.

2018년, 우리는 안식년을 맞아 한국에 6개월 가량을 머물렀다. 우리가 A국을 떠난 이후로 더 삼엄해진 감시로 인해 수많은 선교사들이 어쩔 수 없이 사역을 철수했다. 심지어 공항에서 입국이 거절되는 등 박해가 시작되고 있었다.

하루는 한 선교관에서 예레미야서를 읽다가 하나님께서 이스라엘 백성에게 평생 약속의 땅이라고 생각했던 그들의 땅을 떠나 바벨론으로 가라고 말씀하시는 부분을 묵상했다. 우리도 이스라엘 백성처럼 T지역을 '절대불변의 소명'이라 생각하고 붙들고 있는 건 아닐까 하는 생각이 들었다. 곧이어 하나님은 '우리가 감당해야 할 T종족 사역은 여기까지'라는 마음을 주셨다. 아내와 나는 아쉬운 마음에 눈물을 펑펑 쏟았다. 그러나 하나님은 T종족 사역은 주종족이 감당할 것이라는 마음을 주셨고, 그 말씀이 큰 위로가 되었다. 실제로 2020년, 코로나 상황에서도 주종족과 T족이 함께 선교대회를 개최했는데, 무려 1천여 명이 온라인으로 모였다. 그중에 150명이 T족을 위한 '기도 헌신자'가 되겠다고 자원했고, 70여 명이 '사역 헌신자'가 되겠노라고 서원했다. 신실하신 주님은 우리가 떠난 그 자리에서 우리가 할 수 있는 일 그 이상을 이미 하고 계셨다.

얼마 후 감사하게도 짐 정리를 위해 A국에 다시 입국할 수 있었다. 열흘 동안 짐을 정리하고 친구들과 눈물로 작별 인사를 했다. 산속 마을에 올라갈 상황이 아니어서 못 만날 줄 알았던 사람들이 소식을 듣고 직접 산에서 내려와주어 그리운 얼굴들을 마주할 수 있었다. 심지어 길에서도 함께했던 이들을 우연히 만나볼 수 있었다. 아쉬운 작별을 끝으로 우리는 팀원들에게 모든 사역을 맡겼다. 그때 팀원들이 눈 덮인 T산 사진을 선물했는데, 그것을 받아들고는 어찌나 눈물이 나는지 오열하다시피 했다. 이 글을 쓰고 있는 지금도 T족 사람들과 우뚝 솟은 그 산이 많이 그립다. 언젠가 그 땅을 다시 밟을 수 있기를….

M국으로 인도하시다

우리는 다음 사역지를 위해 기도했다. 네팔이나 인도로 가지 않을까 생각했지만 두 나라 모두 선교사 입국이 어려운 상황이었고, 기존의 선교사들도 비자가 거절되는 일이 반복되고 있었다. 그러던 중 M국으로 들어가는 선교사들을 만나 교제하면서 M국을 향한 마음이 생기기 시작했다. 사실 M국은 항상 내 마음 한구석에 자리잡고 있는 나라였다. 아내도 기도하는 가운데 M국으로 인도하심을 느끼고 있었다. 우리는 M국으로 인도하시는 하나님께 기쁜 마음으로 감사의 기도를 올려드렸다. 더욱이 미국에 있는 후원교회를 방문하는 동안 M국 목사님을 만나 대화하면서 다시 한 번 M국으로의 부르심을 확신했다.

우리는 이 땅을 우리의 마지막 선교지로 생각하고 있다. 이곳에서 우리를 통해 하나님의 뜻이 이루어지길 소망한다. 내 계획이 아니라 하나님의 계획에 순종하길 원한다. 내 생각을 내려놓을 때 주님의 뜻이 이루어진다. 내가 죽으면 내 안에 계시는 주님이 역사하시고, 내가 겸손히 무릎 꿇을 때 성령님이 일하신다. 주님이 선교의 주인이시다. 선교는 주님이 하신다. 우리의 선교 여정을 끝까지 인도하실 주님을 신뢰하며 찬양한다.

복음을 실어 나르는 다리

현재진행형인 초대 교회의 역사

• 한사랑 •

1991년 P국에 도착했다. 처음 파송을 받은 곳은 서아프리카였기에 프랑스에서 불어 공부를 하고 있었는데, 갑자기 계획에 없던 곳으로 파송을 받게 되어 P국 공부를 전혀 하지 못한 채 이 땅에 첫발을 디뎠다. 처음 이곳에 왔을 때 시장과 길거리에는 온통 남자들만 북적대고 도통 여자들은 찾아볼 수 없었다. 어쩌다 마을을 지날 때면 간혹 여자들을 볼 수 있었지만, 그들은 하나같이 머리와 목을 가

한사랑 불교 가정에서 자랐지만 친구를 따라 일곱 살 때부터 교회에 다녔다. 파푸아뉴기니 선교사 출신인 목사에게 선교에 대한 도전을 받아 중학교 때 선교사로 헌신했고, 언젠가 가족들이 예수님을 믿을 때 선교사로 나가게 해달라고 기도했다. 신학교를 졸업한 1987년에 가족이 극적으로 예수님을 믿게 되었고, 그는 기도한 대로 1991년 P국에 선교사로 나갔다. 1995년에 결혼하면서 남편 주요한 선교사가 사역에 합류했다. 딸 효지와 아들 효석이 있다.

리는 히잡을 쓰거나 눈 부분만 그물 망사로 엮은 검정색 부르카를 머리부터 발끝까지 뒤집어쓴 채 남자의 호위를 받으며 지나갔다. 참으로 생소한 풍경이었다.

북쪽으로 가라

P국에서 언어를 배우는 동안 많은 시간을 주님과 보냈다. 어느 날 주님은 내게 말씀하셨다.

"내가 P국을 중동으로 복음을 실어 나르는 복음의 다리로 사용할 것이다. 그러니 너는 P국 북쪽으로 가라."

당시 북쪽은 외국인의 출입을 금하는 곳들이 많았고, 비자도 받기 힘든 지역이라 도저히 길이 보이지 않았다. 나는 중부 지역으로 이주하여 언어를 배우며 교회개척, 제자양육 사역을 하면서도 마음은 늘 주님이 가라고 하신 곳, 북쪽을 향해 있었다.

P국은 남한의 9배 정도 크기로 인구가 많지만 불모지도 많은 곳이다. 북쪽에는 세계에서 두 번째로 높은 해발 8,611미터의 K산이, 산맥의 서쪽에는 해발 8,125미터의 N산이 자리하고 있다. 또한 A국과 P국 국경선인 쿤자랍 고개가 카라코롬 산맥에 위치하며 해발 4,730미터의 고지를 자랑하고 있다. 이처럼 P국 중부와 남부는 끝이 보이지 않는 평야 지대지만, 북부는 높은 산들로 둘러싸인 지형이다.

중부 지역에서 사역하던 2000년 10월, 현지 목사님이 서둘러 우리 집에 찾아왔다. 자초지종을 들어보니 가정예배를 드리는 중에 하나님께서 '우리 가정에 큰 기도제목이 있으니 가서 뭔지 물어보되 이유를 묻지 말고 무조건 도와주라'고 강력하게 말씀하셨다는 것이다. 우리는 자연스럽게 P국 북쪽으로 가라고 하신 주님의 말씀을 나누었다. 며칠 뒤 현지 목사님은 북부 지역에 친척이 있는 장로님 한 분과 남편을 데리고 북쪽으로 향했다. 그로부터 몇 달 후 2001년 3월, 우리 가족은 주님의 부르심을 따라 북쪽으로 이주했고, 비자 또한 순조롭게 받을 수 있었다. 그동안 정이 든 현지 목사님은 아쉬운 마음을 가득 안은 채 우리를 그곳으로 파송해주셨다.

우리가 파송받은 지역은 해발 1,300미터의 고지로서 A국으로 향하는 남쪽 '실크로드 게이트'라고 불리는 곳이었다. A국으로 연결되는 카라코롬 고속도로가 시작되는 곳이기도 했다. 그 길을 따라 차를 타고 북쪽으로 25시간 가량 달리면 A국 국경선인 쿤자랍 고개가 나온다. 지금은 A국 사람들이 새 도로를 건설해 이동 시간이 크게 줄었지만, 그 당시에는 하루를 꼬박 가도 다 못 갈 만큼 길고 긴 길이었다.

북쪽으로 이사한 지 얼마 지나지 않아 친구 선교사가 우리를 방문했다. 그는 무명의 헌금을 건네며 말했다.

"하나님께서 누가복음 2장 25-38절 말씀을 주시면서 'A국으로 가야 한다. 너희를 본 후에야 눈감을 자들이 있다'고 말씀하셨어."

우리는 기적적으로 A국 비자를 받았고 곧장 북경으로 향했다. A국으로 향하는 여정에서 A국 사역자 한 분과 C족 자매가 통역을 하며 우리를 도왔다. 우리는 수도에 도착해서 BTJ(Back to Jerusalem) 팀 리더 한 분을 만나 A국 가정교회에 대한 많은 간증을 들을 수 있었다. 또한 수도에서 국경 도시까지 기차로 여행하면서 곳곳에 있는 사역자들과 성도들을 만나서 P국의 사역을 소개하고 그들의 이야기를 들으며 많은 은혜를 받았다. 모든 이야기들이 귀했지만, 무엇보다 목숨을 걸고 복음을 전하다가 오랜 세월 감옥살이를 한 가정교회 사역자들의 사연은 사도 바울이 연상되면서 현재진행형인 초대 교회의 역사를 보는 듯 했다.

A국의 전도자들

긴 여행 끝에 우리는 A국의 서쪽 지역인 국경 도시에 도착했다. 몇몇 곳에서 누가 봐도 나이가 지긋한 할머니, 할아버지들이 숨어서 P국을 위해 기도하고 있었다. 이분들의 전도 여행은 우리나라에서 가까운 A국 동쪽 지역에서 시작되었는데, "복음을 들고 서쪽으로, 땅끝 예루살렘까지 가라"는 주님의 명령을 받고 말씀에 순종하여 복음의 여정에 올랐다고 한다. 당시 10대, 20대 청년이던 그들은 육로를 걸으면서 복음을 전했고, 어느새 노인이 되어 서쪽 국경 도시까지 와서 '그 다음 복음이 전파될 곳은 P국'이라며 눈물로 기도하고 있었다. 우리가 그분들을 만난 것이 2001년도였는데, 그때로부터 60년 전 동쪽 도시에서 하나님의 말씀을 받고 순종해서 여기까지 온 것이었다.

그중 한 분인 87세 된 할아버지는 우리가 P국에서 왔다는 이야기를 듣고, "내 평생 소원이 P국 땅 한번 밟아보는 것"이라며 P국 쪽을 바라보며 눈물을 흘리셨다. 84세 된 할머니는 전족을 한 채 수십 년을 걸어서 이곳에 도착했는데, 몸이 쇠약해진 탓에 누운 채로 우리를 반갑게 맞아주셨다. 안나 선지자처럼 성전을 떠나지 않고 금식하며 기도하시던 92세 된 할머니도 만날 수 있었는데, 지금은 몸이 편찮아 한 자매의 도움을 받으며 교회의 한쪽 방에서 생활하고 계셨다. 그분은 우리가 P국에서 온 것을 알고는 무척 반가워하며 물으셨다.

"정말 P국에서 온 선교사요? P국에 교회가 있습니까? P국에 목사들이 있나요? P국에 성경은 있습니까?"

우리가 다 있다고 대답하자 할머니는 눈물을 흘리며 말씀하셨다.

"내가 빛을 보았으니 이제 죽어도 기쁩니다."

할머니는 몹시 감격하며 한손으로 내 손을 잡고, 다른 한 손으로 남편의 손을 잡고는 "당신들의 십자가를 감당해주세요"라고 당부하셨다. 그러고는 A국 말로 "십자가 군병들아 주 위해 일어나…" 찬송곡을 부르며 우리를 환송해주셨다.

이분들은 하나같이 하나님께서 자신들에게 "복음을 들고 서쪽으로 가라. A국 다음은 P국이다"라는 말씀을 주셨다고 고백했다. 그 다음은 이란, 이라크, 시리아, 요르단, 그리고 예루살렘 순서였다. 우리는 A국에 오기 전 친구를 통해 하나님께서 주신 누가복음 2장 25-38절 말씀이 생각나 감격하지 않을 수 없었다.

위기가 곧 기회다

"천성을 향해 가는 성도들아 앞길에 장애를 두려워 말아라."

그 후 우리는 찬송가 401장을 부르며 하나님께서 주신 사명을 되새겼다. 3절까지 이어지는 이 찬양을 부를 때면 한 구절 한 구절마다 하나님께서 말씀하시는 것 같아 새 힘을 얻었다. 우리는 A국에서 P국으로 돌아오는 비행기표를 취소하고, 대신에 우리가 만난 노인들처럼 기도하면서 육로를 통해 P국으로 돌아가기로 했다. 그 당시 A국과 P국을 오가는 국제 버스는 매연이 그대로 버스 안으로 들어올 정도로 아주 오래되고 낡았다. P국으로 가는 실크로드라고 불리는 카라코롬 고속도로의 지형도 험준하기가 둘째가라면 서러울 만큼 위험했다. 그도 그럴 것이 해발 7천 미터가 넘는 고산들을 옆에 끼고 있었고, 도로의 한쪽 면은 언제 돌이나 바위가 굴러떨어질지 모르는 상황인데다, 다른 한쪽은 깊은 낭떠러지 절벽이고, 그 아래로는 눈이 녹아 흘러든 차디찬 강물이 흐르고 있었다.

차 한 대가 간신히 비껴갈 만한 아슬아슬한 산모퉁이를 지나고, 끊어질 듯 말 듯 구불구불 이어지는 도로를 돌고 돌아 P국까지 무사히 도착할 수 있었다. 감격스럽게도 이 과정을 통해 P국을 '중동으로 복음을 실어 나르는 다리'로 사용하실 것이라는 하나님의 말씀을 실제로 확신하게 되었다. 이 육로를 통해 많은 사역자들이 P국으로 들어올 것을 생각하니 가슴이 벅차올랐다. 실제로 현재 A국에서 많은 사역자들이 P국으로 넘어와 정착해 현지어를 배우며 사역의 기반을 쌓고, P국에 복음을 전하기 위해 준비하는 사역자들이 적지 않다.

하나님은 P국 북쪽 곳곳에 복음이 막혀 있는 곳들을 알려주시고, 이미 주님이 먼저 그곳에서 일하고 계심을 우리에게 보여주셨다. 탈레반들이 숨어서 테러 훈련을 해오던 탈레반 양성소가 분포해 있는 산지를 2005년 강진을 통해 흔드셨고, 놀랍게도 그때부터 복음의 문이 열려 많은 택한 백성들이 주님께 돌아오고 있다. 한 도시에는 100만 인구가 모여 사는데도 그 가운데서 그리스도인은 몇 가정밖에 되지 않았고, 그곳에 복음을 전하는 이도 없었다. 그런데 2005년 지진 이후에 하나님의 은혜로 그 지역에 여성기술학교를 열 기회가 생기면서, 그 학교를 통해 몇 명의 여성들이 주님께 돌아온 것이다. 그 여성들을 중심으로 삶의 간증이 이어지면서 복음을 듣는 사람들이 늘어났고, 지금은 여러 곳에서 가정교회를 이루어 예배를 드리는 공동체가 생겨났다.

거짓 회심자 사건

이 사역에서 꼭 기억해야 할 점은, 주님께 돌아온 자들을 보호해야 한다는 것이다. 이들의 신분을 사역자들이 공개적으로 외부에 알려서는 안 된다. P국에서는 개종자들에게 명예 살인을 적용하는 것이 여전히 합법이므로 자칫 돌아온 자들의 생명이 위험해질 수 있다. 우리의 착오와 실수로 인해 이슬람에서 돌아와 예수님을 영접하고 가정교회의 리더로 사역하던 귀한 가정이 목숨을 잃을 위기에 처한 적도 있었다.

몇 년 전의 일이다. 평소 잘 알고 지내던 서양 선교사님이 우리에게 연락을 해왔다. 무슬림이었다가 회심한 한 자매가 있는데, 이슬람에서 주님을 믿고 돌아온 이들이 모인 공동체에 들어가길 원하니 연결되게 도와달라고 했다. 우리가 직접 그 자매를 만나서 교제하거나 신앙을 확인하는 것 자체가 매우 위험한 일이었다. 그래서 수십 년간 이슬람 사역을 해온 선교사님의 말만 믿고, 그 여성을 이슬람에서 돌아와 예수님을 믿고 예배하는 공동체의 리더에게 소개시켜주었다. 그 일로 인해 나중에 그 리더의 가정이 위험해지리라고는 꿈에도 생각지 못했다.

그러나 얼마 지나지 않아 충격적인 소식이 들려왔다. 그 여성에게 소개시켜주었던 가정교회 리더의 아들이 참변을 당한 것이다. 무슬림 테러리스트들이 외진 곳에 숨어 있다가 리더의 아들을 습격해 무자비하게 폭행한 다음, 죽은 줄 알고 시궁창에 던져버렸다. 몇 시간 후에 그곳을 지나던 행인이 시궁창에서 나는 신음소리를 듣고 구출하여 병원으로 호송한 덕분에 청년은 간신히 목숨을 구할 수 있었다. 그 후로 그는 육체적인 상처와 정신적인 충격으로 많은 고통을 겪어야 했다. 지금은 하나님의 은혜로 건강이 회복되어 정상 생활을 할 수 있게 되었다.

그 무슬림 여성은 한동안 가정교회 리더에게 전화를 걸어 경찰에 신고하겠다느니, 이슬람 사원 지도자에게 신고해 마을에서 추방

시키겠다느니 하며 여러 차례 협박을 했다. 생명의 위협을 받을 정도로 극심한 핍박 속에서도 리더의 가정은 끝까지 인내하며 기도했고, 현재 리더를 괴롭히던 여성은 자취를 감춘 채 행방을 알 수 없게 되었다.

주님이 간절한 기도에 응답하시고 리더의 가정을 지켜주셨다. 이 사건 이후로 가정교회 리더는 철저한 확인 절차와 검증 과정을 마련해, '거짓 회심자'로 공동체에 잠입해 가정교회를 해하려는 자들에 지혜롭게 대처하고 있다. 이 사건을 통해 우리의 실수가 가정교회 공동체에 얼마나 큰 위험을 초래할 수 있는지 철저히 깨달았다. 우리는 이곳 P국에서 주님께 돌아온 자들이 끝까지 살아남아 죄와 사망과 어둠에 포로된 자들에게 복음을 전할 수 있게 해달라고 성령 하나님의 지혜를 구하며 기도하고 있다.

북쪽 땅, 비전의 땅

사역자들이 복음을 가지고 들어가지 못하는 P국의 외딴 지역 사람들에게는, 예수님께서 친히 찾아가 말씀하시거나 꿈과 환상을 통해 기적을 베푸시는 것을 우리는 여러 번 목격했다. 그래서 자연스럽게 이 또한 매일의 기도제목이 되었다.

"예수님, 오늘도 주님을 모르는 이들에게 친히 찾아가 꿈과 환상을 통해 만나주소서. 참 진리를 찾는 자들에게 '내가 곧 길이요 진리요 생명이니'라고 말씀하소서."

아직도 P국 북쪽에는 외국인이 들어갈 수 없는 지역이 많다. 우리는 여러 해 전부터 P국 곳곳에서 현지 사역자들과 협력해 미전도 종족에게 복음을 전하는 사역을 하고 있다. 전 세계를 휩쓴 코로나 팬데믹은 북쪽 여러 지역에 복음의 문이 열리는 뜻밖의 '기회'가 되었다. 초대 교회처럼 성령의 역사가 일어나는 곳도 생겨나고 있다.

학교가 없는 시골 마을에서 살다가 공부하기 위해 도시로 나온 청소년들을 먹이고 재워주며 성경을 가르쳐 예수님의 제자들로 양육하는 A사역자 가정이 있다. 그는 남녀 기숙사를 마련하여 선교사가 들어갈 수 없는 깊은 산지 마을에서 온 각기 다른 종족의 청소년들을 받고 있다. 이곳에서 복음을 들은 10대, 20대 청소년들이 하나둘씩 사역자로 헌신하여 그들의 마을로 복음을 가지고 들어가는 놀라운 일이 지금도 일어나고 있다.

B사역자가 살고 있는 곳에서 지프차로 24시간을 꼬박 운전한 후, 다시 말을 타고 4시간 정도 들어가면 국경 지대에 살고 있는 미전도 종족을 만날 수 있다. 지난 여름에 B사역자 부부와 전도팀이 이곳에 들어가 복음을 전하며, 코로나로 인해 재정난을 겪고 있는 부족원들에게 식품과 생필품을 전달하는 구호 사역을 진행했다. 사실 그 지역으로 들어가는 것부터 쉽지 않은 일이었다. 24시간 동안 이동하며 곳곳에 흩어져 있는 준비된 영혼들에게 복음을 전하기로 한 것까지는 좋았다. 그 부족으로 들어가기 위해서는 강물을 건너야 해서 말을 빌려 타고 이동하게 되었다. 준비해간 짐들은 당나귀에 싣고, 5명의 사역자들이 마부들의 인도로 말을 타고 이동하려는

순간, 갑자기 맑던 하늘에 검은 구름이 몰려와 소낙비가 쏟아지기 시작했다. 비를 피할 곳이 전혀 없는 황량한 벌판에서 우리 일행은 어찌할지 몰라 허둥댔다.

그때 하나님께서 한 사역자에게 '말에서 내려서 기도하라'는 마음을 주셨다. 우리는 모두 말에서 내려 무릎을 꿇고 큰 소리로 하나님께 기도하기 시작했다. 예수님의 이름으로 기도를 마쳤을 때, 갑자기 비가 그치고 구름이 사라지면서 맑은 하늘이 펼쳐졌다. 이 모습을 본 마부들은 놀라움을 금치 못하며 "당신들이 믿는 하나님이 참 신이오"라고 고백했다. 사역자들은 여행하는 4시간 동안 마부들에게 예수 그리스도의 복음을 전했고, 5명의 마부들 중에 2명이 그 자리에서 예수님을 영접했다. 하나님은 마부들 또한 당신의 자녀로 부르길 원하셨던 것이다.

우여곡절 끝에 우리 일행이 부족 마을에 도착했을 때, 지난 방문 때 성경을 요청했던 마을 지도자가 많은 친지들을 불러 모아놓고 우리를 기다리고 있었다. 전도팀은 이들에게 복음을 전했고, 〈예수〉 영화를 보여주며 예수님을 구주로 영접하도록 초청했다.

우리는 P국 북쪽에 살고 있는 많은 미전도 종족들에게 복음을 전하기 위해 계속해서 현지인 전도자들과 협력하여 사역을 진행하고 있다. 약 20년 전, 이슬람에서 돌아와 예수님을 영접하고 복음전도 사역을 하는 한 현지인이 우리 가정을 향한 하나님의 계획을 이야기하며 이렇게 말했었다.

"선교사님의 가정을 통해 산지의 미전도 종족들에게 예수님의 생명 빛이 밝혀질 것입니다."

그 말씀이 지금 우리 눈앞에 실현되고 있음을 목도하니 가슴이 벅차오른다. P국 북쪽의 캄캄한 산들이 복음의 빛으로 환해지고, 막힌 담들이 무너지고, 대로가 수축되며, 도로에 구멍난 곳들이 메워져 이 땅 P국이 주님의 복음을 중동으로 흘려 보내는 '다리'로 쓰임 받게 될 그날을 믿음의 눈으로 바라본다. 선교의 주인이며 총사령관이신 삼위일체 하나님께 모든 영광과 찬송과 감사를!

하나님이 써가시는 스토리
높은 산 밑에 자리한 O마을 방문기

· 황영순 ·

그리스도인의 삶은 하나님의 내러티브다. 선교 현장의 삶은 그 자체로 하나님의 이야기가 된다. 나의 상식이나 문화, 경험, 지식은 통하지 않는 곳이기 때문이다. 선교지 N국에 도착하여 약 8개월이 되었을 때, 하나님은 나에게 살아 계신 당신의 영광을 보여주셨다. 2015년에 일어난 대지진의 영향으로 이곳의 선교사들 중에는 공황장애와 우울증을 갖고 있는 이들이 많았다. 하나님은 외상후스트레스,

황영순 『허드슨 테일러의 생애』를 읽고 믿음의 삶에 도전을 받아 선교사들의 전기를 많이 읽었다. 그러던 중 선교지 방문이 인생을 바꾸는 계기가 되었다. 선교사로 헌신하여 훈련을 마친 후 2002년 스코틀랜드의 선교단체(Gospel Literature Outreach)에서 1년간 훈련부 스태프로 섬겼고, 귀국 후 2006년부터 2011년까지 한국본부 훈련 파트에서 사역했다. 2016년 SIM 선교사로 N국에 들어가 교회 지도자 훈련 및 영성 훈련 사역을 하고 있다.

우울증, 공황장애에 시달리며 자살까지 생각했던 한 사람을 만나게 하심으로써 나를 한국 선교사 영성 훈련으로 이끄셨다. 영성 훈련을 시작한 지 약 4개월 지났을 때, 그분은 말씀 묵상 중에 '모든 것을 치료하시는 하나님'을 경험했다. 이후로 그의 삶에서 하나님의 이야기가 계속되고 있고, 현재 그는 신학 공부를 하고 있다.

일용할 양식에서 영원한 생명으로

2년 전인 2020년, 코로나가 시작되어 3월 마지막 주에 N국 전체가 봉쇄에 들어갔다. 오전에 잠시 먹거리와 생필품을 구입하러 근처 가게에 가는 것만 허락되고, 평범한 일상은 멈췄으며, 사람들은 집 안에 갇혀 지내야 했다. 차와 오토바이로 붐비던 길도 한산해진 덕분에 오랜만에 오염되지 않은 공기를 실컷 마실 수 있었다. 진행 중인 영성 훈련을 온라인으로 전환했기 때문에 집에 갇혀 있어도 답답하지는 않았다. 오전에는 인간의 악과 오래 참으시는 하나님의 사랑을 묵상하면서 매일 회개의 눈물로 기도하는 시간을 가졌다. 현실을 보면 사방이 막혀 있고 모든 것이 불가능한 듯했지만, 나는 매일 교회개척을 위해 기도했다.

하루 벌어 하루 먹는 일용 근로자가 많은 이 나라에 '전체 봉쇄령'이 떨어지자 일용할 식량이 없는 사람들이 많아졌고, 자연스럽게 구제 식량 제공이 사역의 큰 부분이 되었다. 동역자인 현지 목사님이 한 지역의 30가정에게 나눠 줄 구제 식량이 필요하다고 해서 한 달치 식량을 제공했다. 하나님은 그 식량으로 구원의 열매를 맺게 하셨다. 불교 신자가 많이 사는 지역의 한 카펫 공장 주인 부부와 아들이 예수님을 영접하게 된 것이다. 얼마 지나지 않아 공장의 일꾼 8명도 주님을 영접하고 세례를 받았다. 코로나로 인한 전체 봉쇄령이 조금 완화되었을 때, 현지 목사님이 그들을 산으로 데려가 흙탕물이 고인 곳에서 세례를 주었다.

2019년 8월, 아가페 커뮤니티가 개척된 후 어느덧 장년, 청년, 청소년, 어린이를 합하여 재적 인원이 50여 명이 되었다. 방 하나에 옹기종기 모여 앉아 예배를 드렸는데, 그럴 때마다 초대 교회가 떠올랐다. 그런데 몇 주 전, 집주인 딸의 약혼식이 있어 성도들이 그 방에서 예배를 드릴 수 없게 되었다. 급한 대로 카펫 공장 흙바닥에 자리를 깔고 예배를 드리는데 밖에서는 주룩주룩 비가 내렸다.

그때 불현듯 하나님과 성도들을 향한 사랑과 감사의 마음이 터져 나왔다. 아가페 커뮤니티 성도들을 보면, 이전부터 예수님을 믿었던 이들은 4명뿐이고, 나머지는 모두 새신자다. 먼저 복음을 듣고 예수님을 믿은 4명의 성도가 교회 일꾼으로 귀하게 쓰임 받고 있다. 특히 교회 옆방에 살고 있는 두 자매가 자신들의 방을 기꺼이 어린이 예배실로 사용하도록 내어준 덕분에 그곳에서 어린이들을 가르치고 있다. 철없는 아이들이 침대에 올라가서 뛰고 장난을 쳐도 그저 사랑스러운 시선으로 바라보는 두 자매의 눈빛에서 깊은 섬김을 느낀다. 지난주 5월 22일은 어린이 전도 주일이어서 마을의 어린이들이 30명도 넘게 와서 함께 예배를 드렸다. 그중에서 저학년 어린이 17명이 두 자매의 좁은 방에 옹기종기 끼어 앉아 예배를 드렸다. 기쁜 마음으로 아이들을 챙기고 다독이는 두 자매의 귀한 헌신에 늘 도전을 받는다.

작은 식량 꾸러미 하나를 통해 한 카펫 공장에서 구원의 열매를 맺게 하고 교회를 개척하신 하나님께서 또 다른 두 곳의 카펫 공장에도 전도의 문을 열어주셨다. 다른 카펫 공장에서 일하는 부부가 지난 크리스마스에 세례를 받은 것이다. 원래 남편이 동네에서 둘째 가라면 서러울 술주정뱅이였는데, 예수님을 영접한 후로는 술을 끊고 삶이 완전히 변했다. 전도에도 열심을 내기 시작해 지난 부활절에는 같은 공장에서 일하는 아이들을 10명 넘게 교회에 데려오기도 했다.

예수님을 영접하는 이들이 많아지면서 땅을 빌려서 교회를 건축하고자 기도하고 있다. 그러나 불교 신자들이 모여 사는 지역의 특성상 교회를 건축한다고 하니 아무도 땅을 빌려주려 하지 않는다. 그러나 하나님께서 정해놓은 아름다운 곳이 있으리라 믿고 기도하며 기다리고 있다. 시골에서 살다가 공장으로 일하러 온 사람들의 자녀들 중에는 나이가 많아도 학교를 다니지 않아 글을 모르는 아이들이 있다. 글을 모르기 때문에 학교에 다닐 수 없는 처지에 있는 이 아이들을 위해 방과후 교실을 열어 글을 가르쳐서 학교에 보내기로 했다. 전도가 금지된 이 나라에서, 그것도 시골이 아닌 도시에서 아이들을 50명씩이나 초청하여 복음을 나눌 수 있다는 것 자체가 하나님이 써가시는 그분의 이야기, 기적이 아니면 무엇이겠는가?

이곳은 전도가 법으로 금지되어 있을 뿐 아니라 코로나로 나라 전체가 봉쇄되어 밖에는 나갈 수도 없는 상황이지만, 하나님은 멋지게 교회를 개척해 당신의 영광을 나타내신다. 아가페 커뮤니티 안에서 끊임없이 당신의 '새로운 이야기'를 써가신다.

내 생애 가장 힘겨웠던 여행

"누구든지 나를 따라오려거든 자기를 부인하고 자기 십자가를 지고 나를 따를 것이니라."

마가복음 8장 34절에서 제자도의 첫 단계는 '자기부인'이라고 말씀하고 있다. 예수회 사제 장 피에르 드 코사드는 '자기포기'란 하루 삶의 모든 것을 하나님에게서 오는 것으로 받아들이고 반응하는 것이라고 했다. 마찬가지로 선교지에서 선교사가 취해야 할 첫 단계도 자기부인이다. 나의 상식, 경험, 문화, 지식이 통하지 않는 곳에서 나의 방식을 고집하는 것이 선교지 생활을 힘들게 하는 가장 큰 원인이다.

이곳에 온 지 1년 정도 되었을 때, 코스타리카에서 온 동료 선교사와 여선교회의 초청으로 높은 산 밑에 자리한 O마을을 방문하게 되었다. 지프차로 10시간 정도 걸리는데, 포장도로 6시간에 비포장도로 산길을 4시간이나 달렸다. 나의 일생에서 가장 힘들었던 그 여행을 잊지 못할 것 같다. 그동안 살면서 쌓여온 나의 생각과 내가 나고 자라온 곳의 문화에 빗대어 당시의 상황을 해석하니 도무지 이해되지 않는 것들뿐이고 스트레스가 극심했다. 그 여행을 통해 시간에 크게 구애 받지 않는 이곳 사람들의 성품이나, 상황을 불평없이 받아들이는 성격 등이 어떻게 형성되었는지 이해하게 되었지만 여행의 후유증은 오래갔다.

아침 6시에 지프차를 탔다. O마을로 가는 길이 워낙 험한 탓에 버스나 지프차만 통행이 가능했다. 정원이 10명인 차에 14명이 탄데다 짐을 가득 실어 움직이기조차 힘들었다. 이 나라에서 장거리 여행을 해본 적이 없어 차 내부의 좌석이 철판으로 되어 있다는 사실도 몰랐다. 갑자기 방석을 구하기도 여의치 않아 10시간이 넘는 거리를 딱딱한 철판에 앉아서 가야 했다. 차도 낡고 오래되어 매연이 차 안으로 들어오는 탓에 머리가 지끈지끈했다. 다행히 오전에 달린 길은 포장도로여서 큰 문제는 없었다.

그러나 비포장도로 산길로 접어들자 차는 펄쩍펄쩍 뛰기 시작했다. 창밖으로 아래를 내려다보면 까마득한 낭떠러지였다. 점차 마음이 힘들어지기 시작했다. 그래도 어찌저찌 가고 있는데 우리 앞에 차 한 대가 고장이 났는지 길 한가운데 멈춰 서 있었다. 그런데 우리 차의 운전기사가 갑자기 차를 세우더니 승객들의 양해도 구하지 않고 차에서 내려 차 수리를 돕는 게 아닌가? 그 때문에 우리는 2시간 정도를 차 안에서 꼼짝없이 기다려야 했다. 더 이해할 수 없는 건 기사에게 불평하는 승객이 단 한 명도 없었다는 것이다. 차가 잘 다니지 않는 심심산골에서 고장난 차의 수리를 돕는 것은 이해되지만, 적어도 승객들에게 양해를 구해야 하는 것 아닌가? 스트레스가 올라왔다.

　게다가 그 기사는 가는 동네마다 사람들에게 인사를 건네며 운전을 했다. 갈 길이 구만리인데 좀 더 운전에 집중하면 좋으련만. 나는 속이 부글부글 끓었다. 어떻게 이런 상황에서 기사에게 불평하는 사람이 한 명도 없단 말인가. 그렇게 인사할 사람 다 인사하고, 도울 사람 다 도우며 가다보니 목적지에 도착하려면 아직 멀었는데 해가 지고 말았다. 설상가상으로 비까지 내리기 시작했다. 기사는 오늘은 더 이상 갈 수 없으니 숙박을 하고 가야 한다면서 차를 돌리더니 어느 집 앞에 세웠다. 생각지도 못한 상황이 벌어진 것이다. 이번에도 그 기사에게 불평하는 사람은 없었다. 모든 상황을 아무 말 없이 받아들이고 순응하는 이들을 보고 있자니 스트레스가 더 올라왔다.

　다행히 챙겨간 침낭이 있어 그럭저럭 그 밤을 보냈다. 날이 밝자마자 사람들이 아침을 먹고, 차가 출발했다. 그런데 또 얼마 가지 않아 차가 멈춰 섰다. 길이 깊게 패여 못 지나간다고 했다. 그럴 때마다 내려서 길을 메우고 다져가며 여정을 이어갔다. 그렇게 가다 서다를 반복하며 가고 있는데, 이번에는 들것에 사람을 메고 내려오는 무리를 만났다. 들것에 실린 여성은 아프다고 소리를 지르고 있었다. 그런 식으로 가다간 그 여성은 그날 안에 병원에 도착하기 힘들어 보였다. 우리는 지프차를 아픈 여성에게 내어주고, 한 시간 정도 산길을 걸어가 버스를 타고 이동하기로 했다. 여성을 메고 내려오던 사람들이 우리 짐을 지고 버스 정류장까지 옮겨주었다. 산길

옆에 작은 오두막 같이 생긴 곳이 하나 있는데, 그곳이 버스 정류장이라고 했다. 몇 사람이 나란히 앉기도 마땅치 않은 허름한 정류장이었다. 결국 우리 일행은 점심도 먹지 못하고 길에서 4시간을 더 기다렸다.

하나님의 큰 그림

주위를 둘러보니 외딴집 한 채가 보였다. 그곳에 가서 그 집 여주인과 서툴게나마 이곳의 언어로 대화를 하다가, 여주인의 시아버지가 교회에 다니고 나머지 가족은 힌두교를 믿는다는 사실을 알게 되었다. 문득 이 여성에게 복음을 전해야겠다는 생각이 든 나는 한국 인삼차를 대접할 테니 따뜻한 물을 끓여달라고 부탁했다. 차 한 잔을 나눠 마시면서 나는 N국 언어로 복음을 전했고, 동행한 N국 사모님에게 여주인이 내 말을 이해했는지 확인해달라고 부탁했다.

그렇게 복음을 전하고 있는데, 여주인의 딸이 학교에서 돌아왔다. 아이에게는 영어 찬양을 가르쳐주었다. 아이는 곧잘 찬양을 따라 불렀다.

"갓 메이드 미"(God made me, 하나님이 나를 만드셨네).

꼬박 하루를 길에서 보냈지만 이것이 외딴집 여주인과 그의 딸에게 복음을 전하게 하려는 하나님의 계획이었다고 생각하니 그 모든 상황이 감사로 변했다.

허무한 인생

그들과 함께하고 있는데 우리가 빌려준 지프차가 돌아왔다. 병원으로 가는 길에 그 여성이 죽어서 장사를 지내기 위해 돌아오는 것이라고 했다. 조금 전까지 아프다고 소리 지르던 여성의 목소리가 귓가에 쟁쟁한데 더 이상 이 세상에 없는 사람이 되었다니. 그녀의 시신은 이제 곧 화장되어 한 줌의 재가 될 참이었다. 참으로 안타깝고 허무한 인생을 그 산길에서 만났다.

우리는 예정일보다 하루 늦게 목적지에 도착했다. 한 목사님 댁에 머물렀는데, 그 집에는 사모님과 시어른, 그리고 아들딸이 함께 살고 있었다. 목사님은 교회를 짓다가 머리 위로 나무가 쓰러지는 바람에 건축이 완성되는 것을 보지 못하고 안타깝게 소천하셨다고 했다. 풍뎅이, 파리들과 함께 밤을 지내야 했지만, 빈대가 없는 것만으로도 감사했다. 또한 사모님의 사랑과 정성이 담긴 환대에 감사하며 여성 교인들과 즐거운 시간을 가졌다. 그 가운데에는 불교 신자인 자매 두 명도 있었는데, 우리와의 교제를 즐거워하며 다음에 또 와달라는 부탁까지 했다. 그때까지만 해도 그렇게 우리의 여행이 즐겁게 마무리되는 줄 알았다.

길 위에서 배운 행복의 비결

O마을에서 일주일을 보낸 후, 오전 6시에 집으로 돌아오는 버스를

탔다. 도중에 화장실이 없을지도 몰라 아무것도 먹지 않고 물도 마시지 않았다. 내 자리는 버스 뒷좌석이었다. 비포장도로 산길로 4시간을 달려야 했는데, 전날 비가 와서 길이 엉망이었다. 승객들 한두 명이 차에서 내려 길을 보수했고, 나머지 승객들은 차 안에서 기다렸다. 도로가 훼손되어 보수해야 한다고 안내한 것도 아닌데, 먼저 내린 사람들이 길을 보수하는 모습을 보고 다른 사람들도 따라 내려서 손을 보탰다. 기다리는 동안 나는 "하나님의 아들 주 예수여, 이 죄인을 불쌍히 여겨주옵소서" 하며 끊임없이 기도했다.

버스가 가다가 멈추어 길을 보수하고 또 가다가 멈추어 보수하기를 반복하면서 무려 10시간이 지나서야 비포장도로 산길을 내려올 수 있었다. 얼마쯤 달렸을까? 역시나 점심시간이라는 안내도 없이 기사와 사람들이 버스에서 내렸다. 다들 어디 가서 무엇을 하나 보니 식당에서 점심을 먹고 있었다. 그런데 점심을 먹은 사람들이 짐을 챙겨서 버스에서 내리는 것이 아닌가. 이유를 알지 못하고 따라서 내려보니 이 차는 더 이상 갈 수 없단다. 차를 바꾸어 타야 한다는 것이다. 그렇잖아도 내 자리는 뒤쪽이었는데, 바꾸어 탄 차에서는 다른 사람이 우리 자리에 앉아 있었다. 그 자리는 우리 자리라고 해도 당최 일어나지 않았다. 결국 유일하게 남아 있는 버스 맨 뒷좌석으로 갈 수밖에 없었다. 맨 뒷좌석에서 펄쩍펄쩍 춤추는 버스에 허리를 다치지 않으려고 손잡이를 꽉 붙잡고 가다보니 더 이상 이렇게는 갈 수 없겠다 싶은 한계에 다다랐다. 그렇다고 손을 놓을 수도 없고 이러지도 저러지도 못했다.

엎친 데 덮친 격으로 아무것도 먹지 않았는데도 멀미 때문인지 속이 뒤집혀 알지 못하는 동네에서 화장실처럼 보이는 곳으로 냅다 뛰어가야 하는 일도 있었다. 완전히 녹초가 되어 집에 도착하니 자정이 넘어 있었다. 정신적으로, 육체적으로 인내의 한계를 느꼈던 18시간여의 대장정이 드디어 끝났다.

불편하고 불안한 모든 여정 가운데서 불평하는 승객은 단 한 사람도 없었다. 그 험한 산길을 버스가 다닌다는 것만으로 다들 감사히 여겼다. 자신들의 힘으로는 어찌 할 수 없는 자연 환경에 순응하고, 주어진 상황을 받아들이며 사는 데 익숙해진 이들을 조금이나마 이해해볼 수 있었다. 나는 평생 처음 겪어본 힘겨운 여행의 후유증으로 왼쪽 머리부터 다리까지 만성통증이 생겨서 한 텀 내내 고생해야 했다.

지금 와서 그 시간을 돌아보면, '그때 그 상황을 좀 더 즐길 순 없었을까' 하는 아쉬움이 든다. 나의 상식과 문화와 자꾸 비교하니 더욱 힘들고 스트레스를 받았던 것 같다. 그런데 사람이 참 어쩔 수 없는 것이, 아직도 약속 시간에 30분 혹은 한 시간씩 늦으면서 미안하다는 말 한마디 하지 않는 이곳 사람들을 아무렇지 않게 이해하며 받아들이기가 힘들다. 그러나 한 가지는 분명히 알고 있다. 선교지에서 즐겁게 살 수 있는 비결은, 나 자신을 부인하고 나의 삶을 주님께 완전히 맡긴 채 주님을 따라가는 데 있다는 것을….

4부 이 땅 위에 선 단 하나의 이유

네가 나를 사랑하느냐

옥수수가루 한 포대에 담긴 하나님의 사랑

• 김지해 •

하늘과 바다가 맞닿은 그곳, 어디까지가 하늘이고 어디까지가 바다인가? 하늘이 높은가, 바다가 깊은가? 자신을 비워서 오롯이 하늘을 담아내는 푸른 바다는 곧 높은 하늘이 된다. 오롯이 자신을 비워 종의 형체를 입으신 예수님처럼 나도 나를 비워 주님을 담아내기를, 주님을 닮은 제자의 삶을 살아낼 수 있기를 오늘도 간절히 기도한다.

김지해 열세 살에 예수님을 인격적으로 영접한 후 질그릇 같은 자신을 빚어 하나님의 영광을 위해 사용해달라고 기도했다. TV에 아프리카 난민이 나올 때면 눈물을 흘리며 아프리카를 마음에 품었다. 1999년에 파송을 받아 2003년까지 케냐와 지부티에서 간호사로 의료 사역을 했다. 이후 영국에서 신학교육을 마치고, 2014년 잠비아로 사역지를 변경하여 잠비아 몽구 지역에서 성경학교 교수 사역과 여성 사역, 교회개척 사역을 하고 있다.

신실하신 주님을 따라

2002년 동부 아프리카에서 간호사 선교사로 한 텀의 사역을 마칠 무렵, 선교지에서 참된 제자훈련이 절실히 필요하다는 생각이 들어 기도하는 가운데 영국에서 신학 공부를 하게 되었다. 이국 땅에서 신학을 공부하는 동안 때로는 힘들고 지치기도 했지만 아무런 소망 없이 죽어가는 영혼들을 생각하며 말씀 공부에 정진했다. 그 시간은 자연스레 다음 사역을 위해 나 자신을 준비하는 시간이 되었다. 영국에서 신학 공부를 할 때는 물론이고, 이슬람 전도와 단기 선교를 비롯한 선교 활동을 이어나가는 동안 나의 기도제목은 늘 재정이었다. 기도로 구할 때마다 주님은 때를 따라 재정을 채워주셨고, 덕분에 나는 부족함 없이 공부와 선교를 병행할 수 있었다.

신학 공부를 하며 답답한 마음에 한번은 "어떻게 하면 공부를 잘 할 수 있나요?"라고 당시 지도교수인 교장 선생님에게 물어보았다. 고명한 학자이자 목사였던 데렉 티드볼 교장 선생님의 답은 나의 기대와 사뭇 달랐다.

"수업이 끝나면 그날 배운 것을 주님께 가져가보세요. 하나님 앞에서 그 내용을 묵상해보세요."

겸허하게 주님 앞에 나아가 신학이라는 학문에 대해 묵상하고 인도함을 간구하는 은사님의 모습은 나에게 깊은 울림을 주었다. 나도 그분과 같이 겸손하게 주어진 일에 최선을 다하며 진실된 주님의 제자가 되고 싶은 마음이 내 안에 꽃망울처럼 피어났다.

영국에서 신학 공부를 마치고 한국으로 돌아온 후, 새로운 환경에서 나를 재정비하는 시간을 가진 후 다시 선교지로 돌아갈 준비를 시작했다. 하루는 기도하는 가운데, 첫 선교지였던 동부 아프리카에서 보낸 시간과 신학 공부를 하던 영국 생활과 오직 믿음으로 견뎌낸 지난날들이 주마등처럼 머릿속을 스쳐 지나갔다. 때로는 영적으로, 때로는 재정적으로 지치고 힘들어 포기하고 싶을 때가 많던 그 순간들에도 주님은 내게 한결같이 신실하셨음을 깨달으며 감사를 고백하는 순간, 두 뺨 위로 뜨거운 눈물이 흘렀다.

온 세상의 구원이라는 소명을 제자들의 손에 맡기며 예수님은 그들에게 물으셨다.

"네가 나를 사랑하느냐…내 양을 먹이라"(요 21:15-17).

하나님의 사랑을 받은 자로서 나도 그 사랑을 전하고 오직 하나님을 섬기며 살겠다는 마음 하나로 2014년, 나는 잠비아 서쪽에 위치한 몽구라는 지역으로 떠났다. 잠비아에서 차로 8시간 거리인 그 지역에 자리한 복음주의 성경학교에서 학생들을 가르치는 사역을 시작했다. 아프리카 중남부 내륙에 위치한 잠비아는 아프리카 국가들 중에서도 가톨릭과 제7일안식교, 여호와의 증인, 신사도주의 등의 이단들이 오랜 역사 속에 깊게 뿌리내리고 있는 나라다. 건전한 교리를 가진 정통 교단조차 혼합주의에 물든 탓에, 그리스도인들이 이 땅에서 진정 거듭난 제자로 살아갈 수 있도록 하는 제자 양육 사역이 그 어느 때보다 절실했다. 그 사실은 수년이 지난 지금도 변함없다. 그뿐만 아니라 에이즈와 기아, 가난은 더욱 이들을 패배감에 사로잡히게 하여 능력의 하나님을 기대하고 소망하는 믿음의 근간을 흔들며 교회를 위태롭게 하고 있다.

이 땅의 영적 황량함을 마주할 때면, 나는 먹먹한 마음으로 하나님께 기도할 수밖에 없었다.

"가늠할 수 없는 사랑의 길, 예수님께서 걸어가신 그 길을 따라 걸어가며 주어진 삶을 묵묵히 살아내는 것이 곧 그리스도를 닮아가는 제자의 삶이며 주님의 말씀을 살아내는 삶임을 고백합니다. 그리스도의 피로 닦은 그 길 위에 피어난 한 송이 꽃처럼, 지치고 곤한 이들에게 힘이 되는 반석처럼 저도 그렇게 그리스도를 따라가며 묵묵히 살아내기를 소망합니다. 죄와 어둠으로 물든 이 땅 잠비아 몽구에서 그리스도의 제자로 살아가게 하소서."

옥수수가루 한 포대에 담긴 사랑

잠비아에 적응하는 사역 첫 텀에는 크고 작은 어려움들이 있어 때때로 좌절하기도 했다. 그럴 때마다 주님은 넘치는 은혜와 소망으로 내 영을 위로하고 이끌어주셨다. 덕분에 어려움을 겪는 중에도 학생들과 함께 전도 여행을 하고, 교회 두 곳을 개척하는 은혜를 맛볼 수 있었다. 2021년과 2022년에는 동역자들의 후원과 헌금으로 교회 건축을 완공했을 뿐 아니라, 우리 학교 졸업생들을 통해 지속적으로 이 땅에 교회가 개척되고 제자 양육이 이루어지는 참으로 감사한 일들이 이어졌다. 또한 이 지역의 감옥에서 진행된 부흥회와 전도 사역을 통해 많은 이들이 결신하는 놀라운 일들이 벌어졌다. 재소자 중 한 명은 출소 후 세례를 받고 성경학교에서 공부하여, 많은 이들을 주님께 인도하는 사역자로 쓰임 받고자 훈련을 받고 있다. 잠비아 몽구에서 보낸 사역의 첫 텀은 '회복의 소망'을 발견하는 귀한 시간이 되었다.

두 번째 텀은 코로나와 함께 시작되었다. 전 세계적인 팬데믹으로 잠비아에 거주하던 많은 외국인들이 이 땅을 떠났고 지금도 떠나고 있다. 코로나로 인해 가뜩이나 어려운 경제가 더욱 어려워져 결국 잠비아는 국가 디폴트(국가 규모의 채무불이행)를 선포하는 경제공황에 이르렀다. 이 무렵 나는 한국 교회들과 후원자들의 도움으로 60여 곳의 현지 교회와 극빈자, 병원, 감옥 등마다 마스크와 옥수수가루 25킬로그램과 설탕 1킬로그램을 나눌 수 있었다.

옥수수가루와 설탕 포대를 들고 현지 교회를 방문했을 때, 한 장로님이 "모두들 우리를 떠나는데 당신은 오히려 찾아오셨네요"라고 말하며 우셨다. 적은 것으로나마 사랑을 나누고, 그들 곁을 떠나지 않고 지킬 수 있음이 얼마나 큰 축복이고 감사인지 알게 되었다.

한번은 마을에서 몇 시간이나 떨어진 건넛마을에서 자전거에 노모를 태우고 자신은 터벅터벅 걸어서 우리를 찾아온 형제가 있었다. 옥수수가루 한 포대를 받자고 뇌졸중으로 몸이 불편한 노모를 모시고 그 먼 길을 찾아오다니. 그 애타는 마음을 짐작해보노라면 영혼들이 너무나 가엽고 애처로워 견딜 수 없었다. 그들을 바라보는 내 마음도 그러한데 하나님 아버지의 마음은 얼마나 아프실까? 지금도 그 형제의 얼굴을 떠올리면, 자연스레 "네가 나를 사랑하느냐"라고 물으시는 주님의 음성이 들리는 듯하다.

마스크와 옥수수가루, 설탕을 이웃들에게 나눠 주며, 몸은 고되고 팬데믹 상황도 나아질 기미가 보이지 않았지만, 현지 교회 지도자들로부터 "많은 이들이 나눔에 은혜를 받고 예배에 참석하고 있다"는 연락을 받았다. 그럴 때면 "모든 길이 막혀 있는 것 같을 때에도 하나님께 믿음으로 간구하면 길을 열어주십니다. 눈앞의 풍랑이 아니라 주님을 바라보며 어려움을 같이 이겨냅시다"라며 격려를 나누곤 했다.

가난한 이웃들에게 옥수수가루를 나눠 주다가 한 할머니를 집까지 모셔다드린 적이 있었다. 집 앞에 할머니를 내려드리고 돌아서는데, 여전도회 회장님이 나에게 물었다.

"할머니에게 뭘 더 주셨어요?"

"아뇨, 안 드렸는데요."

할머니가 차에서 내려 집으로 들어가는 길에 덩실덩실 춤추는 것을 보고는, 혹시 내가 특별히 더 준 게 있어서 그러신가 물어본 것이었다. 다 쓰러져가는 초막집까지 옥수수가루 한 포대를 이고 가려면 힘들 텐데도, 할머니가 주름진 얼굴에 함박웃음을 띠고 연신 어깨춤을 추며 우리를 향해 손까지 흔드시니 그런 생각이 들었나 보다. 어둠이 내려앉은 동네 어귀에서, 그 어둠만큼이나 무거운 삶의 무게를 지고 살아가는 노파의 삶 한구석에 덩그러니 놓인 옥수수가루 한 포대를 보면서 '한국이라고 했던가?' 하며 멀고 먼 이국 땅에서 온 '선물'을 바라보는 할머니의 마음에 조건 없는 사랑의 기쁨이 스며든 것이 아닐까? 그날 밤 할머니는 분명 '하나님이 나와 함께하신다고?' 하며 입가에 옅은 미소를 머금은 채 잠들지 않으셨을까? 그렇게 가난한 초막집에는 옥수수가루 한 포대로 온기가 전해지고, 지친 삶의 자리에 하나님의 위로와 은혜가 부어졌다.

선교지에서 사역을 하다보면 마음이 아프고 좌절되는 순간도 많지만, 그럴 때마다 주님은 내게 말씀해주셨다.

"지해야, 너는 혼자가 아니다. 나도 그들 가운데 함께 있다. 그들 가운데서 나도 일하고 있단다."

오늘도 임마누엘의 주님이 그분의 자녀들 가운데서 일하고 계심을 떠올리며 나는 한없는 주님의 은혜를 느낀다. 그 은혜로 말미암아 새 소망을 가지고 오늘도 한 걸음 걸어갈 수 있는 것이리라. 언제나 나와 동행하시는 하나님과 함께 또한 현지인들과 한 팀이 되어 하나님의 나라를 위해 살아가는 이 삶이 내게는 은혜요, 특권이다. 그 여정 가운데 기도로 동행하는 수많은 동역자들에게 감사의 마음을 전한다. 늘어가는 주름과 흰머리가 가슴 아린 주님의 사랑으로 영혼들을 품는 것을 의미하는 '증표'는 아니더라도, 주님의 십자가 사랑을 닮아가려는 끝없는 노력의 '표시'인 줄 믿는다. 내 삶이 있는 그대로 사랑이 되고, 내 눈에 그분을 담는 날이 올 때까지 이 자리를 지켜 내 안에 그분이 살아 계시는 삶을 살아낼 수 있길 두 손 모아 기도한다.

마약중독자, 하나님의 사람이 되다

원주민 티제이 이야기

• 김창섭 •

목사님이 이겼습니다

2009년 가을 어느 새벽, 현지의 지체인 티제이에게 전화를 받고 그의 집으로 향했다. 목소리를 들어보니 마약을 과다 투입한 탓에 자칫 목숨을 잃을 수도 있는 위급한 상황임을 느꼈다. 마약 때문에 생사의 위기에 처한 사람이 많다는 말을 사역하는 동안 숱하게 들었

김창섭 모태신앙으로 부모님과 매일 저녁 가정예배를 드리며 자랐다. 중학생 시절 수련회에서 주님을 인격적으로 만났고, 고등학생 때 교회 선배에게 선교에 대한 도전을 받고 선교사가 되기 위해 신학대학에 진학했다. 2008년 캐나다 원주민 사역으로 파송받아 원주민 마을 및 교도소 방문을 통해 전도 사역을 하고, 도시에 원주민 교회를 개척하여 담임목사로 섬기고 있다. 간호사로 사역하는 아내 박진아 선교사와 아들 재준, 재원이 있다.

지만, 내 주변에 그것도 친분이 있는 사람 중에 마약 중독으로 죽음을 목전에 둔 이를 보기는 처음이었다.

티제이의 모습은 처참했다. 양쪽 팔에는 온갖 주사바늘 자국과 상처가 가득했고, 그의 아파트 곳곳에는 이상한 약 냄새가 배어 있어 숨조차 제대로 쉴 수 없었다. 내가 얼굴을 갖다대도 눈의 초점을 맞추지 못하고 고통스럽게 가쁜 숨만 내쉬는 그를 바라보며 아무것도 할 수 없는 나 자신이 초라하게 느껴졌다. 이 일을 통해 주님은 나에게 "네가 한 사람의 영혼 구원을 위해서 할 수 있는 일은 아무것도 없다"고 말씀하시는 것 같았다. 내가 티제이를 위해 할 수 있는 일이라곤 더욱 간절히 주님께 매달리는 것이었다.

티제이는 소위 '갱'이라는 폭력 조직에 가입되어 있어, 그의 상태가 알려지기라도 하면 언제 상대편 갱에게 테러를 당할지 몰랐다. 더욱이 나는 티제이가 이러다 죽을지도 모른다는 불안감과 당혹감에 휩싸였다. 티제이는 내가 오랫동안 복음을 전하기 위해 관계를 맺어온 '한 영혼'이었다. 나는 마지막 기회라 생각하고, 하루에도 서너 번씩 그를 찾아가 복음을 설명하고, 재미있는 이야기도 들려주고, 어질러진 집을 정리했다. 한번은 아내에게 부탁해서 음식을 만들어 가져다주기도 했다. 그러나 티제이에게 '복음의 능력'은 크게 와닿지 않는 듯 보였고, 나의 이런 노력들이 별 소용없는 것 같아 힘이 빠지고 말았다.

다행히 티제이는 하루하루 지나면서 몸 상태가 호전되기 시작했다. 평소와 다름없이 그를 찾아간 어느 날, 그의 입에서 듣고도 믿을 수 없는 말이 툭 하고 나왔다.

"하나님께 굴복해야겠습니다. 이번에는 목사님(하나님)이 이겼습니다."

티제이가 생사를 헤매는 동안 나는 아무 일도 못했지만, 성령님께서 많은 이들의 기도를 듣고 티제이를 은밀히 만나주셨다는 확신이 들었다. 다시 한 번 '내가 할 수 있는 일은 아무것도 없다. 아니, 내가 할 수 있는 일은 있지만, 그 결과로 한 사람이 변하는 건 아니다. 주님은 내가 그저 주님 곁에 있기를 원하신다'는 생각이 들었다. 선교사로서 방향성을 다시 한 번 정립하는 계기가 되었다.

주님, 아무것도 할 수 없습니다

그로부터 얼마 후, 늦은 저녁에 맥도날드에서 빅맥 3개를 사서 티제이를 찾아갔다. 며칠 동안 제대로 먹지 못했던 티제이는 순식간에 빅맥 2개를 먹어치웠다. 몸이 어느 정도 회복된 그의 얼굴에는 순박한 웃음과 사뭇 진지한 표정이 떠올랐다. "이제 우리 같이 교회 갑시다" 하는 나의 말에 "오케이" 하고 호쾌하게 대답하는 그 모습이 얼마나 고맙고 사랑스럽던지! 티제이는 이런 말도 덧붙였다.

"목사님, 제가 목사님의 시간을 너무 많이 빼앗았네요. 앞으로 목사님한테 더 의지하면 더 많은 시간을 뺏어야 할 텐데 어쩌죠?"

웃음을 띤 채 농담 반, 진담 반으로 이야기하는 티제이를 뒤로하고 기쁜 마음으로 그의 아파트에서 나왔다. 그리고 운전석에 앉아 차 시동을 건 다음 다시 한 번 주님께 고백했다.

"주님, 역시 제가 할 수 있는 일은 아무것도 없습니다."

앞으로 어떤 단계를 밟아야 할지, 구체적으로 어떻게 티제이를 도울지 모르겠지만 갈 길이 조금은 보이는 것 같았다. 주님께 더욱 충성스러운 종이 되기 위해 최선을 다하는 것 말이다. 주님께 의지하며 내 삶에서 주님의 향기를 퍼트리는 것만이 내게 맡겨진 일임을 다시 한 번 마음에 새겼다. 그러고 나니 한 가지 고백만 남았다.

"오직 주님."

그 일이 있고 얼마 후, 어느 아침에 티제이에게 문자를 보냈다.

"혹시 오늘 나하고 외식할 수 있나요? 한국 음식점에 가서 점심 식사 합시다."

잠시 후 그에게 오케이 답장이 왔다.

약속 시간에 맞춰 티제이의 집에 도착했을 때, 나는 일부러 평소처럼 열쇠로 문을 열고 들어가지 않고 초인종을 눌렀다.

딩동-

곧이어 문이 열리고, 지금껏 본 적 없는 모습의 티제이가 그 앞에 서 있었다. 깔끔한 복장에 덥수룩하던 수염도 말끔히 면도한 모습이었다. 그뿐만 아니라 깨끗하게 정리된 아파트 내부에는 늘 머리를 지끈거리게 했던 악취도 말끔히 사라져 있었다.

며칠 전만 해도 거의 죽을 것 같던 사람이 이렇게 멀쩡해지다니! 달라진 티제이의 모습을 보니 기쁨이 샘솟았다. 그와 함께 고추장이 듬뿍 든 비빔밥을 먹고 다시 티제이 집으로 돌아가 한참 동안 이야기를 나누었다. 20년 넘게 의지해온 마약을 단숨에 끊어낸다는 건 어쩌면 기적 같은 일일지도 모른다. 하지만 주님이 그런 기적을 티제이에게 행하신다면, 그것은 기적이 아니라 주님의 역사가 될 것이다. 나는 성령님의 인도하심을 구하며, 악한 사슬에서 벗어나는 것에 대한 이야기가 담긴 책 두 권을 그의 식탁에 올려두고 티제이의 배웅을 받으며 아파트를 나왔다.

티제이를 만나주신 하나님

며칠 후, 티제이에게서 문자 메시지가 한 통 도착했다.

"내가 아주 바닥으로 떨어진 것 같습니다. 잘못의 대가가 너무 큽니다…"

문자를 확인하는 순간 내 마음은 덜컹 내려앉았다. 도대체 무슨 일이 생긴 걸까? 몇 분 지나지 않아 티제이의 아내 브랜다에게서도 문자가 왔다.

"혹시 저녁에 티제이와 이야기를 나눴나요?"

나는 곧바로 브랜다에게 전화를 걸어 무슨 일이 있었는지 물었다. 그녀도 나처럼 방금 전에 티제이에게 문자를 한 통 받았는데, 내용이 심상치 않아 내게 연락한 것이라고 했다. 알고보니 티제이가 나와 브랜다에게 동일한 메시지를 보낸 것이었다. 티제이에게 전화를 걸어 무슨 일인지 물으니 그는 별다른 설명 없이 이렇게 말했다.

"목사님, 너무 힘들어요. 이렇게 힘든 적이 없습니다. 어떻게 해야 할지 모르겠어요."

그 말을 듣는 순간 불길함에 휩싸였지만, 나는 마음을 추스르고 성령님의 인도하심을 구하며 티제이에게 말했다.

"사탄은 당신을 놓치고 싶지 않을 것입니다. 당신의 생각과 몸을 지배해 당신을 다시 한 번 마약의 그늘로 떨어뜨리려 할 테지요. 사탄은 당신에게 '너는 할 수 없어. 20년 이상 해온 마약을 끊는다는 건 불가능해. 헛수고하지 마' 하는 생각을 넣어줄 테지요. 그러나 티제이, 포기하지 마세요. 오직 우리를 사슬에서 구원하시는 예수 그리스도만 의지하세요. 그리고 사탄에게 말하세요. '나는 오늘 죽어도 좋다. 마약을 하고 며칠, 몇 달, 몇 년을 더 사느니 마약을 하지 않고 차라리 지금 주님의 손 안에서 죽겠다. 네 손에서는 죽지 않겠다. 오늘 나는 약을 먹지 않고 그냥 주님 손에서 죽겠다'라고 당당하게 외치세요."

한참 동안 말없이 내 말을 듣던 티제이는 용기를 얻은 듯 "네, 그렇게 할게요"라고 확신에 찬 대답을 했다. 나는 믿음의 친구들에게 중보기도를 부탁할 테니 염려 말고 기도하고 편히 잠자리에 들 것을 권했다. 그리고 전화를 끊기 전에 함께 간절히 기도했다. 티제이를 에워싼 모든 어둠의 결박이 풀리고, 그를 마지막까지 괴롭히려는 사탄의 권세를 주님이 완전히 무너뜨려달라고, 그에게 온전한 평안과 강건한 믿음을 주시길 기도했다. 나의 기도 한마디 한마디에 티제이는 "아멘, 할렐루야, 예스 로드(Yes, Lord)"라고 응답했다. 그날 밤, 힘들어하는 티제이를 위해 나는 친구들과 동역자들에게 문자 메시지로 기도를 부탁했다.

다음날 아침, 새벽기도를 마치고 티제이 집에 들렀다. 문을 열자마자 보이는 티제이의 얼굴은 해처럼 밝았다. 그뿐 아니라 그의 입에서 놀라운 첫마디가 터져 나왔다.

"목사님, 어젯밤에 하나님을 만났어요. 할렐루야!"

그리고 이렇게 덧붙였다.

"밤새 통곡했습니다. 주님이 저의 죄를 위해 죽으심을 믿게 되었고, 철저하게 회개하며 눈물을 흘렸습니다. 이렇게 울어본 적이 없습니다."

티제이 주변에 눈물을 닦은 휴지가 한 무더기 널브러져 있는 걸 보니 치열했던 지난밤이 그려지는 듯했다.

그는 지난밤 나와 통화를 한 후 기도를 마치고 다시 잠자리에 들려고 했다. 그런데 도무지 잠이 오지 않고 마음 깊은 곳에서 올라오는 죄책감과 좌절감을 어찌할 수 없었다고 한다. 그래서 다시 일어나 주사기에 치사량의 마약을 넣고 조용히 죽을 준비를 했다. 그런 다음 팔 동맥에 바늘을 꽂으려고 했는데 도무지 혈관을 찾을 수 없었다. 20년 넘게 스스로 혈관을 찾아 마약을 투여해왔는데 혈관을 못 찾기는 처음이었다. 이상하다 싶어 한동안 헤매고 있는데 어디선가 소리가 들려왔다.

"티제이."

누가 불렀나 싶어 주변을 두리번거렸지만 아무도 없어 다시 팔에 주사를 놓으려 하는데, 또 다시 그의 이름을 부르는 소리가 들렸다.

"티제이."

그때 언젠가 내게 들은 말이 떠올랐다고 한다.

"하나님이 찾아오시면 당신은 그걸 느끼게 될 거예요."

그는 갑자기 하나님께서 이 어두운 아파트 방에 자신과 함께 계신다는 확신이 들었다. 그는 스스로 무릎을 꿇고 예수님의 이름을 외마디 비명처럼 외쳤다고 한다. 그리고 무언가 이상해서 벽을 보니 하얀 손이 나타나 벽 위에 그동안 그가 지은 온갖 죄악들을 써내려가는 게 아닌가. 그걸 보자 그는 무서워 온몸이 떨리고 눈물이 평평 쏟아져 한참을 통곡하지 않을 수 없었다. 그는 몇 시간 동안이나 그 벽 앞에서 하나님께 용서를 구하고 살려달라며 몸부림쳤다. 마침내 안정을 되찾아 간밤에 하나님께서 그를 만나주시고 그의 모든 죄를 깨끗이 용서해주셨다는 믿음이 마음 깊은 곳에서 생기기 시작했다. 할렐루야!

티제이의 이야기를 듣는 내내 나는 "오, 주님" 하며 탄성을 지르지 않을 수 없었다. 주님이 티제이의 영혼을 포기하지 않고 죄와 어둠의 권세에서 건져주셨음을 확신했다. '주님은 살아서 오늘도 역사하며 한 영혼의 구원을 위해 애쓰는 분이심을 이보다 더 확실히 알 수 있을까' 하고 나는 속으로 고백했다. 주님이 구원하신다. 구원은 주님의 손 안에 있다.

하나님이 여시는 구원의 문

한 달쯤 지났을까? 주일예배 후 티제이 가족과 함께 저녁 식사를 했다. 한 달 전만 해도 상상조차 할 수 없던 꿈 같은 식탁이었다. 당시 티제이는 마약 중독에 빠진 사람들이 매주 모여 서로 중독에서 벗어날 수 있도록 격려하고 고백하는 NA미팅에 참여하고 있었다. 나는 그 모임이 궁금해 동행을 자처했다. 교회 교육관 같은 곳에 도착하니 20여 명이 모여 서로들 현재 어떻게 마약과 싸우고 있는지, 어떻게 실패하고 승리하고 있는지 솔직하게 고백했다. 원주민뿐 아니라 백인, 흑인 등 다양한 사람들이 있었다.

그들의 진지한 나눔을 들으며 한 30분쯤 지났을까, 갑자기 가슴이 답답하면서 심장에 약간의 통증까지 느껴지기 시작했다. 전에 느껴본 적 없던 통증인지라 당장 그 자리에서 벗어나고 싶었지만 이 또한 영적 싸움일지 모른다는 생각에 간절히 기도하며 끝까지 자리를 지켰다. 가슴 통증은 잠시 뒤 사라졌고, 그러는 사이 두 시간이 흘러 모임도 끝났다. 모임 후에 그곳에서 만난 티제이의 친구들과 함께 카페로 자리를 옮겨 대화하는 시간을 가졌다. 그 친구들도 티제이만큼이나 어마어마한(?) 이력을 가지고 있었다. 잠시 소개하자면 이렇다.

루마니언 인디언 혼혈인 브루스는 12년 동안 감옥생활을 했고, 현재 마약 중독과 알코올 중독에 빠져 있다.

양팔과 목이 화려한 문신으로 뒤덮인 대니는 10여 년간의 감옥

생활을 마치고 마약 중독에서 벗어나기 위해 노력하고 있다. 그는 살면서 한번도 기독교에 대해 듣거나 소개받은 적이 없었다고 한다.

한때 앰뷸런스 운전기사로 일했던 도니는 마약을 끊고 정상적인 생활로 돌아간 적이 있었지만, 1년 전 다시 마약에 빠져 모든 자격증을 박탈당하고 얼마 전 다시 이 도시로 돌아왔다고 한다. 도니 역시 10여 년 이상 흉악범이 수감되는 감옥에서 수감 생활을 한 이력이 있었다. 그 외에 그랙이라는 친구도 함께했다.

이 친구들과 함께 카페 테이블에 빙 둘러앉자 한 친구가 나를 바라보며 진지한 표정으로 말문을 열었다.

"김 목사님이 티제이를 도와줬다고 들었습니다. 우리가 봐도 이 친구가 놀랍도록 새사람이 되었습니다. 도무지 믿기지 않습니다. 티제이의 변화를 보면서 욕심이 생겼습니다. 우리도 저렇게 변하고 싶습니다. 김 목사님, 우리도 좀 도와주세요. 우리도 변화되고 싶습니다."

뜻밖이었다. 사실 이들과 한 테이블에 앉아 있는 것 자체가 나에게는 큰 두려움이었는데, 나에게 도움을 청하니 뭐라고 대답할지 막막하고 당황스러웠다. 나는 이내 마음을 다잡고 그들에게 말했다.

"여러분, 제가 티제이를 도운 게 아니라 하나님께서 도와주신 것입니다. 저는 단지 티제이와 함께 기도하고 성경 말씀을 가르쳐주기만 했을 뿐입니다."

도움을 청했던 친구가 말했다.

"우리에게도 성경을 가르쳐주세요!"

도무지 이들의 간청을 거절할 구실을 찾을 수 없어 나는 감사한 마음 반, 두려운 마음 반으로 고개를 끄덕였다. 그렇게 해서 우리는 매주 토요일 저녁 7시에 티제이의 아파트에서 만나 성경공부를 하게 되었다. 모두들 어떤 일이 있어도 그 시간을 엄수하기로 굳게 약속했다. 한 명 한 명의 눈빛에서 희망을 향한 간절함이 보이는 듯했다. 카페를 나서자 찬바람이 불어와 옷깃을 여미게 했지만, 우리는 각자 팔짱을 끼는 대신 서로를 진하게 끌어안으며 축복했다. 도니는 나를 끌어안으며 속삭였다.

"김 목사님, 이제 저에게 희망이 생겼습니다."

그들과 헤어진 후 집으로 돌아오면서 '정말 이들이 희망을 가졌으면 좋겠다. 주님이 이들을 새로운 삶으로 인도해주시면 좋겠다'고 생각했다. 난생 처음 만난 사람들을 사랑하게 된 것이다.

이들이 진정 예수 그리스도를 만나 주께 영광 돌리며 새롭게 살게 되기를 간절히 소망한다. 무엇보다 그 일은 오직 주의 성령만으로 가능함을 고백하며 나는 매주 토요일을 기다린다. 이 글을 읽는 분 또한 삶에 생명 되신 예수 그리스도의 은혜가 임하기를 기도한다. 그리고 티제이, 브루스, 대니, 도니, 그랙 그리고 나를 위해 중보기도해주기를 부탁한다. 매주 토요일 7시, 우리 모임 가운데 성령님이 함께하시길…

천국의 아이들

책으로 꿈꾸는 나이지리아 난민 아이들

• 손은영 •

"좋은 아침이에요, 선생님. 만나서 반가워요. 하나님이 축복하십니다"
(Good morning, ma. We are happy to see you. God bless you).

교실에 들어서면 학생들이 일제히 일어나 한 목소리로 합창을 한다. 매일 주고받는 익숙한 인사지만, 아이들의 설레는 표정과 반짝이는 눈에서 진정 환대하고 반기는 마음을 읽을 수 있다.

손은영 모태신앙으로 어릴 적부터 신앙생활을 하며 자랐고, 한국대학생선교회에서 훈련을 받았다. 해외 원조 활동에 관심을 갖고 국제대학원에서 개발협력을 전공하던 중 의료선교를 꿈꾸는 남편 이재혁 선교사를 만나 결혼했다. 2009년 나이지리아로 파송받아 의료 및 개발 사역을 하는 남편과 함께 시골 마을 도서관 사역과 난민 사역을 하고 있다. 산지, 산하 두 아들이 있다.

아이들과의 첫 만남

처음 이 학교를 방문했을 때 아이들의 반응은 지금과 달랐다. 어쩌면 동양인을 처음 봐서 그랬는지도 모른다. '저 낯선 사람이 여기 왜 온 거지?' 하는 호기심과 의심이 뒤섞인 표정, 조금은 불안한 시선으로 나를 쳐다보았다. 2018년 9월부터 일주일에 한 번씩 방문하고 있는 시티오브레퓨지(City of Refuge, 도피성)는 나이지리아 예수전도단에서 운영하고 있는 학교다. 학생들 대부분은 나이지리아 북동쪽 3개 주에서 피난 온 내부 난민(IDPs, Internally Displaced Persons)의 아이들이다. 지난 2009년부터 나이지리아 북동쪽을 근거지로 이슬람 무장단체 보코하람의 활동이 거세진 탓에 그 지역은 일상생활이 불가능할 정도로 위험한 지역이 되었다. 학교교육도 중단되어 아이들은 거리를 헤매며 아무 돌봄도 받지 못하는 처지가 되었다.

동네 거리 혹은 난민 캠프에서 하릴없이 돌아다니는 아이들이 넘쳐나자 이를 안타깝게 여긴 예수전도단의 지역 책임자가 아이들 몇 명을 조스로 데려와 가르치기 시작한 것이 지금의 학교가 되었다. 현재는 70여 명의 아이들이 부모를 떠나 이곳에서 생활하며 학업을 지속하고 있다. 그중에서도 상급반에서 공부하고 있는 25명 정도가 내가 북클럽을 통해 만나고 있는 아이들이다.

시작은 단순했다. 안식년 기간에 받은 선교사 연장 교육 중 자신의 선교지 이슈를 하나 골라 소논문을 제출해야 하는 과제가 있었다. 그때 내 마음에 와닿은 주제가 '내부 난민'이었다. 논문을 쓰기 위해 자료를 읽고 공부하면서 그들에 대한 관심이 커졌다. 그 후 나이지리아로 돌아와서도 기회가 있을 때마다 난민 캠프를 방문하고 사람들을 만나며 하나님께서 주시는 마음을 확인할 수 있었고, '내가 무엇을 할 수 있을까' 고민하는 시간을 보냈다. 그러던 중 내부 난민 중에서도 특히 아이들에게 도움이 되면서 즐겁게 함께할 수 있는 일을 찾다보니 '북클럽을 열어 함께 책을 읽으면 좋겠다'는 생각이 들었다. 나 자신이 책을 좋아할 뿐만 아니라, 아이들이 독서를 통해 새로운 세상을 경험하고 자유롭게 꿈꾸며 자랐으면 하는 소망이 나를 움직였다.

학생들의 읽기 수준이 제각각이라 적절한 책을 고르는 것부터 쉽지 않았다. 너무 쉬운 그림책보다는 글밥이 있으면서 사이사이에 삽화가 그려져 있는 책이 아이들이 집중하기에 좋았다. 일단 수업이 시작되면 막힘없이 술술 읽어나가는 아이도 있고, 중간중간 자꾸 막히는 아이도 있는데, 이럴 때는 옆에 있는 친구들이 한두 명씩 자발적으로 도움을 주기 시작한다. 그러다 나중에는 반 전체가 한 목소리로 책을 읽게 되기도 하는데, 그럴 때마다 아이들의 순수함과 귀여움에 절로 웃음이 난다.

북클럽을 진행한 지 몇 달쯤 지나자, 학교 담당자가 북클럽을 통해 학생들의 읽기 실력이 향상된 것이 보인다며 기숙사에서도 자체적으로 돌아가며 성경 읽기를 시작했다고 얘기해줬을 때, 꿈꿨던 소망이 이루어진 것 같아 참 기뻤다. 또한 마음이 벅차오른 때도 있었다. 그날은 북클럽에서 읽은 책의 내용을 요약하고 소감을 발표한 아이들에게 얇은 책을 한 권씩 선물로 준 그다음 주였다. 책을 선물 받았던 아이들이 수줍게 다가와 다른 책을 더 구해줄 수 있는지 물어보았다. 그 모습이 얼마나 사랑스럽던지 나는 단번에 "그럼, 당연하지"라고 대답하며 기쁨을 감추지 못했다. 이것이 작은 상자 하나에 들어갈 만큼의 책을 구해 작은 이동도서관을 시작한 계기가 되었다.

나는 선교사이기 전에 난민 아이들 또래의 자녀를 둔 엄마이기에 종종 엄마의 눈과 마음으로 아이들을 보게 된다. 새 책을 처음 만져본 아이들의 반짝이는 눈빛, 13인치 노트북으로 보여주는 영화에 한껏 들뜬 표정과 미소, 낡은 연습장 한 귀퉁이에 "저는 이 시간이 정말 좋아요"라고 작게 써놓은 메모, 준비해간 작은 간식에도 고마워하며 늘 잊지 않고 건네는 인사, 이 모든 순간이 내게는 하나님께서 주신 선물 같은 장면들이다. 한편 받은 간식을 먹지 않고 간직해뒀다가 쉬는 시간에 교실로 찾아온 동생에게 주는 언니를 볼 때면, 동생을 아끼는 마음이 느껴져 흐뭇하면서도 왠지 미안한 마음이 들기도 했다.

아이들을 위한 첫 번째 책장

2019년 UN 통계에 따르면, 나이지리아의 내부 난민은 180만 명에 이르고, 그중 55퍼센트는 18세 미만의 아이들이다. 여기서 내가 만나는 아이들은 수많은 내부 난민 아이들 중 극히 일부에 지나지 않는다. 눈에 보이는 필요는 너무나 크고, 내가 할 수 있는 일은 너무나 적다는 생각에 가끔은 상황에 압도될 때가 있지만, 지금 내가 할 수 있는 만큼만 한 걸음씩 내딛기로 한다. 하나님의 선한 인도하심과 그 일을 감당할 때 필요한 힘과 지혜 그리고 성실함을 구하며 하루하루 아이들과 함께 호흡한다.

책을 통해 아이들을 만난 지 2년째다. 이제는 구구절절 설명하지 않아도 척하면 척하고 알아듣는다. 감사하게도 변화가 보이기 시작한다. 작년에는 수업 시간마다 고개를 푹 숙인 채 자기가 한 것을 친구들에게 보여주기 부끄러워했던 아이가 이제는 당당히 고개를 들고 소리 내어 책을 읽는가 하면, 수업에 별 관심이 없던 아이가 최근에 적극적으로 수업 중에 질문을 해서 내심 감동을 받았다. 그뿐 아니라 반 아이들이 작년에는 버거워서 포기했던 책 시리즈를 올해에는 이미 5권이나 읽었다. 열심히 배우고 익히려는 모습이 사랑스러워 뭐 하나라도 더 주고 싶은 마음을 주체할 수 없다.

난민 학교 북클럽 아이들은 매주 수업을 마치면 일주일간 빌릴 책을 고른다. 그때 신나게 책을 고르는 아이들 옆에 빙 둘러서서 부러운 눈빛으로 구경하는 다른 학년 아이들이 있는데, 그 아이들을 볼 때마다 마음이 아팠다. 책의 권수는 정해져 있고, 아이들은 너무 많아서 한정된 아이들에게만 책을 빌려줄 수 있었기 때문이다. 학교에 작은 도서관이 있다면 북클럽 아이들뿐 아니라 다른 학생들도 책을 읽을 수 있어 좋겠다는 생각이 들었다. 하지만 선뜻 입밖에 내지 못하고 한동안 간절한 바람만 품고 있었는데, 후원자 한 분이 북클럽을 후원하고 싶다는 연락을 주셨다. 조심스럽게 도서관에 대한 의견을 여쭸더니 흔쾌히 동의해주어 2021년 4월, 처음으로 난민 학교에 자그마한 첫 번째 책장을 만들게 되었다. 혼자 품고 있던 한 조각의 소망이었는데 '하나님께서 아시고 내 기도를 들어주셨구나. 하나님의 일은 이렇게 진행되는구나' 싶어 더욱 기뻤다.

아이들에게 책장을 선물해줄 생각에 한껏 들떠 있던 그 무렵, 코로나가 시작되었다. 모든 계획은 중단되었고, 도서관은커녕 북클럽도 진행할 수 없게 되었다. 팬데믹을 감당할 만한 인프라가 마련되어 있지 않기 때문에 나이지리아 내 모든 학교의 학업 활동이 멈춰선 것이다. 배우기를 즐거워하고 책 읽기를 좋아하는 아이들이 모여 있는 학교가 코로나 사태로 문을 굳게 닫으면서 나도 무기한으로 아이들을 만나지 못하게 되었다. 그 시기에 내가 할 수 있는 일은 하나님의 긍휼을 구하는 것밖에 없었다. 주님의 못자국 난 손이 붙들고 있는 아이들이기에, 주님을 따라 오갈 곳 없는 아이들의 손을 잡아주는 선교사가 되겠다는 기도만 할 뿐이었다. 그 무렵 후원자 한 분에게 메일을 받았다.

"씨앗을 뿌리고 가꾸는 데 힘쓰다보면, 언젠가 어디선가 누군가 아름다운 꽃과 나무가 되어 있을 거야. 그게 언제고 어디고 누군지 우리는 모르기에 삶은 더욱 재미있는 것 아닌가 싶다. 이러한 소망이 결코 헛되지 않음은, 우리가 살아가는 세상이 바로 이런 작은 소망들이 모이고 모여 앞으로 나아가는 것이기 때문이겠지. 네가 살고 일하는 곳이 하나님의 나라이기에 더욱 열심히 그리고 더욱 즐겁게 지내기 바란다."

이 메일을 읽고 또 읽으며, 아이들을 만나지 못하는 상황에서도 늘 신실하신 주님을 찬양하며, 아이들과 다시 만날 그날을 인내하며 기다릴 수 있었다.

팬데믹 그리고 새로운 시작

코로나로 인해 한국에 귀국해 있는 동안 때때로 아이들의 초롱초롱한 눈빛이 생각나고 그리웠다. 수업도 없는 상황에서 아이들이 책이라도 읽으면 덜 심심할 텐데 하는 안타까움이 늘 마음 한 구석에 자리잡고 있었다. 코로나가 어느 정도 진정 국면에 접어들어 나이지리아에 돌아왔지만, 여전히 활동은 제약되고 모든 게 조심스럽기만 했다.

어느 날 남편이 대뜸 물었다.

"도서관은 어떻게 할 거야?"

나는 팬데믹 상황에서 도서관 설립을 진행하는 것이 지혜로운 일인지 모르겠다는 둥, 학교 수업이 재개된 지 얼마 안 됐는데 도서관을 여는 게 시기적으로 적절한지 모르겠다는 둥 그럴듯한 변명을 대며 도서관 일을 차일피일 미루고 있었다. 그러다 우연히 작년에 쓴 일기장을 보게 되었는데, 도서관을 만들어 더 많은 아이들에게 책을 빌려줄 수 있게 되어 기쁘고 즐겁다는 내용이 적혀 있었다. 그걸 보니 그동안 내가 남편에게 둘러댄 말들이 사실은 나의 '게으름'

을 감추기 위한 변명이었음을 깨달았다.

그때부터 마음을 다잡고 다시 일을 진행하기 시작했다. 우선 책꽂이를 구하는 것이 급선무였다. 가구점에서 원하는 디자인과 재질의 책장을 고르고 싶었지만 나이지리아에서 그런 가구점을 기대할 순 없기에, 인터넷에서 찾은 책장 사진을 목수에게 보여주며 비슷하게 만들어달라고 부탁했다. 정확한 치수와 어떤 나무를 쓸 건지 물길래 어설프게나마 도안을 그려 보내주면서 차근차근 일을 진행했다. 그로부터 정확히 4주 후 완성된 책장을 만났다. 얼핏 보면 내가 처음 보낸 사진의 책장과 비슷하다가도, 자세히 보면 아닌 듯 애매했다. 그래도 비슷하게 만들기 위해 애쓴 흔적이 역력해서 "너무 잘 만들었네요" 하며 기쁜 마음으로 첫 책장을 맞이했다.

설레는 마음으로 책장에 한 권 한 권 책을 채워 넣었다. 그동안 북클럽 아이들을 위해 틈틈이 사둔 책, 코로나 때 한국에서 들고 온 책, 두 아들 산지, 산하가 읽던 책 등을 모으니 꽤 그럴싸했다. '두 번째 책장을 채울 책은 또 어디서 어떻게 구하나' 하는 걱정이 잠깐 들었지만 그건 나중에 가서 고민하고, 지금은 첫 번째 책장이 완성된 것에 기뻐하기로 했다. 책장에 꽂힌 책들을 보고 좋아할 아이들과 선생님들의 얼굴이 떠오르자 기쁨이 두 배, 세 배가 되는 듯했다.

사랑의 수고

첫 번째 책장을 만든 이후로 2022년 현재까지 총 4개 기관에 5대의 책장과 1,760여 권의 책이 전달되었다. 난민 아이들에게 책을 통해 새로운 경험과 더 넓은 세상을 느끼게 해주고 싶어 시작한 일이 하나님의 은혜와 여러 후원자들의 동역으로 한 걸음씩 앞으로 나아가고 있다. 집에 있는 책들을 기꺼이 내어준 분들, 수백 권의 책들을 나이지리아까지 갖고 오느라 힘쓴 남편과 두 아들, 북클럽을 적극적으로 지지하고 좋은 책을 구할 수 있는 곳을 소개해준 나이지리아 친구들, 늘 칭찬과 조언을 아끼지 않는 나이지리아 학교 교장 선생님, 그리고 튼튼하게 책장을 짜주는 현지인 목수 청년까지 마음을 모으고 함께해준 분들 덕분에 여기까지 왔음을 고백하며, 모든 영광을 하나님께 올려드린다.

두 아들 산지와 산하가 어릴 때 책을 읽으며 깔깔거리는 모습이 참 보기 좋았다. "엄마, 이 책 꼭 읽어봐. 진짜 좋은 책이야" 하며 추천해준 덕분에 아이들을 통해 좋은 책들을 많이 알게 되었다. 이제는 나이지리아의 난민 아이들도 마음껏 깔깔거리길 기대한다. 단 몇 명이라도 네모난 책 속의 세상을 통해 '즐거움의 순간'을 온전히 누리길 바란다. "이거 봤어? 진짜 재밌어" 하며 서로 좋은 책을 권하고 꿈꾸고 마음을 터놓고 이야기하는 날이 오길 소망한다. 이를 통해 하나님과 그분의 피조물인 사람들 그리고 하나님이 만드신 이 세상을 더욱 깊이 이해하고 배우고 아름답게 하는 아이들로 성장하기를 오늘도 마음 다해 기도한다.

나의 친구 이쓰마일

어떤 이슬람 신자의 회심

• 안생명 •

이맘 이쓰마일

어느 날 라흐만에게서 전화가 왔다. 한 이맘(이슬람 지도자)이 세례를 받고 싶어한다고 했다. 자초지종을 들어보니 그 사람은 우연히 하나님의 말씀을 읽고 값없이 주시는 은혜에 사로잡혀 그 은혜를 사모하게 되었다. 이맘의 이름은 '이쓰마일'이었다. 그는 어려서부터 꾸란

안생명 대학생 때 수련회를 통해 그리스도인의 삶의 목적은 하나님을 알고, 그리스도를 닮아가는 것임을 깨달았다. 선교에 대한 관심과 헌신의 마음으로 2012년 B국에 1년간 단기 선교사로 다녀왔다. 신대원에 입학하여 장기 선교사로 나가기 위한 준비를 하던 중 B국에 단기 사역을 다녀오고 같은 비전을 가진 자매를 만나 가정을 이루고, 2021년 아내 진다해 선교사와 기쁨, 소망 어린 두 자녀와 함께 B국으로 돌아갔다.

(이슬람 경전)을 아랍어로 다 외울 정도로 독실한 이슬람 신자였고, 매일 다섯 번씩 기도했으며, 1년에 한 달은 금식했다. 하지만 어느 성실하고 존경받는 이맘처럼 이슬람이 가르치는 대로 종교적 열심을 냈는데도 도무지 구원의 확신을 얻지 못했다. 그의 영적 갈증을 해소한 것은 다름 아닌 작고 허름한 교회의 문 앞에 써져 있는 말씀 한 구절이었다.

"예수께서 이르시되 내가 곧 길이요 진리요 생명이니 나로 말미암지 않고는 아버지께로 올 자가 없느니라"(요 14:6).

그것을 보고 이쓰마일은 그리스도인이 되기로 결심했다.

B국에는 전체 인구의 0.4퍼센트에 해당하는 그리스도인이 있다. 이들의 조상은 힌두교를 믿었다. 현재 B국의 그리스도인들은 그들에게 복음을 전한 서양 선교사들의 문화와 조상들의 힌두교 문화를 그대로 이어받았다. 그리스도인을 향한 B국 사회의 시선은 그리 곱지 않다. 그리스도인들은 사회에서 소수자로 차별을 받기 때문에 대부분이 한 마을에 모여 산다.

사실 이들은 복음적이기보다 종교적이고, 종교적이기보다 관습적이라고 보는 편이 맞다. 대부분의 B국 그리스도인들은 무슬림을 사랑해야 할 이웃이라기보다 자신들을 위협하는 존재로 여긴다. 그래서일까? 이쓰마일이 그리스도인이 되기로 결심하고 근처 교회를 찾아갔을 때, 전형적인 근본주의 무슬림(흰색 전통 의상을 입고 이슬람식 모자를 쓴)인 이쓰마일을 받아주는 곳은 없었다. 이쓰마일은 그들에게 위협의 대상이자 낯선 외부인일 뿐이었다. 다행히 그 지역에는 무슬림 사역을 하는 그리스도인 라흐만이 있었다. 라흐만은 이쓰마일의 이야기를 듣고는, 나와 함께 그를 만나기 위해 내게 연락을 해 온 것이다.

전도자로 세우시다

이쯤에서 라흐만의 이야기를 하지 않을 수 없다. 라흐만은 원래 B국 시골 마을의 평범한 농부였다. 그는 젊은 시절 사우디아라비아에서 일하여 번 돈을 가지고 고향으로 돌아왔고, 마을에서 자기 집과 땅, 오토바이를 가지고 있는 몇 안 되는 사람들 중 한 명이었다. 간단한 식사로 끼니를 때우고, 전기를 일절 사용하지 않던 시골 사람들에게는 '해외에서 일하고 돌아왔다'는 자체가 큰 성공이고 동경거리였다. 무엇보다 그는 사우디아라비아에서 일하며 모든 무슬림의 꿈인 성지 순례까지 다녀왔기에 사람들은 그를 '하지'(haji, 성지 순례)라고 부르며 존중의 뜻을 표했다.

큰 돈을 벌어 고향으로 돌아온 하지 라흐만은 수피즘에 심취했다. 수피즘은 이슬람 신비주의로 이슬람의 율법보다는 신비한 체험을 강조하는 종파 중 하나다. 수피즘의 또 하나의 특징은 알라(신)에게 나아가는 인간 매개자가 있다고 보는 것이다. 이 매개자를 B국 사람들은 '필'이라고 불렀다. 각 지역마다 많은 제자들을 몰고 다니는 (살아 있거나, 이미 죽은) 필이 존재한다. 라흐만은 수피즘에 심취해 있었지만, 신비주의 체험으로는 영적인 갈증을 해결할 수 없었다.

그는 먼저 복음을 들은 수피 무슬림 출신인 친구에게 예수 그리스도를 소개받고, 영원하고 완전한 중보자이신 예수 그리스도를 따르기로 결심했다.

그러나 세상은 그런 결심을 가만히 두고 보지 않았다. 그는 천국의 기쁨과 소망을 얻는 동시에 집과 땅, 부모와 형제 심지어 딸과도 헤어져야 했다. 다행히 아내는 라흐만을 따라나섰고, 늦둥이 아들을 낳아 단출한 세 식구의 믿음의 여정이 시작되었다. 긴 고난의 시간을 보낸 라흐만은 SIM 현지인 사역자가 되어 아내와 세 살 된 아들과 함께 이제 막 남쪽 지역으로 온 터였다. 그즈음 B국 단기 선교사로 사역하던 나 또한 남쪽 지역으로 거처를 옮기게 되었으니, 라흐만과 나는 이쓰마일을 위해 주님이 예비하신 사람들임이 분명했다.

너의 이름은

나는 라흐만과 함께 그 지역에서 가장 큰 모스크에서 이쓰마일을 만났다. 가장 크고 아름다운 모스크여서 외부인이 많이 찾아오는 곳이었다. 그 장소만큼 이맘인 이쓰마일을 만나기에 적절한 곳도 없었다. 약속 시간이 임박하자 저 멀리서 한 사람이 우리를 향해 걸어오는 것이 보였다. 산전수전 다 겪은 라흐만이지만 눈앞에서 이맘이 걸어오는 모습을 보자 순간 겁에 질려 얼어붙는 것 같았다. 나는 어쩌면 그 순간 라흐만을 담대하게 하기 위해 그 자리에 갔는지도 모르겠다. 나는 라흐만의 긴장을 풀어주기 위해 함께 짧게 기도하며 격려했고, 이내 라흐만은 안정을 되찾았다. 그렇게 우리는 이쓰마일과 처음으로 얼굴을 마주했다.

우리는 모스크 건물 밖 회랑에 앉아서 한 시간 정도 이쓰마일의 간증을 들었다. 다행히 간증을 들으면서 라흐만의 마음에 있던 '혹시나' 하는 의심은 사라진 것 같았다. 후에 나는 이쓰마일을 많은 B국 친구들에게 소개했는데, 그 친구들 역시 대부분 라흐만과 같은 반응이었다. 처음에는 이슬람 지도자라는 배경 때문에 의심을 품고 경계했지만, 이쓰마일과 이야기를 나눈 후에는 모두 그의 진실성을 의심하지 않았다. 지금 생각해보면 이쓰마일은 말보다는 삶으로 믿음의 진실성을 증명해온 것 같다.

이쓰마일은 우리와 급속도로 가까워졌고 풍성한 교제를 나누었다. 라흐만과 나는 무슬림 사역이 거의 이루어지지 않은 미개척 지역에 들어가 복음을 전하는 사역자이기에, 특별히 이쓰마일을 통해 우리가 뿌리지 않은 씨앗의 열매를 수확하는 기쁨을 맛볼 수 있었다. 하지만 나는 이쓰마일에게 세례를 주는 것에는 유보적이었다. 이쓰마일은 여전히 시골 작은 모스크에서 이맘으로 있었고, 말씀에 대한 이해와 기독교 신앙인으로 살아갈 준비가 아직 턱없이 부족하다고 느꼈기 때문이다. 하지만 나의 이런 생각은 라흐만과 이쓰마일의 열정을 막지 못했다. 이쓰마일은 라흐만에게 세례를 받았다.

근처 연못에서 세례를 받고 올라온 이쓰마일은 제일 처음 이렇게 물었다.

"이제 내 이름이 뭐야?"

그 말을 듣자 이쓰마일이 왜 그토록 빨리 세례를 받고 싶어했는지 알 수 있었다. B국 사람들에게 이름은 곧 정체성이다. 무슬림들은 아랍어에 기반한 무슬림 이름을, 힌두인들은 산스크리트어에 기반한 힌두 이름을, 그리스도인들은 영어식 발음으로 피터, 제임스 같은 성경 인물의 이름을 사용한다. 이 나라에서 어느 그리스도인이 무슬림이 된다면, 그는 가장 먼저 자신의 이름을 이슬람식으로 바꿀 것이다. 이쓰마일은 자신이 그리스도인이 되어 개명을 하면 기독교 공동체에 자연스럽게 받아들여질 것이라고 생각했다. 이쓰마일의 순진한 생각은 여전히 이슬람식 이름을 사용하는 라흐만의 대답으로 어느 정도 바로잡을 수 있었다.

"네 이름은 여전히 이쓰마일이야. 바뀐 건 속사람이지 겉 모습이 아니거든. 신앙적으로 준비가 될 때까지 당분간은 비밀 신자로 남아 있어."

정체성 그리고 박해

라흐만의 조언과는 달리 이쓰마일의 신앙은 금세 공동체에 알려졌다. 마을 청년들은 곧바로 이슬람 신앙을 버린 이쓰마일을 위협하기 시작했다. 얼마 가지 않아 이쓰마일은 무슬림 사회에서 버림받았다. 평생을 지내온 공동체에서 쫓겨난 이쓰마일이 찾아갈 사람은 라흐만과 나, 단 두 사람뿐이었다. 마을 청년들의 위협이 극에 달했을 무렵, 이쓰마일에게서 다급한 목소리로 전화가 왔다. 이쓰마일의 공포가 그대로 전달되는 듯했다. 모스크 앞에서 이쓰마일이 자신을 해코지할까 봐 무서워했던 라흐만처럼, 나 역시 이쓰마일이 어떻게 될까 봐 무섭고 겁이 났다. 이쓰마일의 위태로운 상황 앞에서 두려워하는 나를 잡아준 것은 다름 아닌 라흐만이었다. 라흐만은 단호하고 조금은 건조한 말투로 말했다.

"이건 자연스러운 일이야."

무슬림에서 그리스도인으로 돌아선 사람들의 경우 대부분 짧게는 2년에서 길게는 10년 정도 위협과 고립의 상황에 놓인다고 했다. 라흐만 역시 이 과정을 지나왔기에 누구보다 단호하게 이쓰마일의 상황을 바라볼 수 있었을 것이다. 나는 두려운 마음을 가라앉혔고, '이번에는 내가 라흐만의 도움을 받았구나'라고 생각하며 동역자의 소중함을 다시 한 번 느꼈다.

이쓰마일을 향한 사람들의 분노와 위협은 계속되었지만, 라흐만과 나는 이쓰마일에게 '상황을 변화시키는 도움'을 주지는 않았다. 다만 복음의 가치를 전하는 것으로 그를 위로했다. 우리는 이쓰마일에게 새로운 직업이나 거처를 마련해주는 방식으로 어설프게 그를 구원하려 하지 않았다. 결국 두려움의 끝에는 "생명이냐, 주의 나라냐"라는 질문이 기다리고 있다.

"그런즉 너희는 먼저 그의 나라와 그의 의를 구하라. 그리하면 이 모든 것을 너희에게 더하시리라"(마 6:33).

우리는 이쓰마일이 받은 구원의 가치를 기억하도록 말씀으로 격려하면서 그가 사람을 의지하기보다는 믿음의 좁은 길을 걷기를 진심으로 기도했다. 그리스도인이 무슬림을 돈으로 개종시킨다는 오명을 벗고, 복음의 능력만이 그 땅과 그 땅의 사람들에게 영향을 끼치기를 소망했다.

믿음의 결단은 멋있어 보이지만 이후의 삶은 지난한 일상의 반복이다. 이쓰마일 역시 먹고사는 문제부터 해결해야 했다. 그는 한동안 다른 마을에서 릭샤(자전거 인력거)를 몰며 생계를 유지했다. 숨이 턱턱 막히는 덥고 습한 날씨와 뜨거운 한낮의 태양을 견디며 릭샤를 끌기란 결코 쉽지 않다. 이쓰마일이 인력거 일을 했던 그 기간은 마침 이슬람의 금식 기간이었다. 돈 버는 기술도, 요령도 없는 이쓰마일은 하루 벌어 하루 먹기도 힘든 지경이 되었고, 결국 다시 짐을 싸서 우리 집으로 오게 되었다. 2년간의 단기 사역이 종료되기까지 두 달 남짓 남았을 때였다.

민낯으로 맺은 우정

신앙인의 믿음은 고난과 위기 앞에서도 나타나지만, 삶을 공유하며 서로 다른 인격이 부딪힐 때 더 입체적이고 선명하게 드러나기 마련이다. 나는 이쓰마일과 함께 살면서 지금까지와는 다른 어려움을 마주했다. 그동안 약속 장소에서 만나 말씀과 기도로 격려한 후에 각자의 생활 공간으로 돌아갈 때와는 차원이 다른 어려움이었다. 작은 생활 습관과 문화의 차이가 견딜 수 없는 불편함을 만들어냈다. 단적인 예로, 한국에서 단기 선교팀이 가져온 라면을 혼자 먹고 싶어서 어떻게 해야 이쓰마일에게 숨길 수 있을지 고민하던 내 모습을 잊을 수 없다. 기어코 라면 맛을 보겠다고 포크로 한번 떠먹고는 라면 한 그릇을 다 먹어버린 이쓰마일이 그때는 어쩌나 얄밉던지. 한편으로는 갈 곳 없는 이쓰마일의 앞날을 생각하니 조급함이 앞서기도 했다. "사람을 의지하지 말고 믿음의 좁은 길을 걸으라"는 사랑의 격려는 어느새 "빨리 기술이라도 배워라"는 잔소리로 바뀌어 있었다. 내일을 책임지시는 하늘 아버지를 온전히 신뢰하지 못한 것은 이쓰마일이 아니라 바로 나였다. 한 집에서 지내는 동안 우리 두 사람은 서로의 연약함을 드러냈지만 그 연약함까지 감싸 안을 수 있는, 더욱 진하고 깊은 우정을 쌓아갔다.

울고 웃으며 지지고 볶던 시절도 잠시, 곧 헤어질 시간이 다가왔다. 나는 본국으로 떠나야 했고, 가능하면 빨리 장기 선교사로 파송받아 다시 B국에 오고 싶은 마음으로 가득 차 있었다. 사실 그 일을 위해 지난 2년을 보냈다고 해도 과언이 아니었다. 이쓰마일에게는 꼭 다시 돌아오겠다고 약속했지만 사실 다시 돌아올 기약은 없었다. B국을 떠나기 전, 이쓰마일을 위해 해줄 수 있는 일이 무엇일까 고민하다가 그를 가능한 한 많은 그리스도인에게 소개해주었다. 이쓰마일이 고립되지 않고 지속적으로 그리스도인들과 교제하기를 바랐기 때문이다. 복음을 듣고 반응한 소수의 무슬림 중에서 많은 이들이 신앙적으로 고립된 채 믿음의 여정을 멈추거나 이전의 삶으로 돌아간다. 이쓰마일은 자기가 속해 있던 둥지에서 쫓겨나 알게 된 지 얼마 되지 않은 이국의 단기 선교사 거처에 임시 둥지를 틀었지만, 이제는 그마저도 사라질 처지에 놓여 있었다. 라흐만뿐만 아니라 새롭게 알게 된 그리스도인 친구들 역시 이쓰마일의 생활을 책임지진 못하는 상황이었다. 믿음의 여정이 항해라면, 이쓰마일은 이제 가장 거친 바다를 향해 나아가야 했다. 여기까지가 2014년에 일어난 일이다.

믿음, 삶으로 말하다

귀국한 이듬해 나는 신대원에 입학했다. 한국 생활은 빠르고 바쁘고 치열했다. 몸이 멀어지면 마음도 멀어진다는 이쓰마일의 말은 어느 정도 사실이었다. 현지에 있는 다른 선교사들을 통하거나 국제전화를 걸어서 간간이 이쓰마일과 라흐만의 소식을 듣는 것이 나에게는 최선의 노력이었다. 그동안 이쓰마일은 다른 무슬림 공동체로 돌아가 비밀 신자로 남았으나, 그곳에서 다시 정체성이 드러나 고통을 당했다고 했다. 이쓰마일이 항상 옳은 선택을 한 것은 아니었지만, 하나님께서 그의 믿음을 지켜주셨다.

그러던 2016년 10월, SIM B국 남서 지역 팀장 L로부터 메일이 한 통 도착했다.

"이쓰마일 기억하지? 모스크 사람들이 이쓰마일 집에서 기독교 서적을 발견했어. 이쓰마일은 더 이상 마드라사(이슬람식 학교)에 머물 수 없고, 집에도 있을 수 없는 상황이야. 그를 위해 간절히 기도해줘."

기독교 신앙의 여정에 들어설 때 라흐만이 그랬던 것처럼, 이쓰마일도 무슬림 공동체로부터 버림을 받았다. 때때로 그는 이전의 생활로 돌아가고 싶어했고, 돌아가려 해보기도 했지만 차마 그리스도를 떠나지는 못했다. 무슬림 공동체도 그리스도를 떠나지 않은 그를 환영하지 않았다. 결국 이쓰마일은 보부상이 되어 룽기(남아시아 지역 남자들이 입는 치마 형식의 옷)를 팔며 어렵게 생계를 꾸려갔다. 열악한 환경으로 인해 그때 얻은 지병이 오늘까지 이쓰마일에게 육체의 가시로 남아 있다. 그럼에도 불구하고 이쓰마일은 복음 전하는 일을 멈추지 않았다. 마침내 그는 라흐만처럼 무슬림 사역이 활발하지 않은 또 다른 지역의 복음 전도자로 사역하게 되었다. 이쓰마일의 독특한 배경과 인내의 삶은 다른 무슬림 배경의 신자들에게 적잖은 위로와 도전이 되었다.

가장 행복한 소개말

2021년 7월, 나는 장기 선교사가 되어 다시 B국으로 돌아왔다. 그 사이 신대원을 졸업하고 교회 사역을 이어왔을 뿐 아니라 가정도 이루었다. 그 가운데서 필요한 훈련을 받으면서 장기 선교사로 파송 받을 준비를 계속했다. 그사이에 세상은 빠르게 변해서 라흐만, 이쓰마일 같은 시골 사람들도 웬만한 중국산 스마트폰은 하나씩 가지고 다니는 시대가 되었다. 덕분에 한두 해 전부터는 두 사람과 보다 자유롭게 소식을 주고받고 말씀도 나눌 수 있었다. 한때는 이쓰마일을 다른 그리스도인들에게 소개시켜주는 것이 내가 할 수 있는 최선이라고 생각했다. 실제로 그를 많은 그리스도인들에게 소개했다. 그런데 7년 만에 B국에 돌아오니 이쓰마일은 팀에서 핵심 사역자가 되어 있었다. 이번 주(2022년 6월 첫 주)에는 내가 참여하는 가정예배에 이쓰마일이 초청되어 말씀을 전하기로 했다. 이제는 우리 팀의 팀장이 다른 성도들에게 나를 소개할 때 이렇게 말한다.

"지본(나의 현지 이름)은 이쓰마일의 친구야!"

가서 제자 삼으라

10명의 제자를 세우기까지

• 오경환 •

2000년 3월 9일, 우리 가족은 남아프리카공화국 북서부 지역에 위치한 목화씨(Mogwase)에 정착했다. 친숙한 이름의 '목화씨'는 쯔와나 부족 마을로, 우리는 SIM 남아공 선교부의 정책에 따라 이곳에서 1년간 남아공의 문화와 역사와 부족어를 배우며 현지 적응 훈련을 했고, 그후 광산 지역인 루스텐버그로 이동했다. 2001년 SIM 남아공 선교부 교회개척팀의 초청으로 우리는 보이트콩 지역의 교회

오경환 고3 때 인생의 중요한 갈림길에서 예수님의 십자가 은혜를 깊이 체험하고 하나님께 헌신하기로 결단했다. 그 후 교회에서 후원하는 아프리카에서 온 선교편지를 읽으면서 아프리카 선교사의 소명을 받았다. 고등학교 시절부터 선교의 꿈을 꿔온 아내 윤희경 선교사를 만나 1997년 12월 SIM 한국본부의 첫 파송 선교사가 되어 남아공 프레토리아에서 교회개척 및 교육 사역을 하고 있다. 장성한 아들 세욱, 세혁이 있다.

개척 사역에 합류했다. 보이트콩은 플래티늄(백금) 광산 개발이 시작되면서 남부 아프리카의 여러 나라에서 노동자들이 모여들어 형성된 빈민촌으로, 쯔와나 부족이 주류를 이루고 있었다.

보이트콩 교회 이야기

보이트콩 교회 사역을 시작하면서 우리는 '행복한 교회 공동체, 복음 전도, 제자훈련'을 교회 비전으로 세웠다. 자주 모여 교제하며 다과를 나누고 성도들을 심방하며 지역 주민들을 전도했다. 남아공의 현지 교회들은 대부분 주일 오전 예배만 드리고, 그밖에 수요예배나 금요기도회, 성경공부, 전도, 심방, 제자훈련 등의 모임은 하지 않는 것이 일반적이었다. 그러나 우리는 한국 교회에서 목회하던 대로 각종 모임을 이어갔다. 이런 과정을 통해 성도들의 신앙이 성장하고 교회 공동체가 활기를 띠며 아름답게 세워지는 한편, 교회 주변 사람들에게 그리스도의 사랑과 복음이 전파되며 교회가 부흥했다.

우리는 언젠가는 현지인 목회자에게 교회 리더십을 이양할 것을 염두에 두고 개척 초기부터 제자훈련과 교육을 통해 리더십 개발에 주력했다. 향후 10명의 헌신된 현지인 리더들을 세우고 그들에게 교회 리더십을 이양한다는 계획을 세웠다.

무더운 여름날 집 마당에 숯불을 피워놓고 석쇠 위에 고기나 소시지를 구워먹는 것은 남아공의 전통 문화 중 하나다. 하지만 생활환경이 열악한 빈민 지역에서는 그런 기회를 갖기가 쉽지 않다. 그래서 한번은 "교회에서 브라이(바비큐) 파티를 하면 어떨까?" 하고 리더 모임에서 제안했더니 다들 환호했다. 이후로 보이트콩 교회에서는 특별한 날에 고기와 소시지, 음료수를 풍성하게 준비해 교회 마당에서 시끌벅적하게 브라이 파티를 열었다. 이런 날이면 교회를 다니지 않는 이웃들도 초대해 음식을 나눠 먹으며 자연스레 복음을 전할 기회를 갖기도 했다. 아내는 집을 개방하고 정기적으로 교회 리더들과 주일학교 사역을 돕는 고등부 학생들을 집으로 초대해 정성껏 준비한 음식을 나눠 먹으며 청년들을 양육했다. 성도들은 선교사의 집에서 모이는 교제를 참 즐거워했다.

아찔한 심방

매주 토요일에는 교회 청소년 및 청년, 그리고 리더들과 함께 기도회를 한 후 마을로 나갔다. 한 번이라도 교회에 나왔던 사람들의 집을 가가호호 방문하며 교회 출석을 권유하고, 교회 주변의 불신자 가정을 찾아가 작은 선물을 나눠 주고 복음을 전하며 교회로 초청했다. 처음에는 어색해하던 성도들이 점차 전도에 재미를 붙이며 삼삼오오 그룹을 지어 자발적으로 동네를 돌며 전도와 심방에 힘썼다. 하나님은 전도를 통해 매주일 새로운 성도들을 교회에 보내주셨다. 특히 젊은이들이 많이 모여들었다. 새신자들이 증가하며 청년들이 열심을 내자 교회에 활력과 은혜가 넘쳤다.

한국에서 목회한 경험을 통해 심방의 유익함을 익히 아는 나는 적극적으로 성도들을 심방했다. 달걀 꾸러미나 설탕 봉지 등을 들고 성도들을 찾아갔다. 성도들은 목사가 집에 방문하는 것을 부담스러워하지 않고 오히려 기뻐하며, "오늘 목사님이 우리 집에 오셨으니 하나님의 복이 이곳에 임했습니다"라며 반갑게 맞아주었다.

한번은 어떤 성도의 가정을 심방하고 있는데, 갑자기 한 젊은 여성이 피가 흐르는 머리를 한 손으로 감싸고 헐레벌떡 그 집으로 뛰어왔다. 갑작스러운 상황에 당황했지만 나는 얼른 정신을 차리고 차에 가서 평소 가지고 다니던 구급약통을 꺼내왔다. 피범벅이 된 여성의 머리를 소독약으로 씻고, 상처 부위에 조심스럽게 항생제를 바른 후 붕대로 싸맸다. 그렇게 정신없이 응급처치를 하고 나서야 비로소 내가 비닐 장갑을 끼지 않고 맨손으로 환자의 피를 만진 것을 인식했다. 그 순간 머리가 아득해지면서 다급히 손에 상처가 없는지 살펴보았다. 남아공은 HIV(에이즈를 일으키는 원인이 되는 바이러스) 보균율이 높은 곳이어서, 만일 다친 여성이 보균자이면 나 또한 감염될 수 있기 때문이었다. 다행히 손에 상처가 보이지 않아 안도의 한숨을 내쉬었다.

청년 리더들을 세우기까지

보이트콩 교회 사역을 하면서는 청년들을 리더로 훈련시켜 교회 사역의 동역자로 세우며 팀 사역을 하는 데 집중했다. 전도를 통해 신앙생활을 처음 시작하게 된 청년들은 교회에 모여 하나님의 말씀을 배우고 기도하며 교제하는 것을 즐거워했다.

그저 모여서 즐거운 이야기만 나눌 게 아니라 이 청년들이 교회를 세워갈 리더로 성장할 수 있도록, 나는 한국의 제자훈련 교재들을 참고해 현지 교회와 성도들의 눈높이에 맞는 교재를 만들었다. 그리고 주일 오후에 집중적으로 리더들을 훈련했다. 리더들은 배운 것을 주중에 복습하고 요약해 수요예배 시간에 발표하며 실습하는 과정을 거쳤다. 훈련생들이 돌아가며 수요예배 강의와 주일예배 인도, 설교와 부족어 통역, 전도 훈련도 했다. 덕분에 리더들의 신앙이 갈수록 성숙해지는 것은 물론이고, 교회의 신실한 일꾼으로 성장해 가는 것이 눈에 보일 정도였다. 특히 교회의 리더십을 공유하기 위해 사역의 필요에 따라 목회 협력 사역, 여성 사역, 청소년 사역, 어린이 사역 등의 부서를 조직하고 리더들의 재능과 은사에 따라 부서를 배정하니 자연스럽게 현지인 청년들로 구성된 10명의 리더들과의 팀 사역이 이루어졌다. 리더들은 교회를 섬기고 봉사하는 일을 기쁘게 여기며 충성스럽게 감당했다.

보이트콩 교회의 청년들은 빈민촌이라는 지역 특성상 저학력자가 많았다. 그 때문에 리더들을 훈련하면서 교회에서 제공하는 제자훈련을 넘어서는 정규 성경교육 과정이 필요함을 절감했고, 루스텐버그 화란개혁주의교회에서 운영하는 디모데성경연구원((Timothy Bible Institute)과 연결해 리더들이 성경을 체계적으로 배울 수 있도록 했다. 디모데성경연구원은 토요일에 운영되는 성경 및 기초 신학 과정으로 3년 동안 6개의 교과목을 이수하면 수료증을 수여했다.

학력이 낮은 보이트콩 교회의 리더들이 이 과정을 수료할 경우, 성경을 체계적으로 배울 수 있을 뿐 아니라 수료증을 얻어 교회 리더로 인정받을 수 있다는 장점이 있었다. 감사하게도 3년 내내 10명의 리더들이 매주 토요일마다 다함께 버스를 타고 다니면서 열심히 이 과정에 참여해 한 명의 낙오자도 없이 전 과정을 이수했다. 하나님의 은혜가 함께했기에 가능한 일이었다.

이 시대의 디모데

제자훈련을 통해 10명의 리더들이 예수 그리스도의 좋은 제자들로 성장하면서 보이트콩 교회의 신실한 일꾼들이 되었다. 어느덧 20년의 세월이 흘러 지금 그들은 지역교회와 노회에서 중요한 일을 담당하는 영적 지도자가 되었다. 그중 몇 명을 소개한다.

    모세 형제는 아프리카 대륙 남동부에 위치한 모잠비크에서 태어나 다섯 살 때 삼촌과 함께 남아공에 왔다. 그는 정규 학교교육을 받지 못한 채 삼촌이 집에서 만든 빵과 과자를 길거리에서 팔며 불우한 어린 시절을 보냈다. 20대 중반에는 보이트콩 지역의 플래티늄 광산 노동자로 일하고 있었는데, 길거리에서 나에게 전도를 받고 보이트콩 교회에 출석하게 되었다. 비록 학력은 없지만 성경 말씀을 열심히 배우고 말씀대로 살아가려고 노력하는 등 마음밭이 좋은 청년이었다. 모세는 교회에서 리더 훈련을 받았고, 디모데성경연구원 3년 과정을 훌륭히 마쳤다. 하나님을 향한 사랑과 열정이 넘치고 늘 감사하는 마음으로 살아가며 성도들의 본이 된 모세 형제는 10년 넘게 패트릭 랑가 목사를 도와 리더이자 설교자로 봉사했다. 2017년에는 교회가 없던 마리카나 광산 지역의 작은 마을 라폴로항에 교회를 개척하여 지금까지 신실하게 목회하고 있다.

모하우 형제는 우리 부부의 쯔와나 부족어 교사였다. 성실하고 총명한 이 형제는 교회의 제자훈련과 디모데성경연구원 과정을 이수하며 목회자로서 소명을 가졌다. 우리는 그가 2년 과정의 정규 신학교에서 풀타임 학생으로 공부할 수 있도록 기숙사비와 학비를 전액 후원하며 지지해주었다. 모하우 형제는 신학교를 졸업한 후 보이트콩 교회에서 전도사로 동역하다가 2005년에 보이트콩 교회에서 개척한 이카행 교회 담임목사로 파송되어 지금까지 신실하게 목회를 해오고 있다. 얼마 전 함께 교회사역에 대해 이야기하다가 모하우 형제가 이런 고백을 했다.

"청년 때 오 선교사님이 보이트콩 교회에서 보여준 제자의 삶과 사역 방법을 그대로 이카행 교회에 적용하며 목회하고 있습니다. 그때 저희 리더들이 함께 배우며 실천했던 기도생활과 전도, 양육 등의 사역 방법들이 제 평생의 목회에 큰 도움이 되고 있습니다. 감사합니다."

부족한 나를 바울이라 부르고 자신을 디모데라 칭하는 모하우 전도사를 보며 이 땅에서 제자 삼는 사역을 감당케 하신 하나님께 감사와 영광을 올려드린다.

10명의 리더 중 한 명인 패트릭 형제는 남아공 북서부 최대 흑인

밀집 지역이자 대규모 갱단의 소재지인 소웨토에서 나고 자랐다. 패트릭 형제는 갱단에 소속되어 청소년 시절까지 온갖 악행을 저지르며 방탕하게 살았다. 그러던 어느 날 CCC(대학생선교회)로부터 복음을 듣고 회심했고, 예수님을 구주로 영접한 후 체계적인 양육을 받으며 변화된 삶을 살게 되었는데, 그 과정에서 강력한 말씀의 도전을 받아 신학교까지 입학하게 되었다. 나와는 2002년, SIM을 통해 연결되어 보이트콩 교회에서 동역했다. 그는 겸손하면서도 카리스마 있는 리더십으로 3년간 열심히 중고등부와 청년부를 섬겼고, 마침내 교회에서 리더십을 인정받아 교회 사역을 이양 받았다. 무교회 지역에 교회를 개척하는 비전을 가지고 지속적으로 교회를 개척하고 있으며, 우리와도 깊은 신뢰 관계를 맺어 다양한 사역을 함께하고 있다.

보이트콩 교회 옆에는 작은 양철지붕 집이 한 채 있다. 어느 날 그 집에 싱글벙글 웃는 의사가 이사를 왔다. 나는 매주 주일예배 전에 불신자인 그를 찾아가 복음을 전했고, 몇 번을 고사하던 그가 드디어 교회에 나오게 되었다. 그는 특히 우리 부부를 잘 따르면서 열심히 신앙생활을 했고, 그로부터 6개월 후에 세례를 받았다. 그 후로도 지속적으로 양육 훈련에 참여하여 1년 후에는 교회의 핵심 리더로 세워졌다. 몇 년 전, 성탄절 예배 후 있었던 일이 생각난다. 의사 형제가 나에게 수줍게 다가오더니 이렇게 말하는 게 아닌가.

"선교사님, 크리스마스인데 가족들과 함께 맥도날드에서 식사하세요."

그러면서 내 손에 돈봉투를 쥐어주었다. 나는 순간 당황했지만 그의 진심 어린 표정을 보며 감사함으로 선물을 받고 얼마나 마음이 벅찼는지 모른다. 선교사 가정을 진심으로 사랑하고 위하는 한 형제를 통해 큰 위로를 받았다. 그로부터 얼마 지나지 않아 그는 병에 걸려 젊은 나이에 하나님 나라로 떠났다. 천국에서 참된 평안과 기쁨을 누리고 있겠지만, 선하게 웃는 얼굴로 친근하게 다가오던 그 형제가 가끔 그리워진다.

다음 세대를 세워가는 일

보이트콩 교회 사역을 시작한 지 4년이 되었을 때, SIM 남아공 선교부는 전략적으로 루스텐버그 지역에서 사역하던 SIM 선교사 다섯 가정의 사역지 재배치를 논의했다. 그 결과 모든 사역을 현지인 리더들에게 이양한 후 루스텐버그를 떠나기로 결정이 났다. 보이트콩 교회의 경우, 4년간의 사역을 통해 처음에 계획했던 대로 현지인 목회자에게 리더십을 이양할 준비를 하고 있었다. 신실한 목회자 패트릭 랑가와 10명의 리더들이 교회에서 한마음으로 팀 사역을 하고 있었으며, 새로운 예배당과 목사관이 건축되어 목회자 가정이 안정적으로 사택에 거주하며 사역할 수 있는 기반이 마련되었다. 현지인 목회자가 목회에 전념하며 안정된 생활을 할 수 있도록 사례비를 책정하고, 우리 가정과 SIM 남아공 선교부 그리고 교회가 공동 분담으로 3년간 지원하기로 했다. 교회 건축 후에는 유치원을 개원하여 교회와 목회자 가정의 생활에 도움이 될 수 있도록 했다.

새 예배당이 완공된 후 2005년에는 보이트콩 교회 부설 유치원을 개원했다. 줄리아 랑가 사모가 원장을 맡아 운영했는데, 그녀의 헌신적인 노력으로 유치원은 개원한 지 1년 만에 지역사회에서 인정받는 우수 기독교 교육기관으로 성장했다. 그 후 계속 발전을 거듭하면서 초등학교 과정을 설립해달라는 학부모들의 간곡한 요청에 따라 몇 년간 기도하고 준비하며 2013년에 초등학교 1학년 과정을 시작했다. 보이트콩 교회 부설 유치원과 초등학교는 남아공 교육부에서 정규 학교로 인가를 받았고, 현재 1학년부터 7학년까지 전 과정이 운영되고 있다. 양질의 학교교육을 제공하며 신앙교육을 통해 어린이들이 기독교 세계관과 가치관을 정립하도록 교육하고, 미래에 남아공 사회를 이끌어갈 좋은 지도자들로 성장하도록 성심을 다해 교육하고 있다.

나의 사랑 무지개 나라

다양한 인종과 문화가 한데 뒤섞여 일명 '무지개 나라'라고 불리는 남아공의 문화와 사회를 이해하고 적응하는 일은 단일 문화권에서 성장한 우리 부부에게 쉽지 않은 일이었다. 그렇기 때문에 우리는 남아공에서 사역하는 내내 보이트콩 교회 개척 초기에 경험했던 여러 가지 시행착오를 타산지석으로 삼아 고정관념과 선입견을 내려놓고 열린 마음으로 선교 현장을 이해하고자 애썼다. 가르치려 하기보다 현지 성도들과 목회자들에게 듣고 배우려는 자세를 가지려고 부단히 노력했다(그것은 대단한 노력이 필요한 일이었다).

선교지에서는 선교사인 나 자신이 먼저 주님의 제자로 살아가는 것이 가장 중요하다. 현지인을 주님의 제자로 세우는 사역이 어려움에 직면할 때마다 "제자는 태어나는 것이 아니라 만들어진다"는 로버트 쿨만의 제자훈련의 원리를 되새긴다. 또한 주님이 공생애 3년 동안 열두 제자를 선택하고 훈련하셨던 방법을 떠올린다. 현지 청년들을 제자로 세워가는 일에 어려운 일도 많았고 시행착오도 수없이 겪어야 했다. 그러나 4년간의 치열한 삶과 제자훈련을 통해 보이트콩 교회의 형제자매들이 오늘날 디모데처럼 신실한 믿음의 사람들로 성장하여 교회와 지역사회, 하나님 나라의 든든한 동역자로 세워졌음에 감사와 찬양을 올려드린다.

사랑하는 남아공 현지 교회들이 주님 안에서 건강한 교회로 든든히 세워지고, 개 교회에 속한 성도들이 예수 그리스도의 좋은 제자로 자라고 주님의 충성된 증인으로 살아가며 믿음의 선한 싸움을 끝까지 잘 경주하기를 간절히 기도한다. 우리의 선교 모델이 되시는 주 예수 그리스도께 사랑과 경배를 드린다.

그가 보내신 사람들
32년간의 아름다운 만남을 돌아보며

• 이길선 •

아날로그 시대에서 디지털 시대까지 오직 복음의 빚진 자로 사역해 온 긴 세월 동안에 강산이 세 번 이상 바뀌었다. 잠시도 쉬지 않고 흘러가는 세월 속에 오늘도 복음을 향한 열정만큼은 변함없음은, 나를 구원하신 예수님의 사랑 때문이다. 32년이라는 세월 가운데 선교지에서 기쁜 일도, 힘든 일도 셀 수 없이 많았지만 모든 것이 은혜였음을 고백한다.

이길선 독실한 신앙의 가정에서 태어나 한국에서 사역하는 미국 선교사를 통해 유아세례를 받았다. 복음의 빚을 갚아야 한다는 조부모의 가르침을 마음에 새겨 선교사로 헌신했다. 1989년 남편 임한곤 선교사와 함께 파라과이로 파송받아 교회개척 사역에 힘쓰며, 파라과이 신학교 설립 및 교장 사역을 도왔다. 2017년에는 멕시코로 선교지를 옮겨 사역하고 있다. 결혼한 딸 루디아와 아들 은평의 가정, 그리고 손녀가 있다.

지구 반대편으로 가다

1989년 우리 가족은 1987년생과 1988년생 두 어린아이를 데리고 지구 반대편 남미의 파라과이로 외로운 사명자의 길을 떠났다. 정든 고국을 떠나 비행기에 몸을 실었지만 파라과이로 향하는 길은 처음부터 쉽지 않았다. 파라과이에 도착하기까지 우리는 비행기를 세 번씩이나 갈아타며 장장 37시간을 이동했다. 긴 비행 시간으로 인해 우리 부부도 지쳤지만, 아이들도 자꾸 보채면서 순진무구한 얼굴로 물었다.

"잠깐 비행기에서 내렸다가 가면 안 돼?"

수도 아순시온의 공항에 도착하자 마중나온 SIM 선교사 두 분이 우리 가족을 반갑게 맞아주셨다. 우리가 SIM에 소속되어 선교지로 나온 것이 큰 축복이라는 생각이 들면서 마음이 든든해지는 동시에 긴 비행으로 인한 피로가 가시는 듯했다. 곧 SIM 선교부 사무실에서 고국으로 전화하여 우리의 도착 소식을 알렸다. 그 당시만 해도 전화 통화를 하려면 중간에 교환원을 거쳐야 했다. 스마트폰 하나로 언제 어디서든지 연락을 주고받을 수 있는 지금과 비교하면 그마저도 아득한 추억이다.

우리 가정이 머물 집과 주소지가 정해진 후에도 고국 식구들이나 교회와 기도제목을 나누고 소통할 수 있는 창구는 오직 하나, 편지뿐이었다. 보통 편지를 보내면 상대방이 받을 때까지 수일에서 몇 주가 걸렸지만 소식을 전할 수 있다는 것만으로도 감사했다. 고국을 떠나 지구 반대편의 이방 땅에서 마주한 낯선 언어와 음식, 한국과는 전혀 다른 산천초목에 정반대인 계절까지… 우리는 바로 이곳이 우리가 앞으로 살아갈 터전임을 받아들이고 적응 훈련에 힘쓰기로 했다.

선교지 시차에 적응하면서 우리는 하루도 빠짐없이 새벽기도와 가정예배를 드렸다. 기도제목은 늘 '아무리 힘들어도 복음 전파를 위해 절대로 뒤돌아서지 않게 해달라'는 것과 '하나님의 동행하심'이었다. 우리 가정의 간절한 기도에 대한 응답이었을까? 파라과이에 도착한 지 꼭 3주째 되는 월요일에 SIM 선교부에서 언어 강사인 닐다 하라 씨를 소개해주면서 당장 다음날부터 스페인어 수업을 해야 한다는 소식을 전해왔다. 언어 훈련이 늦어지면 마음이 해이해지고 언어 발달도 그만큼 늦어진다는 것이 이유였다.

두 살 난 딸과 갓난아기 아들은 한창 부모의 돌봄이 필요한 시기였지만, 우리 부부는 놀아달라는 아이들의 눈빛을 애써 외면하면서 언어 공부에 열심을 냈다. 아이들에게 틈틈이 한국말을 몇 마디씩 가르쳐주는 것이 전부였다. SIM 파라과이 선교부에서는 우리에게 2년이라는 짧지 않은 언어 훈련 기간을 주었다. 그때는 하루라도 빨리 사역을 시작하고 싶은 마음에 그 기간이 길고 힘들게 느껴졌다. 하지만 지금 생각해보면 녹록지 않는 미래의 사역을 준비하는 더없이 복된 시간이었다. 모든 일의 배후에서 총체적으로 섭리하는 전능하신 하나님께서 우리 부부가 충분한 기간에 언어 훈련을 할 수 있도록 시간과 물질을 준비해두셨다.

당시 SIM 파라과이 디렉터였던 마이런 로스 선교사는 우리에게 친형제 이상의 사랑을 베풀어주었다. 매주 언어 훈련의 결과를 확인하면서 서로의 어려운 점을 공유하고 깊은 교제를 나누었다. 또한 우리 네 식구를 위해 장을 대신 봐주기도 하는 등 바쁜 일정 속에서도 우리 가정을 물심양면으로 도와주었다.

요즘 같으면 인터넷이나 스마트폰 등을 활용해 가정생활을 하면서도 얼마든지 회화 연습이나 언어 습득에 필요한 수업을 들을 수 있지만, 그 당시 우리는 멀고 먼 길을 달려가 비싼 수강료를 지불하고서야 원어민에게 회화와 문법 수업을 들을 수 있었다. 게다가 당시 우리 집에는 전화는 물론 자동차도 없었기에 원어민 강사가 갑자기 사정이 생겨서 결강을 해도, 우리는 먼 길을 달려 언어학교에 도착한 후에야 그 사실을 알게 되는 등 2년간의 언어 훈련 기간에는 마치 우리나라의 1970년대로 돌아간 것 같은, 웃지 못할 해프닝이 많았다.

한 생명의 구원을 위해서라면

마침내 2년간의 언어 훈련 관문을 통과하여 우리 가정은 파라과이의 한 지방으로 파견되었다. 그곳은 수도인 아순시온에서 차로 약 4시간이 소요되는 빌랴리까라는 마을이었다. 우리는 빌랴리까를 중심으로 인근의 멜가레오, 납달리시오, 뜨레세대 노비엠브레, 까아사파, 이슬라베가 등의 마을을 순회하며 사역을 했다.

이곳에서 사역하는 동안에는 주로 밤시간에 집회를 할 수밖에 없었다. 낮에는 모두 들판에 나가 일하느라 여념이 없었기 때문이다. 전기 보급률이 낮은 지역이라 처음에는 기름 횃불과 촛불을 켜고 집회를 진행했는데, 나중에는 이동식 발전기를 구입하여 조금 더 수월하게 어둠을 밝힐 수 있었다. 깊은 밤에 전도 집회를 마치고 돌아올 때면, 울퉁불퉁한 시골 비포장길을 한참 달려야 집에 도착할 수 있었다. 날씨가 좋은 날은 그런대로 다닐 만했지만, 비라도 내리면 길 곳곳에 물웅덩이가 생겨 어디가 길이고 어디가 논밭인지 분간할 수조차 없었다.

한번은 칠흑같은 어둠 속에서 물에 잠긴 비포장길을 달리다 차가 웅덩이에 빠지는 일이 있었다. 우리 부부만 차에 타고 있었다면 그래도 조금은 덜 불안했을 텐데, 어린 두 아이가 차 안에서 깊은 잠에 빠져 있다는 사실에 더욱 마음을 졸였다. 다행히 큰 사고 없이 상황을 수습할 수 있었다. 열악한 환경에서도 인내하며 상황을 이겨낼 수 있었던 것은 하나님께서 우리와 함께하심으로 한 영혼 한 영혼을 찾아 구원하시는 놀라운 일들을 매 순간 경험했기 때문이다. 천하보다 귀한 한 생명을 살리기 위해 이 땅에 오셔서 생명을 바치신 예수님처럼, 한 생명을 살리기 위해서는 우리의 생명이라도 기꺼이 걸어야 한다는 말씀이 우리의 마음을 다잡아주었고, 그럴 때면 말할 수 없는 평안이 우리를 감쌌다.

믿음으로 한 걸음을 내딛을 때

우리는 기도하는 가운데 마을 인근의 23개 시, 군, 읍, 면 단위 20여 개의 마을에 예배당을 건축하여 현지인 성도들이 하나님께 예배 드리게 해야 한다는 거룩한 부담감을 느끼고 예배 공간을 마련하고자 결단했다. 일단 결정은 했지만 막상 어디서 어떻게 건축 비용을 충당할지는 막막하기만 했다. 하지만 믿음으로 성도들과 함께 기도하며 하나님의 인도하심을 기다렸다. 그로부터 약 7개월이 지났을 때, 고국의 모교회 대학부 출신 형제자매들이 선교 사역에 써달라며 1,200달러를 보내왔다. 당시에는 결코 적은 금액이 아니었다. 그 일로 우리는 하나님의 인도하심을 구하며 기도할 때, 그분의 타이밍에 그분의 방법으로 일하시는 주님을 경험했다. 그때의 감격은 지금도 잊을 수 없다.

우리는 가장 많은 성도들이 모이는 멜가레오 지역에 가장 먼저 예배당을 신축하기로 했다. 예배당 부지는 현지인 성도가 기증해주었다. 기증받은 땅 위에 예배당 공사를 시작했지만, 모교회의 선교 헌금으로 건물의 기초를 튼튼하게 하고, 벽돌 몇 줄을 쌓고 나니 건축 비용은 동이 나버렸다. 그러자 우리를 주시하고 있던 인근의 주민들이 야유하며 놀리는 소리가 하나둘 들려오기 시작했다. 건축 비용을 충당하지 못해 상당 기간 동안 이러지도 저러지도 못하고 있을 때 속이 타들어가는 것 같았다. 그런데 새 힘을 북돋아준 것은 다름 아닌 현지인 성도들이었다. 그들은 상황을 듣고 우리를 찾아와 "필요를 채우시는 하나님만 바라보자"고 격려하며 기도로 힘을 북돋아주었다.

현지인 성도들과 함께 기도하는 중에 성도 몇 분이 건축 자재를 헌물하기로 했으며, 얼마 후에는 파송교회 대학부 지체들이 추가로 헌금을 보내오면서 마침내 1992년 6월 14일 주일에 현지 성도들 및 마을 주민들과 함께 감격에 찬 헌당 예배를 드리게 되었다. 헌당 예배를 드리고 이틀 후부터는 장대처럼 굵은 빗줄기를 뿌리는 장마가 시작되어 마을에 무려 한 달여 간 날마다 비가 내렸다. 만약 그때까지 예배당이 완공되지 않았다면, 공사 중에 빗물이 새어 틀림없이 큰 문제가 생겼을 것이다. 뿐만 아니라 쏟아지는 빗속에서 성도들이 다 함께 모일 공간이 마땅치 않아 주일예배도 드릴 수 없었을 것이다. 하나님은 이 일을 통해 당신이 완벽한 계획 가운데 모든 일을 친히 이루시는 '주권자'임을 우리에게 다시 한 번 보여주셨다.

두 번째 텀에 들어서면서 우리 가정에 큰 변화가 일어났다. SIM 선교부에서 우리 가정을 위해 중요한 결정을 해주었다. 곧 초등학교 1학년 과정을 공부해야 하는 루디아를 위해서 수도 지역에 있는 선교사 자녀 학교로 전학할 수 있도록 배려해준 것이다. 유치원 과정은 집에서 홈스쿨링 영어 교재로 가르칠 수 있었지만, 정규 1학년 수업은 우리 부부가 사역하면서 가르칠 시간을 따로 낼 수 없었을 뿐더러, 홈스쿨링 영어 교재로 미국식 수업을 인도하기에도 한계가 있었다.

선교회로부터 이사 통보를 받고, 우리는 그동안 사역했던 여러 교회들을 돌면서 작별 인사를 나누었다. 한편으로는 '그동안 여러 지역을 순회하면서 개척한 교회들을 뒤로하고 도시 지역으로 이사하는 것이 옳은 일인가?' 하는 생각에 마음이 편치 않았다. 당시 전도하면서 만난 형제자매들과 아름다운 성도의 교제를 나누었을 뿐 아니라 현지인 지도자들이 예배를 인도하기에 아직은 부족한 점이 많다는 생각에 더욱 마음이 무거웠다. 이 사안을 두고 지도자들을 초대하여 이야기를 나누었다. 그 회의에서 결정된 사안은 나로서는 매우 반길 만한 것이었다. 매월 2회씩 시골 지역에 출장 와서 정기 모임을 가지며 성경공부 집중 강의와 설교 자료 등을 나누기로 한 것이다. 이로써 도시 이주로 인해 마음 한 켠에 자리했던 미안함과 아쉬움을 조금은 내려놓을 수 있었다.

전도자를 보내시다

당시 수도 아순시온은 인구가 70만 명이 조금 넘는 도시였다. 한 나라의 수도이기에 가장 발달하고 인구 밀도도 높은 대도시였지만, 시민들은 고물가에 시달리고 있었다. 도시로 이사한 후, 우리는 '이들에게도 복음을 전하여 교회를 세워야 한다'는 선교의 목적을 되새기며, 이곳에서 우리와 함께 주님의 교회를 세워갈 현지인들을 전도할 수 있게 해달라고 하루도 빠지지 않고 새벽마다 기도했다. 동시에 전도지를 만들어 가가호호 다니며 전도했다. 한 달쯤 지났을 무렵, 언뜻 보아도 귀부인 태가 나는 50대 중반의 한 여성이 우리를 찾아왔다.

도시 지역으로 이사 온 후 처음으로 우리를 찾아온 분이기에, 어쩌면 첫 열매일지도 모른다는 생각에 더욱 반갑게 맞이했다. 우리는 그날 자연스럽게 그분이 살아온 여정을 자세히 듣게 되었다. 여성의 이름은 아다 로하스였고, 그의 삶 자체가 파라과이의 현대사였으며, 가정사 또한 파라과이의 현대사와 맥을 같이하고 있었다. 그녀의 이야기를 요약하면 다음과 같다.

1989년 2월, 파라과이에서 일어난 혁명으로 약 33년간 독재 정치를 했던 스트로에스네르 정권이 물러나고, 혁명 정부인 로드리게스 정권이 들어섰다. 아다 로하스 부인의 남편인 안토니오 로하스는 당시 육군 중장이었고, 아들 루벤 로하스는 공군 소장이었다. 그들의 계급은 군인 수가 많지 않은 파라과이에서 최상위층에 속했다. 당시 상황상 혁명 정부가 안정을 찾아가면서 차후 권력 또한 한 집안에 전부 있었을 뿐만 아니라, 내로라하는 다른 장성들도 대부분 로하스 집안과 친척지간이었다고 한다.

어느 날 아다 부인과 안토니오 로하스 중장은 정계 모임을 마치고 집에 들어서자마자 청천벽력 같은 비보를 듣게 되었다. 아들 루벤이 전투기 사고로 사망했다는 소식이었다. 아다 부인은 그 자리에서 정신을 잃어 병원으로 실려갔다. 며칠 후 정신을 차려보니 남편은 아내를 살려야겠다는 생각 하나로 앞뒤 가리지 않고 군을 전역하여 예비역 중장이 되어 있었다고 한다.

그때부터 두 사람은 마음의 빗장뿐만 아니라 집의 대문을 굳게 걸어 잠그고, 상실감에 사로잡힌 채 매일같이 찾아오는 실패감과 우울증에 시달렸다. 그 집에 드나드는 사람은 가사 도우미 한 사람 뿐이었다. 하루는 가사 도우미가 출근하는 길에, 우리가 그 집 우편함에 넣어둔 전도지를 꺼내어 아다 부인의 손에 들려주었다.

이때부터 하나님께서 일하기 시작하셨다. 아다 부인은 도우미가 가져다준 전도지를 읽고는 '하나님을 의지하고 싶은 마음'이 들어 우리를 찾아온 것이다. 그날 아다 부인은 마음 깊이 예수님을 영접했다. 얼마 후에는 남편 안토니오 로하스도 예수님을 영접하여 전도자로 서게 되었다.

사도 바울이 전도 여행을 하던 중에 빌립보 성에서 맨 처음 루디아를 만난 대목과 이 경우가 흡사하지 않을까? 이들이 한 장의 전도지를 통해 예수님을 믿고 영접한 후부터 아름다운 구원의 역사가 줄지어 일어나기 시작했다. 두 내외를 통해 파라과이의 중책을 맡고 있는 지도자들부터 장교 출신의 친척, 교수, 변호사 등 많은 사람들이 복음을 듣게 되었고, 곧 우리 집에서 다 함께 모여 정기적으로 주일예배를 드리는 놀라운 일이 일어났다.

1년쯤 지나서 이 사연을 모교회에 공유하자 아순시온에 예배당을 건축할 수 있도록 성도들이 순차적으로 헌금을 보내주었다. 1998년 5월 5일, 우리는 폭발적으로 늘어난 성도들과 함께 역사적인 헌당 예배를 드리게 되었다. 헌당 예배를 드리고 4개월 후에는 하나님의 은혜로 아다 로하스 부인을 중심으로 8명의 서리집사를 세우고, 영생교회(Iglesia Vida Eterna)라고 이름 지어 많은 이들과 더

불어 예배하며 하나님 보시기에 모범된 교회가 되고자 한 걸음 한 걸음 나아가고 있다.

현재 영생교회는 현지인 목회자인 라몬 가라이를 필두로 다른 부교역자, 제직들과 함께 힘을 모아 자치, 자립, 자력으로 복음을 전파하는 교회로 성장했다. 주님이 세워주신 이 교회가 주님이 다시 오실 날까지 이 땅에서 복음 전파의 사명을 잘 감당하는 교회가 되리라고 확신한다. 파라과이 땅에서 일어난 모든 일들이 주님의 인도하심 아래 이루어진 것으로 믿으며 모든 영광을 오직 주님께 올려드린다.

이스라엘에서 만난 모세들

변화, 고난, 인내, 축복의 시간 속에서 깨달은 것들

• 장게바 •

지난 10여 년의 이스라엘 선교 여정을 돌이켜보면, 가장 먼저 떠오르는 몇 장면이 있다. 그중 하나는 이스라엘에서 처음 살게 된 집에 대한 간증과 추억이다. 이스라엘로 파송받아 그 땅으로 들어갈 때, 나는 하나님께서 믿음의 첫걸음을 축복해주시어 순탄하게 첫 걸음을 떼리라고 기대했다. 하지만 곧바로 믿음의 한 걸음 뒤에는 믿음의 또 다른 여정이 필요하다는 사실을 체험했다.

장게바 인생의 허무함을 친구와 술로 달래며 살다가 수련회에서 하나님 아버지의 마음을 깊이 느끼고 주변에 말씀을 나누기 시작했다. 선교사들을 만나면서 많은 영혼이 복음에 목말라한다는 것을 알게 되었고, 도전은 소명으로 다가왔다. 2013년 이스라엘에서 유학하며 자연스럽게 성경공부 공동체를 만들어 섬겼다. 2020년에는 N공동체의 한 대학에서 강의를 시작했고, 이들 공동체와 이스라엘을 연결하며 N공동체 안에 환경센터를 설립하고자 준비하고 있다. 아내 김MK 선교사와 세 아들 요셉, 여호수아, 이삭이 있다.

모세 인바, 이 땅을 기경하라

우리 가정은 이스라엘에서 처음 월세 계약을 한 집에 들어가기까지 3개월 동안 무려 아홉 번이나 임시 숙소를 옮겨 다녔다. 아내와 두 돌 된 첫째 아이, 이제 막 5개월 된 둘째 아이에게 결코 쉽지 않은 여정이었다. 한편으로는 수많은 간증 에세이에서 읽었던 것처럼, 이렇게 고생하며 들어가는 첫 집이니만큼 그곳이 특별한 장소(예를 들면, 오래전에 선교사가 살았던 곳이라든지, 순교의 피가 흐르는 곳이라든지)이길 내심 바라며 집주인과 약속을 잡은 뒤 집으로 찾아갔다. 집주인의 이름은 모세 인바였다. 나이가 여든 정도 되어 보이는 할아버지는 손을 약간 떨고 있었다. 집은 그분이 알리야(디아스포라 유대인의 본토 귀환)를 통해 이스라엘에 돌아와 받은 곳인데, 자녀들과 함께한 추억 때문에 오래된 아파트를 팔지 못하고 월세로 계속해서 내놓고 있었다.

유대인 모세가 살았던 오래된 아파트가 우리를 위해 특별히 예비된 장소이기를 기도하면서 그 집을 처음 방문했다. 그때 받은 충격은 10여 년이 지난 지금도 쉽게 지워지지 않는다. 그 집은 50여 년 된 5층짜리 아파트의 1층이었는데, 아파트가 오래된 것보다 집 안팎에 쓰레기가 산더미처럼 쌓인 것이 충격적이었다. 도무지 이해할 수 없었다. 이토록 쓰레기가 가득한 집을 어떻게 세놓을 수 있단 말인가? 이 집을 보려고 차를 렌트해서 두 시간이나 달려왔는데… 아내와 나는 이야기를 나누진 않았지만 이미 '이곳은 절대 아니다'라는 무언의 사인을 주고받은 상태였다. 그런데 집주인인 모세 할아버지가 이 집에 대해 설명하고 있을 때, 마음속에서 음성이 들려왔다.

"이 땅을 기경하라."

정말이지 당혹스러웠다. '이건 하나님에게서 온 음성이 아닐 거야'라고 생각하며 애써 마음속의 소리를 무시했다. 모세 할아버지가 집을 보여주면 보여줄수록 '이 집은 정말 아니다'라는 확신이 차고 넘쳤다. 실제로 나중에 이웃에게 전해들은 바로는, 원래 이 집에는 유대인 여성이 홀로 두 자녀를 키우며 7년 정도 살았다고 한다. 그 여성은 동양 종교를 비롯해 갖가지 종교에 빠져 있었고, 여러 우상들을 집 안팎에 수없이 가져다놓았다. 집 앞의 나무는 우상을 위한 제단으로 장식해놓고, 커다란 돌에도 신이 깃들어 있다며 돌 우상을 몇 개씩 가져다놓았다. 그렇게 7년이 흐르자 모세 할아버지의 집은 쓰레기와 함께 우상들로 가득 찼고, 누가 봐도 '절대 살고 싶지 않은 곳'이 되었다.

다시 임시 숙소로 돌아가는 차 안에서 우리는 "정말 모세 할아버지를 이해할 수 없다", "이 집은 당연히 우리를 위해 예비된 곳이 아니다"라는 이야기를 주고받았다. 그런데 집을 보고 돌아온 그날 예배를 드리는 가운데 그 집을 둘러볼 때 들은 음성("이 땅을 기경하라")이 다시 떠올랐다. 이유 모를 부담감에 나는 내가 들은 것을 아내에게 솔직하게 나눴다. 그런데 아내 또한 동일한 음성을 들었다고 고백하는 것이 아닌가. 우리는 직감적으로 그것이 하나님에게서 온 음성임을 알고는 괴로워했다. 하지만 도저히 그 음성을 무시할 수 없었다. 기도 끝에 우리는 모세 할아버지에게 연락해 그 집을 계약하겠다는 이야기를 전하며, 단지 쓰레기만 치워달라고 부탁을 드렸다. 때마침 그 무렵 예루살렘의 국제 집회를 섬기게 되어 두 달간 다른 지역에 머물러야 하기에 집을 정리하기까지 기다릴 시간은 충분했다.

그 집에 이사 들어간 날도 잊지 못한다. 그도 그럴 것이 집회를 모두 마치고, 저녁 무렵 렌트차에 캐리어를 가득 싣고 두 시간을 운전해서 가는 동안 비가 엄청나게 쏟아졌기 때문이다. 이스라엘은 1년 강수량의 대부분이 겨울철 우기에 집중되어 있다. 우리가 이스라엘에서 생활한 8년 중에 그날 가장 비가 많이 내린 것으로 기억할 정도로 폭우는 어마어마했다. 당장 지낼 숙소가 없던 두 명의 자매까지 차에 태운 채 억수같이 내리는 비를 뚫고 그 집에 갔을 때, 우리는 또다시 충격을 받았다. 밤 10시쯤 도착했는데, 집 안팎의 쓰레기가 그대로 방치되어 있었을 뿐만 아니라 창문은 활짝 열려 있고, 심지어 창문으로 야생 고양이가 드나들며 집 안에서 살고 있었다. 밤은 깊었고 밖에는 세찬 비가 쏟아지는 상황이라 우리는 일단 차디찬 바닥에 임시로 매트를 깔고, 두 자녀들을 눕힌 채 뜬눈으로 밤을 지새웠다. 그것이 이스라엘에서 얻은 첫 집에서 보낸 첫날밤이었다.

아내와 나는 일주일 내내 하루도 쉬지 않고 집 안의 쓰레기를 내다버렸고, 집 밖의 쓰레기는 한 달에 걸쳐 치웠다. 부족한 재정을 쪼개어 마련한 몇 개의 공구로 집 앞을 청소하며 정리하는 데만 꼬박

6개월이 걸렸다. 이렇게 이스라엘의 첫 사역은 철저한 '청소'로 시작되었다. 선교의 수많은 정의 중 하나가 '예배가 없는 곳에 예배를 세우는 것'인데, 그런 의미에서 첫 집에서 드린 우리의 예배는 노동이고 기경이었다.

이스라엘에서 처음 만난 모세 할아버지는 아픔과 고난의 기억을 간직하고 있지만 변화의 힘은 갖지 못한 유대인과 이스라엘 현지인의 영적 상태를 보여주었다. 이사하고 6개월이 지났을 무렵, 평소처럼 집 앞의 잡풀이 무성한 오솔길을 정리하고 있을 때, 처음 보는 유대인 할머니 한 분이 나에게 "바룩하바"(환영합니다)라고 말을 건네고는 눈가가 촉촉해지셨다. 그 당시에는 히브리어를 잘 몰랐기 때문에 나는 속으로 '왜 그러시지?' 하며 어색하게 웃어 보였다. 나중에 알고보니 그 할머니는 우리와 같은 아파트에 사는 분으로, 우리가 6개월 내내 청소하는 것을 지켜보셨다고 한다. 집 주변을 청소하니 아파트 전체가 깨끗하고 밝아져 고맙다고 하셨다.

할머니는 우리 부부를 집으로 초대해주고 동네에 대한 여러 가지 이야기도 들려주셨다. 그 아파트에 홀로코스트 생존자도 살고 있다는 이야기도 들었다. 모세 할아버지의 집은 처음에 우리가 기대했던 집도, 꿈꾸었던 사역도 아니었다. 그러나 "이 땅을 기경하라"는 하나님의 음성이 우리를 그 집으로 인도했고, 그곳에 사는 분들에게 위로와 사랑을 전하게 하셨다.

이스라엘에서 처음 만난 모세 할아버지의 친구 쇼샤니 교수(나의 지도교수)는 그 당시 나에게는 아주 생소한 학문인 환경학 박사학위 과정을 제안했고, 이를 통해 이스라엘의 비자를 받고 기초 생활이 안정되면서 이스라엘 선교를 본격적으로 시작할 수 있었다. 이런 과정 하나하나가 하나님의 섭리가 아니면 달리 설명할 길이 없다.

모세 카츠, 예비하시는 은혜

이스라엘 캠퍼스에서 우연히 만난 유학생들과 함께 성경공부를 시작하면서 본격적인 캠퍼스 선교가 시작되었다. 그들은 각각 일본과 대만에서 온 유학생들이었는데, 정기적으로 만나 성경공부와 중보기도 시간을 가졌다. 우리 집에 모여서 정기적으로 예배를 드리고 식탁의 교제도 가지며 관계를 쌓아갔다. 그 무렵 우리는 학교 내에 마련된 가족 기숙사에서 지내게 되어 기숙사에 사는 현지 유대인부터 아랍인 등 외국인 가정들과 교제할 수 있었다. 기숙사에서 지내지 장점도 많았지만, 마음껏 예배를 드릴 수 없다는 아쉬움이 컸다. 그래서 캠퍼스 인근에 있는 집을 다시금 알아보았다. 하루는 학교 기숙사를 마주하고 있는 집을 보러 갔는데, 집주인의 이름이 모세 카츠였다. 우리가 이스라엘에서 만난 두 번째 모세다.

그는 집을 보러 온 나에게 갑자기 자신의 이야기를 하기 시작했다. 그는 사별한 아내를 그리워하며 지내고 있는 감성적인 유대인이었다. 그 집은 원래 처가집의 소유로, 자신은 얼마 전까지 그 집이 있는 것조차 알지 못했다고 한다. 아내가 암으로 죽기 얼마 전에 아내의 부모님이 돌아가시면서 집을 상속받았고, 얼마 지나지 않아 아내마저 세상을 떠나면서 자신이 집주인이 되었다고 한다. 모세는 아내와 키부츠(집단 농장)에서 행복한 나날을 보내다가 졸지에 아내를 잃고 생각지도 못했던 이 집을 관리하게 된 것이다.

먼저 떠나보낸 아내의 유년 시절 추억이 깃들어선지, 그는 이 집에 올 때마다 아내가 무척 그리워진다며 눈시울을 붉혔다. 두 번째 모세는 나와 얼마 동안 이야기를 나누더니 흔쾌히 우리에게 집을 세주겠다며 여러 가지 배려를 해주었다. 얼마 후 우리는 이곳에서 '캠퍼스 엘리사집'이라는 단체를 등록하고 마음껏 예배 드리며 교제를 나눌 수 있게 되었다. 더욱 감사한 것은 우리가 멀리 떠난 후에도 여전히 그 집에서 예배와 모임이 계속되고 있다는 점이다. 지금은 현지 교회와도 연결되어 청년들이 교제의 장으로 활용하고 있으니 더욱 감사하다.

이 집에 입주하고 몇 개월이 지난 후 모세를 다시 만난 적이 있다. 그때 그는 자기 아들이 바로 옆 캠퍼스에서 공부하고 있는데, 사실 이 집에서 살고 싶어했다는 이야기를 들려주었다. 그럼에도 불구하고 모세는 이 집을 계속해서 우리에게 세를 준 것이다. 이스라엘에서 만난 두 번째 모세를 통해, 우리는 미처 다 알지 못하지만 하나님께서 그리스도인뿐만 아니라 모든 이들의 삶을 지켜보시고, 선한 방법으로 그분의 일을 이루어가심을 경험했다. 이 모든 여정은 하나님의 은혜가 아니면 달리 설명할 길이 없다.

모세 가족, 예상치 못한 축복

이스라엘 남쪽에 위치한 브엘세바에서 남쪽으로 한 시간 가량 차를 타고 더 내려가면, '찐 광야'(wilderness of Zin, 요즘 말로 '진짜'라는 의미의 '찐'이라고 생각하기 쉽지만, 이곳의 지명을 있는 그대로 발음한 것이다)라는 긴 광야가 펼쳐진다. 그곳에는 벤구리온 대학에 소속된 소규모의 스데보케르 캠퍼스가 있다. 그곳은 이스라엘 초대 수상 벤구리온의 생가 바로 옆에 있는 캠퍼스로서 '광야의 배움터'라고 할 수 있다. 기도 중에 이 캠퍼스에 대한 부담이 생겨서 아내와 의논한 후 함께 그곳에 가보았다. 문자 그대로 지형 자체가 광야이기에 그곳은 매우 덥고 건조할 뿐 아니라 최소한의 사회 기반 시설만 있어 생활하기에 많이 불편해 보였다. 그곳을 방문한 후 아내와 함께 계속해서 기도했는데, 이 작은 마을을 향한 거룩한 부담이 사라지지 않아 우리 가정은 그곳으로 가기로 결정했다.

막상 이런 결정을 내리고 나자 무엇보다 한창 진행되고 있는 캠퍼스 사역을 더 이상 못하게 된다는 점이 걱정되었다. 우리가 사역하던 캠퍼스와 거주하던 두 모세의 집들은 이스라엘에서 가장 북쪽인 갈멜산에 있었고, 스데보케르 캠퍼스는 거기에서 차로 5시간 거리에 있었기에 북쪽 캠퍼스 사역까지 동시에 진행하기는 어려웠다. 아쉬움이 컸지만 그동안 함께해온 학생들에게 기도 중에 그곳에 대해 받은 마음을 나누자 거짓말처럼 마음에 자유함이 생겼다. 학생들이 동의를 해준 데다가 우리가 떠난 후에도 우리가 살던 모세의 집에 들어와 살며 계속해서 예배를 드리겠다고 말해주었기 때문이다. 고마운 마음에 우리는 찐 광야로 내려갈 때 대부분의 살림을 집에 그대로 두어 학생들이 사용할 수 있도록 했다. 학생들이 모두 모여서 파송 예배를 드렸는데, 그때 받은 감격과 은혜가 두고두고 기억이 난다.

큰 은혜와 감격 속에서 내려온 찐 광야였건만 삶은 한마디로 건조했다. 날씨도 건조했지만, 그보다 이곳의 영적 상태가 더욱 그랬다. 이곳에서 나는 '아무것도 할 수 없는' 무력감에 시달리며 영적 메마름을 경험했다. 그럴수록 성경의 모세가 미디안 광야에서 보낸 시절이 깊이 묵상되었다. 이스라엘 북쪽에서 한창 바쁘게 돌아가는 많은 사역들을 내려놓고 하나님께서 행하실 새 일들을 기대하며 광야로 내려왔는데, 광야에서는 정말이지 할 일이 별로 없었다. 나는 철저히 '광야 수업'을 받았다. 스데보케르는 아주 작은 마을이어서 이웃 간에 소식이 빨랐다. 마치 우리나라 시골 마을 같은 느낌이었다. 광야 같은 생활이지만 어디를 가든 평평한 광야가 펼쳐져 있어 아이들이 마음껏 뛰어놀고 자전거를 실컷 탈 수 있다는 점이 좋았다. 뜨거운 한낮의 태양을 피해 오후 느지막이 시작되는 그곳의 하루가 마냥 힘겹지는 않았다.

우리는 이곳에서 또 한 명의 모세를 만났다. 그는 우리 바로 옆집에 사는 이웃이었다. 아내와 내가 기억하는 그는 매우 조용했고, 먼저 인사를 건네도 그의 가족들은 인사를 받아주지 않았다. 우리 집과 모세의 집 사이를 가로지르는 벽의 높이는 1.3미터에 불과했지만, 우리는 모세의 가족들과 거의 마주치지 않았고 이야기를 나눈 적도 없었다. 그러던 어느 날, 작은 사건이 하나 벌어졌다. 막내가 친구들과 놀다가 모세의 집 마당에 있는 과일나무 묘목의 가지 하나를 부러뜨린 것이다. 그때 사과하기 위해 만나서 몇 마디를 나눈 것이 모세의 가족과 함께한 기억의 전부다. 그래도 이웃이기에 잠깐이라도 보게 되면 친절하게 인사하고 싶어 기회를 엿보았다. 하지만 그는 지금까지 내가 봐왔던, 조금은 수다스럽고 친화력 좋은 여느 이스라엘 사람들과 달리 워낙 무뚝뚝해 쉽게 다가가기 어려웠다.

그렇게 가깝고도 먼 이웃 사이로 지내다가 우리 가정이 안식년을 맞이해 이스라엘을 떠나올 때, 아내와 나를 놀라게 한 '서프라이즈'가 있었다. 그것은 다름 아닌 모세 가족이 건넨 편지와 선물이었다. 솔직히 말해, 인생을 살면서 가장 충격적이었다. 그렇게도 말 한마디 건네지 않았던 이웃 모세가 우리 가정을 축복하면서 이스라엘 땅에서 난 씨앗들을 정성스럽게 모아서 선물했기 때문이다. 심지어 우리는 그 가정의 성(姓)도 모르고 있다. 모세 가족은 우리가 떠나기 얼마 전에 집으로 찾아와 너무나도 값진 선물을 건넸다. 이 선물은 특별히 아내에게 큰 위로가 되었다. 이스라엘에 대한 특별한 부르심을 느끼지 못했던 아내가 내 마음을 존중하고 주님께 순종하는 마음으로 이스라엘 땅에서 8년간 지낸 것에 대해, 하나님께서 모세 부부를 통해 축복해주심을 경험했기 때문이다.

편지 봉투에는 정성스러운 글씨로 "기쁨과 추억의 씨앗, 당신의 먼 고향집에서, 당신의 이웃 모세 가족"이라고 쓰여 있었다. 이는 하나님께서 우리 가정에 주시는 축복이요 격려로 느껴져서 더욱 기뻤다. 이스라엘에서 지나온 쉽지 않은 여정과 이곳에 눈물로 뿌린 씨앗들이 기쁨의 열매로 맺힐 것을 생각하니 가슴이 벅차올랐다. 광야의 한복판에서 열정과 비전이 메말라가는 것처럼 지독한 무기력을 느끼던 그 상황에서도, 하나님은 기쁨의 씨앗을 심으시고 그 땅에서 일하고 있었노라고 말씀해주시는 것 같았다. 이스라엘에서 만난 세 번째 모세의 가정을 통해 정말이지 인간의 생각과 지혜로는 감히 예상할 수 없는 방법으로 역사하시는 하나님을 경험했다.

내가 잠잠해질 때

유대인들은 "자녀에게 지혜를 가르치려거든 광야로 보내라"고 말한다. 광야(미드바르)에서 하나님의 음성(다바르)을 듣게 되고, 이는 하나님의 임재가 있는 지성소(드비르)가 되기 때문이다(세 단어의 히브리 어근은 같다). 광야에서 잠잠히 하나님의 음성에 귀 기울일 때, 우리의 수많은 소리는 비로소 잠잠해진다.

이스라엘에서 만난 세 명의 모세들을 통해 하나님은 우리에게 다름 아닌 '선교'에 대해 가르쳐주셨다. 선교는 순종의 예배(제사)이며, 하나님의 은총과 은혜를 계속 경험하는 것이며, 그 놀라운 일들에 동참하는 것이다. 여전히 선교지의 삶이 '광야에서 외치는 것'처럼 느껴질 때가 많지만, 그 외침을 통해 주님이 다시 오실 길이 예비된다는 것을 우리는 8년의 수업을 통해 배웠다. 아무도 걷지 않는 그 길을 순종하며 걸어가는 중에 하나님의 은혜의 비가 내릴 때, 그 발자취를 따라 생명의 물길이 생기고, 한 번도 복음을 듣지 못한 영혼들에게 생명이신 예수 그리스도의 이름이 전해질 것이라고 믿는다. 지금 우리가 있는 곳이 광야 같을지라도 바로 그곳에서 새 일을 행하시는 주님을 찬양한다. 할렐루야!

하나님이 만나게 하신 사람들
우리의 상급, 우리의 기쁨

• 최규정 •

"신실한 선교사가 되게 하소서. 신실한 동역자를 만나게 하소서."

아내와 나는 처음 선교사의 길에 들어설 때부터 지금까지 변함없이 이 두 가지 기도를 하고 있다. 그 응답으로 우리는 신실한 동역자들을 만났고, 하나님께서 그들을 통해 일하시는 것을 경험하는 복을 누렸다.

최규정 모태신앙이지만 고1 여름수련회에서 예수님을 인격적으로 만났다. 성경을 묵상할 때마다 열방에 가서 복음을 전하라는 부르심을 따라 아세아연합신학대학에 입학해 선교를 준비했다. 1998년 나이지리아로 파송받아 10년간 교회개척 및 지도자 양육 사역을 했고, 2009년부터 2012년까지 한국본부에서 동원 사역을 했으며, 그동안 아내는 TCK 사역을 했다. 2012년 한국 내 거주 캄보디아인들을 위한 이주민 교회를 개척하여 담임하고 있다. 아내 이하숙 선교사와 장성한 아들 인수, 딸 현지가 있다.

영혼 사랑을 가르쳐준 사람

나는 모태신앙으로 부모님의 신앙을 물려받아 신앙생활을 시작했다. 그러다가 고등학생 때 주님을 인격적으로 만나고, 기도하면서 '진짜 예수님을 믿는 기쁨'을 누리게 되었다. 그때 주님의 종으로 쓰임 받기로 헌신했다. 당시 나는 고등학생이었지만 거의 대부분의 시간을 교회에서 보냈다. 교회에서 기도하며 말씀 읽는 시간이 가장 행복하고 즐거웠다.

어느 날 담임목사님이 그런 내 모습을 보고는 잠시 이야기를 나누자며 의미심장하게 질문하셨다.

"규정이는 왜 목사가 되려고 하지?"

"하나님의 말씀을 더 배워서 알고 싶습니다."

"주의 종인 목사에게 가장 중요한 덕목은 영혼을 사랑하는 것이란다."

그때 목사님이 해주신 말씀은 나의 마음 깊숙한 곳에 새겨졌다. 그 짧은 대화를 나눈 지 정확히 1년 후, 목사님은 필리핀 선교사로 헌신하셨다. 삶과 말씀이 일치된 목사님의 모습이 당시 나에게 큰 도전이 되었고, 내가 구체적으로 사역자의 길에 들어선 계기가 되었다. 수십 년이 지난 지금도 "주의 종은 영혼을 사랑하는 사람이다"라는 목사님의 말씀이 귓가에 생생히 들리는 듯하다. 그 말씀은 내가 목회자, 선교사로 헌신하는 중요한 순간마다 마음속에서 되살아났다.

첫 사역지인 나이지리아 빌리리 신학교에서는 학생들에게 무슬림 전도에 대해 가르치고, 학생들과 함께 무슬림 마을에 가서 예수 그리스도의 복음을 전하는 사역을 했다. 고등학생 시절 하나님께서 담임목사님을 통해 '영혼 사랑'이라는 가치를 마음에 심어주지 않으셨더라면, 내 사역은 알맹이 없이 껍데기만 남은 사역이 되었을 것이다. 목사님을 만나게 하시고 사역의 근본을 가르쳐주신 하나님께 감사드린다.

선교사와 함께 길 가는 사람

선교지로 가기 전, 이것저것 준비할 것이 많았지만 우리에게는 특별히 기도편지 전송을 담당할 사람이 절실했다. 당시만 해도 파송교회와의 관계가 두텁지 않은 상황이기도 했거니와 기도와 물질로 동역해줄 후원자들이 필요했기 때문이다. 아내와 함께 기도하는 가운데 하나님께서 청년부에서 헌신적으로 신앙생활을 하는 한 자매를 기도편지 담당자로 세워주셨다. 그 자매는 우리가 나이지리아에서 이메일로 기도편지를 보내면, 자비로 봉투와 우표를 사서 매월 후원 교회 및 후원자들에게 기도편지를 보내주었다. 우리는 기도편지를 쓸 때마다 자매에게 고마운 마음을 함께 담았다.

한번은 성탄절 즈음, 1년 동안 기도와 물질로 후원해주신 분들에게 감사의 마음을 담아 카드를 쓰고 있는데 갑자기 눈물이 비오듯 흘러내렸다. 유달리 힘든 일이 있거나 큰 고민이 있는 것도 아니었는데, 그날 따라 마음에 무언가 북받치면서 눈물이 왈칵 쏟아졌다. 나는 카드를 쓰다 말고 그 자리에서 소리 내어 펑펑 울었다. 처음 있는 일이었다. 울음소리에 깜짝 놀란 아내와 아이들이 한달음에 달려와 눈을 동그랗게 뜨고 물었다.

"왜 울어요? 무슨 일이에요?"

"한국에서 우리를 위해 기도와 물질로 후원해주시는 분들이 고마워서 갑자기 눈물이 쏟아지지 뭐야."

그때 쓴 감사의 글은 다음과 같다.

"두 손 모은 당신의 기도로 이 땅에 사는 우리와 사람들이 따뜻함을 느끼고 있습니다. 당신의 기도의 눈물은 이 땅에 하나님의 은혜의 강이 되어 흐릅니다. 당신이 땀 흘려 보낸 헌금은 우리와 이곳 사람들에게 삼십 배, 육십 배, 백 배의 축복입니다."

이 편지는 그동안 우리와 몸으로는 떨어져 있으나 마음과 기도로 함께해준 사람들에 대한 고마움의 표현이었다.

우리가 사역하는 곳은 나이지리아에서도 오지 중의 오지였다. 시장에 가려면 5시간을 차로 이동해야 했고, 시장에서 배추라도 몇 포기 사올라 치면 뜨거운 뙤약볕 때문에 차가 뜨거워져 집에 도착하기 전에 배추가 다 익어버렸다. 독사가 출몰해 온 집안이 발칵 뒤집히는 날도 더러 있었다. 열악한 환경 가운데서도 전기가 들어오지 않는 것이 가장 힘들었다. 집 안 온도가 40도가 넘어도 선풍기조차 사용할 수 없었다. 첫 번째 텀을 지내면서 우리는 태양광 발전으로 형광등을 사용했는데, 해가 져서 집 안에 불이 꺼지면 그 시간이 자동으로 취침 시각이 되었다. 그날도 하루 종일 내리쬐던 해가 지고 어둠이 찾아와 자리에 누운 참이었다. 잠들기 전에 아내와 이런저런 이야기를 나누는데 아내가 말했다.

"여보, 지금 누군가가 우리를 위해 기도하고 있는 것이 느껴져요."

그 순간 전율이 일었다. 나 또한 아내와 똑같이 느끼고 있었기 때문이다. 이런 일이 한두 번이 아니었다.

한번은 현지가 갑자기 열이 나기 시작하더니 시간이 지나도 열이 떨어지지 않아 밤 사이에 경기를 네 번이나 했다. 발을 동동 구르며 긴 밤을 지새우다가 이른 새벽에 5시간 넘게 차를 몰아 인근 도시의 한 병원에 겨우 도착했을 때, 딸아이는 다시 경기를 하여 까무러친 상태였다. 의사들이 응급조치를 해도 열이 떨어지지 않았다. 그때 우리가 할 수 있는 것은 기도밖에 없었다. 한국에 있는 교회 성도들의 기도 도움이 절실히 필요해서 우리는 "현지의 열이 떨어지도록 기도해주세요"라는 급박한 기도제목을 담아 각 교회에 이메일을 보냈다. 그리고 얼마 지나지 않아 현지는 열이 내리고 의식을 되찾았다. 그 시각은 바로 한국 교회의 성도들이 기도로 울부짖는 새벽기도회 시간이었다.

그 사건을 통해 선교사는 '중보기도로 하루하루를 사는 사람'이라는 사실을 새삼 깨달았다. 선교사는 혼자 선교지에 가는 것이 아니라 기도와 물질로 후원하는 분들과 함께 간다. 그러니 한국에서 매일 기도로 우리의 호흡을 채워주시는 분들이 얼마나 감사한지!

캄보디아에서 온 믿음의 사람들

하나님은 우리를 다시 한국 땅으로 인도하시어 한국에 와 있는 캄보디아인들을 섬기게 하셨다. 2014년 6월, 하나님께서 우리를 통해 인천올프렌즈교회를 세우셨다. 아내와 나는 진실한 성품을 가진 사람을 보내달라고 기도했고, 그 응답으로 신실한 캄보디아 친구들이 교회로 왔다. 그중 몇 사람을 소개하고자 한다.

홍틴은 캄보디아에서 한 번도 교회를 다녀본 적 없고 예수님에 대해 전혀 모르던 형제였다. 그러나 2016년 10월에 친구를 따라 예배에 처음 참석한 이후로 한 번도 빠지지 않고 매주 하나님께 예배를 드렸다. 홍틴이 한국에 온 초창기에는 몸이 자주 아파 병원 신세를 지는 일이 많았으나 성도들이 함께 기도하면서 점차 건강을 되찾았다. 그는 집에서 교회까지 한 시간 30분 거리를 오가며 예배에 열심을 냈다. 하루는 그에게 물었다.

"홍틴은 왜 한 번도 교회에 빠지지 않고 나오는 거예요?"

그의 대답은 우문현답이었다.

"예수님을 더 알고 싶어서요. 그래서 교회에 옵니다."

한번은 홍틴의 집에 심방을 간 적이 있었다. 좁은 방안에 들어가니 한쪽 벽에 십자가를 만들어 붙인 것이 눈에 띄었다. 그 이유를 물어보니 홍틴이 대답했다.

"예수님을 믿고 나서는 십자가를 바라보면 두려움이 사라지고 평안하거든요."

홍틴은 하나님의 말씀을 듣고 하루가 다르게 믿음이 성장했다. 그가 예수님을 믿고 하나님을 바라보는 것은 오직 성령님께서 그의 마음을 움직이셨기 때문이다. 홍틴은 2017년 12월에 세례를 받았고, 찬양 리더로 섬겼다. 요리 솜씨도 뛰어나 가끔 캄보디아 음식을 요리해서 친구들의 향수병을 달래주기도 했다.

모범적인 신앙생활을 하던 홍틴과의 이별이 찾아왔다. 한국에서 일할 수 있는 비자가 만료되어 캄보디아로 돌아가게 된 것이다. 그가 캄보디아로 돌아가기 전에 함께 식탁 교제를 하며 나눈 이야기는 참으로 감동적이었다.

"한국에 있을 때 무엇이 가장 기뻤어요?"

"하나님을 믿고 인천올프렌즈교회에 나온 거요."

홍틴의 신앙고백을 들으며 우리는 하나님께서 우리의 기도를 듣고 신실한 형제를 만나게 해주심에 감사했다. 코로나가 퍼지기 시작할 무렵 홍틴은 캄보디아로 돌아갔다. 그러나 캄보디아에서도 코로나 때문에 교회에 갈 수 없어 라이브 방송으로 우리 교회의 예배를 함께 드리고 있다. 올해는 꼭 캄보디아에 가서 홍틴을 만나고 싶다.

신실한 형제 모럴은 인천에서 캄보디아어로 예배 드리는 교회를 찾다가 우리 교회에 오게 되었다. 한국에 오기 전에는 푸삿에 있는 그의 집에서 어머니와 아내 그리고 마을 사람들과 함께 예배를 드렸다고 한다. 코로나가 기승을 부리던 즈음 신천지로 인해 교회에 대한 인식이 나빠질 대로 나빠진 터라, 모럴과 같은 공장에서 일하는 동료들이 그에게 "교회에 가지 말라"고 엄포를 놓았지만, 모럴은 매주 교회에 나와서 찬양을 인도하고 설교를 통역했다.

"어떤 상황이 와도 나는 하나님께 예배 드릴 겁니다."

그의 고백에서 어떤 핍박도 두려워하지 않는 담대함이 느껴졌다.

모럴은 매주 토요일마다 캄보디아에 있는 선교사님과 세 시간씩 성경공부를 했다. 그는 설교를 통역할 정도로 한국어를 잘했지만, 모국어인 크메르어로 성경공부를 하니 말씀을 훨씬 잘 이해하고 삶에 적용도 더 수월하게 하는 것 같았다. 모럴의 성경공부 시간에는 항상 하나님의 은혜가 충만했다. 모럴이 성경공부를 통해 계속해서 믿음이 성장하도록 하나님께서 도우셨음에 감사 드린다. 2019년 10월, 캄보디아에서 모럴에게 복음의 씨앗을 심어준 미국 선교사 부부가 한국에 방문하여 함께 만나 교제를 나누었다. 하나님은 이 신실한 선교사 부부를 모럴에게 보내어 모럴과 그의 가족들 그리고 주위 사람들이 하나님을 아는 복을 누리게 하셨다.

모럴과의 만남에도 헤어짐이 기다리고 있었다. 2020년 7월, 모럴은 캄보디아로 돌아갔고, 지금은 자기 집에서 예배를 드리고 있다고 한다. 캄보디아에서 모럴을 만나 함께 예배 드릴 그날을 마음속에 그려본다.

홍틴과 모럴이 캄보디아로 돌아갔을 때는 코로나가 극성을 부리는 시기여서 새로운 캄보디아 친구들이 교회에 찾아오기가 쉽지 않았다. 그러나 하나님은 그 무렵 신실한 형제 한 명을 보내주셨다. 한국에서 대학에 가고 싶어하는 위레악이라는 형제였다.

처음 교회에 왔을 당시 위레악은 한국어에 서툴러 우리와 영어로 대화를 주고받았다. 그 후로 그는 한국어학당을 다니면서 한국어를 배웠고, 스펀지가 물을 빨아들이듯이 한국어를 습득했다. 얼마 지나지 않아 그는 한국어능력시험에서 한국어 5급(최고 등급은 6급)을 획득할 만큼 실력이 일취월장했다. 덕분에 그는 한국에 온 지 1년 만에 대학교에 입학해 현재 열심히 공부하고 있다.

시간이 흘러 2020년 성탄절에 위레악은 세례를 받았고, 우리 교회의 통역자가 캄보디아로 돌아가거나 자리를 비울 때마다 대신 설교 통역을 하고 있다. 또한 위레악은 손재주가 좋아서 종이로 동물, 건축물 등을 뚝딱 만들어 교회를 장식하는 등 즐겁게 신앙생활을 하고 있다. 위레악이 아직 열아홉 살이니만큼 우리 부부는 앞으로 하나님께서 그의 믿음을 더욱 성장시키고 신앙의 리더로 세워주시기를 기도하고 있다.

교회에 찬양 인도자가 필요할 때, 하나님은 때에 맞게 찬양 리더를 보내주셨다. 싱하이라는 청년은 한동대학교 대학원을 졸업하고 부천에서 직장을 다니고 있는 형제다. 교회에 처음 왔을 때 싱하이가 능숙하게 기타 치며 찬양하는 모습을 보면서 '하나님께서 저 형제를 우리 교회에 보내주셨구나'라고 생각했다. 그에게 찬양 인도를 할 수 있겠냐고 물었더니 그는 한 치의 망설임도 없이 대답했다.

"네, 할 수 있습니다."

그 후 싱하이는 예배 시간보다 40분 일찍 와서 찬양 인도를 준비하고 있다. 3월에는 줌으로 예배를 드렸는데, 당시 코로나에 감염되어 콜록거리면서도 끝까지 기타 치며 찬양하는 모습을 보면서 '정말 저 친구는 하나님을 사랑하는 하나님의 사람이구나' 하는 마음에 코끝이 찡했다. 싱하이는 다른 캄보디아 친구들에게 믿음의 본이 되고 있다.

홍틴, 모럴, 위레악, 싱하이와 같이 신실한 믿음의 친구들을 보내주신 하나님께 감사 드리고, 이런 친구들을 통해 일하실 것을 기대한다. 그런데 이 친구들이 한국에서 신앙생활을 하다가 캄보디아에 돌아가면 매주 예배를 드리기 힘들다고 한다. 교회가 없는 마을이 여전히 많기 때문이다. 하나님께서 이 친구들을 통해 캄보디아의 교회를 강하게 세워주시리라고 믿는다.

주님의 증인으로 살아가기를 원하는 두 자녀와, 우리를 위해 기도하고 후원해주는 교회 성도들 그리고 우리가 만나는 모든 이들은 하나님께서 만나게 하신 사람들이다. 정말이지 존귀한 사람들이고, 우리의 상급이요 기쁨이다. 그들과 함께 믿음의 여정을 걸어가고 있는 우리는 참으로 행복한 사람들이다. 하나님께서 하나님의 사람들을 통해 지금도 일하고 계심에 감사 드린다. 그리고 계속해서 신실한 사람들을 보내주시고 능력으로 일하실 것을 기대한다.

꿈꾸게 하신 이도, 꿈을 이루시는 이도

파라과이 장로교신학대학의 발자취를 뒤돌아보며

• 임한곤 •

모든 선교사의 간절한 꿈

선교지에서 고군분투하는 선교사들에게 "지금 사역하는 나라가 미래에 어떤 나라가 되면 좋겠습니까?"라고 묻는다면, 십중팔구는 "미래에는 자국의 선교사를 다른 나라에 파송하는 나라가 되면 좋겠습니다"라고 대답할 것이다. 그만큼 선교 대상국이 선교 주체국으로

임한곤 일곱 살 여름성경학교 때 목사님이 요나 선지자에 대해 설교하면서 선교사가 되길 원하는 사람은 손들라고 할 때 손들고 헌신했다. 고등학교 2학년 때 개인적인 소명을 받은 후 선교사로 나가기 위해 준비했다. 1989년에 아내 이길선 선교사와 함께 파라과이로 파송받아 교회개척 및 신학교 사역을 했고, 2017년 멕시코로 사역지를 옮겨 동일한 사역을 하고 있다. 딸 루디아와 아들 은평, 그리고 사위, 며느리, 손녀가 있다.

성장하는 것은 모든 선교사의 간절한 꿈이자 바람이다.

1989년에 파라과이에서 선교를 시작하면서 나 또한 그런 꿈을 꾸었다. 사역 햇수가 더해갈수록 '파라과이 선교'에서 '선교 파라과이'로 성장하기 위해서는 무엇보다 건강한 신학교가 필요함을 절감했다. 대부분의 중남미 나라들은 정령 숭배가 만연하고, 동서양의 각종 이단 종교가 뒤섞여 있을 뿐 아니라, 가장 신성해야 할 신학교육마저 다분히 정치화 되어 있기 때문이다. 파라과이에서 선교하는 동안, 온갖 우상과 욕망이 뒤섞여 혼탁한 교회의 모습을 보면서 가슴이 아팠다. 이런 아픔은 자연스레 이 땅의 영혼들에게 '바른 신학'과 '정직한 신앙'을 정립해줄 건강한 신학교를 세워야겠다는 소명으로 이어졌다.

신학교를 세우려면 크게 두 가지, 실력과 학위가 필요했다. 내게 신학교 설립이라는 소명을 주신 하나님은 그 과정까지 신실하게 인도하셨다. 미국의 CIU(Columbia International University)에서 공부할 수 있는 좋은 기회를 얻게 된 것이다. 또한 1995년 SIM 파라과이 선교부로부터 신학교 사역을 허락받아 신학교 설립 준비를 차근차근 해갔다. 그 과정에서 나는 어떻게 신학교 사역을 시작해야 하는지를 두고 하나님께 간절히 기도했다. 기도하는 가운데 이미 1985년 신학교 설립의 소명을 가진 몇몇 한국 선교사들에 의해 시작된 파라과이 신학교에 합류하기로 결정했다. 신학교 사역은 혼자의 힘으로 감당할 수 없고, 감당해서도 안 되는 일이기 때문이었다.

보따리 신학교에 찾아온 위기

1985년에 시작된 파라과이 신학교는 설립 당시 남미교회의 교육관을 빌려 썼다. 2년 후에는 수도인 아순시온에 월세를 얻어 독립했는데, 좀 더 저렴한 월세를 찾아 이사하고 또 이사하다보니 일명 '보따리 신학교'가 되어 이곳저곳을 떠돌며 강의를 해야 했다. 운영비는 신학교 사역에 동참한 선교사들이 나눠서 담당했다. 보따리 강의를 하며 수년이 흐른 뒤, 신학교 자체 건물을 짓기로 하고 모금하던 중에 재정의 위기가 닥쳤다. 치솟는 현지의 물가 상승으로 신학교 건축 프로젝트는 중단될 수밖에 없었다. 건축은커녕 운영비조차 부족해지자 신학생들도 휴학하고 다른 일을 찾거나, 돈벌이를 위해 교사 자격증을 받을 수 있는 일반 학교로 옮기는 안타까운 일들이 일어나기 시작했다.

그야말로 사면초가의 상황이었다. 그렇다고 이대로 문을 닫을 수는 없었다. 기도 말고는 달리 방법이 없었다. 파라과이의 영혼들을 생각할 때, 신학교 사역은 너무나 중요하기에 하나님께서 반드시 도우시리라고 믿으며 하루하루를 버틸 수밖에 없었다. 그러나 상황은 좀처럼 나아지지 않았다. 2009년부터 학장의 소임을 받아 섬기던 나는 눈앞이 캄캄했다. 처음 파라과이 선교를 시작하며 품었던 뜨거운 열정도, 확신에 찬 소명도, 실낱 같은 소망으로 부여잡고 있던 의욕마저도 손가락 사이로 모래알 빠져나가듯이 내 마음에서 빠져나가버렸다.

"하나님께서 알아서 하십시오. 이 신학교의 주인은 하나님이십니다. 학장도 하나님이십니다. 하나님께서 진행하시면 운영할 것이고, 하나님께서 멈추시면 중단할 것입니다. 하지만 이 땅의 혼합되고 오염된 신학을 긍휼히 여겨주옵소서."

나는 신음하며 철저히 하나님께 매달렸다.

그러던 어느 날 한인 선교사 한 분이 신학교를 위해 12필지의 땅을 기증하겠다고 연락을 해왔다. 기적 같은 일이었다. 이것은 하나님의 역사가 시작되는 신호탄이 되었다. 다음 단계는 일사천리로 이루어졌다. 헌신의 땅 위에 세워질 강의동, 사무실, 기숙사까지 청사진이 만들어지고, 이사회 선교사들은 자발적으로 각 교단에 모금을 독려했다.

방 한 칸짜리 더부살이와 보따리 학교로 시작된 파라과이 신학교는 2010년 10월 31일, 마침내 파라과이 문교부와 개신교대학연맹으로부터 인가를 취득하여 정식 신학대학이 되었다. 그날은 평생 잊지 못할 뜻깊은 날일뿐더러 기독교 역사에서도 의미 있는 날이었다. 1517년 10월 31일은 마르틴 루터가 비텐베르크 대학교 교회 정문에 95개 조항을 게시하면서 종교개혁이 시작된 날이었으니 말이다. 그 후 493년이 지난 2010년 10월 31일, 파과라이 땅에 만연한 신학적 혼탁함을 개혁하는 파라과이 신학교가 정식 인가를 받아 개혁의 역사를 새롭게 시작하게 되었다.

물론 정식 대학으로 인가를 받았다고 해서 부족한 재정이 단숨에 채워지고 곳간이 풍성해진 것은 아니었다. 파라과이 신학교의 이

사회는 오로지 한국 선교사들로만 구성되어 있고, 경제적 담보를 제공할 부동산이나 은행 잔고도 없으며 재단법인도 없어 문교부나 대학연맹의 요구를 충족시킬 어떤 조건도 갖추지 못한 상태였다. 그럼에도 불구하고 정식 대학 인가가 나온 것이다. 이것은 파라과이 땅에 순결하고 올바른 신학이 세워지길 바라시는 하나님의 열정이 가져온 결과였다. 또한 1985년부터 이 신학교 사역에 함께해온 현지의 한인교회들, 신학교 건립에 헌신한 선교사들, 일면 무모해 보이는 프로젝트를 믿고 지원을 아끼지 않은 한국 교단들이 마음을 모은 덕분이었다. 특히 현지인 교수들과 목회자들의 협력 없이는 불가능한 일이었다.

파라과이 장로교신학대학은 정식 인가를 받음으로써, 신학교에서 4년 교육 과정을 마친 졸업생에게 목회 사역은 물론이고 초·중·고등학교에서 기독교 관련 과목 및 철학, 스페인어 등을 가르칠 수 있는 교사 자격증도 수여할 수 있게 되었다. 중남미 국가들 중 40개국 이상이 스페인어를 공용어로 사용하기 때문에, 다양한 비전을 가진 청년들이 파라과이 신학대학에 지원할 수 있게 되었다. 선교의 지경이 넓어진 것이다.

하나님의 주 되심

이 땅에 파라과이 장로교신학대학이 세워지는 과정을 통해 나는 '하나님의 주 되심'을 깨달았다.

하나님은 내 눈을 열어 파라과이의 신학적 혼탁함을 볼 수 있게 하셨다. 덕분에 이스라엘 민족이 바알 종교와 뒤섞여 살아가는 모습을 안타까워하신 하나님의 마음으로 나 또한 파라과이 땅을 바라볼 수 있었다. 그래서 혼탁한 이 땅에 신학교를 세우는 사명에 헌신했더니 이번에는 내게 자격을 갖출 수 있는 길을 열어주셨다. 또한 함께 일할 수 있는 동료 선교사들과 현지인 목회자들, 그리고 후원교회들을 붙여주셨다. 혹시나 신학교 사역을 '내 노력으로 이루었다'고 생각하며 교만해질까 봐 합당한 시련을 주기도 하셨다. 그 시련을 통해 모든 것을 다시 하나님 손에 올려드렸더니 하나님의 능력을 보여주셨다. 세상의 기준으로는 어떤 조건도 충족되지 않았음에도 불구하고 파라과이 정부로부터 정식 대학으로 인가를 받게 하셨다. 이 모든 일은 오직 하나님께서 하셨으며, 이를 통해 앞으로도 신실하게 인도하실 것임을 확인시켜주셨다. 그리고 이제 기쁜 마음으로 학장 자리에서 내려오게 하셨다.

파라과이 땅에 하나님의 학교가 세워지기까지 수십 년이 흘렀다. 어느 한 순간, 어느 한 자리에도 '나'라는 존재는 숟가락을 얹을 수 없음을 고백한다. 모든 것이 하나님에게서 와서, 하나님으로 말미암고, 하나님께로 돌아갈 뿐이다. 그런 하나님을 드러내는 삶을 살 수 있어 감사하고 행복하다. 지렁이 같은 나를 복되게 사용해주신 것이 기적이다. 파라과이 장로교신학대학을 통해 앞으로 하나님께서 이 땅에서 이루어가실 일들을 생각하면 여전히 가슴이 뛴다. 누군가 나에게 "파라과이에서 선교하면서 가장 기억에 남는 일이 무엇입니까?"라고 묻는다면, 나는 한 치의 망설임도 없이 이렇게 대답할 것이다.

"파라과이가 선교를 받는 나라에서, 선교를 하는 나라가 된 것입니다."